西安石油大学优秀学术著作出版基金资助

大数据驱动下高速公路交通运行状态评价与分析

陈娇娜 著

图书在版编目(CIP)数据

大数据驱动下高速公路交通运行状态评价与分析／陈娇娜著. — 北京：中国石化出版社，2020.9
ISBN 978-7-5114-5914-5

Ⅰ. ①大… Ⅱ. ①陈… Ⅲ. ①高速公路-交通运输管理-数据处理-研究 Ⅳ. ①U491

中国版本图书馆 CIP 数据核字(2020)第 156483 号

中国石化出版社出版发行
地址:北京市东城区安定门外大街 58 号
邮编:100011 电话:(010)57512500
发行部电话:(010)57512575
http://www. sinopec-press. com
E-mail:press@ sinopec. com
北京柏力行彩印有限公司印刷
全国各地新华书店经销
*
710×1000 毫米 16 开本 11.5 印张 204 千字
2020 年 9 月第 1 版 2020 年 9 月第 1 次印刷
定价:68.00 元

前　言

在交通领域，大数据一直被视作缓解交通压力的技术利器。大数据技术及其应用迅速发展，已经渗透到各个行业和业务职能领域，成为重要的生产因素。2015 年 8 月，国务院印发《促进大数据发展行动纲要》，将大数据提升为国家战略。《交通运输信息化“十三五”发展规划》中提出，要运用大数据分析技术，开展交通运输经济运行分析、政策实施效果评价、交通发展趋势研判等分析工作，提高交通运输宏观掌控能力。《交通运输统计发展纲要》也提出，要充分利用大数据、云计算等现代信息技术，变革统计生产方式，再造统计业务流程，丰富统计服务产品，不断提升统计生产能力、管理能力和服务能力，开创交通运输统计发展新局面。随着手机网络、全球定位系统（GPS）、北斗车载导航、车联网、交通物联网的发展，交通要素的人、车、路等相关信息都能够实时采集，交通大数据来源日益丰富。在日益成熟的物联网和云计算平台技术支持下，交通大数据的采集、传输、存储、挖掘和分析等工作，有望为行业部门精准管理提供基于数据证据的综合决策。

高速公路运输具有机动、灵活、快捷、便利的优势，是综合运输体系中唯一“门到门”的运输方式。由于高速公路运输具有“深、通、达”的显著特点，它服务于国民经济建设的各个层面和各个环节。随着信息技术的发展和高速公路建设不断深化，海量数据资源得到了开发。这些数据资源不仅包括高速公路行业部门直接产生的业务数据、相关行业及领域数据，还包括公众互动提供的数据。这些数据汇集在一起，形成了高速公路大数据。将这些数据资源进行收集、加工、应用，成为提升交通运行水平和管理效能的重要途径。

本书从大数据驱动下公众出行和运营管理的需求出发，对高速公路大数据的数据质量和特征分析方法进行介绍，并以行程时间为研究对象，阐述了行程时间可靠性估计、行程时间短时区间预测的方法；结合行程时间可靠性指标，提出了高速公路交通运行状态估计的方法；以陕西省高速公路作为研究案例，提供了省域高速公路网交通运行评价的指标、分析内容和评价结果。本书立足于陕西省高速公路信息化发展的已有成果和经验，从方法、实例、结果方面，对高速公路大数据的分析和成果应用加以论述。

需要说明的是，由于高速公路收费数据涉及行业敏感性数据，因此本书在研究实例中采用间隔较久的 2015 年数据集进行说明，以说明分析方法和数据结果的运用和内涵。同时，在不影响数据分析结论的前提下，本书对部分数据进行了脱密处理。

交通问题是一个相当复杂的系统问题，大数据技术能够显著增强高速公路决策能力和服务水平，但是不可能实现所有问题的彻底解决。本书在总结研究成果和经验的同时，为读者提供借鉴和参考。受限于作者的研究范围、研究对象等因素，书中难免存在疏漏或者不足之处，希望各位读者不吝赐教，以便于再版时修订和完善。

目　　录

1 绪　　论

1.1 交通大数据

1.1.1 交通大数据的内涵

随着交通负荷持续增长和交通需求日益旺盛，交通系统面临严峻的挑战。交通运行状态评价是把握交通系统行为、制定交通管理决策的基础。随着可靠性技术领域的拓展，交通运行可靠性已成为评价交通系统性能的重要部分，交通运行状态已延伸至道路运行水平和道路运行稳定性两个层面。交通运营管理部门和公众出行者需要直观简明的信息辅助决策。与此同时，“互联网+”和大数据的蓬勃发展推动了智慧交通进程，也为交通管理与决策范式革新带来了机遇和挑战。交通运行状态评价需要立足于交通运营管理和公众出行决策的实际需求，进一步丰富交通运行状态的内涵，研究大数据驱动下的高速公路交通运行状态评价的理论方法与应用实践，构建面向不用用户场景下的决策流程。

大数据是指无法在一定时间范围内用常规软件工具进行捕捉、管理和处理的数据集合，是需要新处理模式才能具有更强的决策力、洞察发现力和流程优化能力的海量、高增长率和多样化的信息资产。大数据驱动下的新型智能交通系统是目前交通领域的发展趋势，交通大数据的研究任务就是信息的采集、存储、传输、处理和综合应用，研究手段和挖掘方法的革新成为当务之急。交通大数据来源包括车辆检测器、道路收费系统、视频检测器、智能卡、车载终端、手持终端、互联网等，来源繁多，产量巨大，信息丰富。按照研究对象的不同，交通大数据可以分为人、车、路和环境这四个要素产生的数据。交通大数据具备“6V”特征，具体含义如表 1-1 所示。大数据为交通机理模型的标定和完善奠定了基础，利用交通大数据可以实现大范围道路交通信息的共享和应用。

交通大数据是指在交通运行管理中直接或间接产生的业务数据、与交通相关的其他行业数据、公众来源数据等，难以用传统技术在较短时间内分析处理的数据集合。交通运行管理直接业务数据包括道路交通监控、道路预埋的检测器、车辆 GPS、ETC 收费系统、停车管理数据等直接监测获得的交通数据；间接业务数据包括运营管理部门、车辆运营单位、物流公司、公交一卡通用户等伴随交通行为衍生的业务数据；其他行业数据包括气象、环境、移动通信手机信令、公安、消防、医疗等行业领域产生的数据；公众来源数据包括来自微博、微信、广播、论坛等关于交通状况的公众互动数据。

表 1-1 交通大数据的“6V”特征

英文	中文	含 义
Volume	体量巨大	数据来源广泛，且能长期存储
Velocity	处理快速	时变性与时效性需要较快的数据处理速度
Variety	模态多样	类型丰富，具有多状态特征
Veracity	真假共存	数据存在缺失、错误、冗余等异常现象
Value	价值丰富	具有时间、空间等多维特征，是多元服务的基础
Visualization	可视化	需要可视化的展现

交通大数据的研究内容主要分为两个方面：大数据技术处理平台和数据分析挖掘算法。大数据技术以及数据挖掘技术的发展给解决交通中存在的问题带来了新的思路，能够促进智能交通系统更好更快地发展。大数据技术能在缓解交通堵塞和改善交通服务方面起到关键性的作用。

道路交通每天都会产生大量的数据，不仅有文件形式保存的结构化数据，还会产生视频、图片等非结构化数据，例如，一条路段的视频数据每天以 GB 级的数据量被存储。从数据来源来看，交通大数据包括高速公路、国省干道、城市道路、农村道路等；从数据形式上看，交通大数据包括结构化数据、半结构化数据和非结构化数据。对交通大数据进行深入的分析和研究，可以为交通出行提供准确及时的信息服务，为交通运营管理者提供应急决策支持。同时，交通大数据对于运营管理和交通出行决策的影响还具有强烈的时效性。由此可见，交通大数据具有体量巨大、模态多样、价值丰富等明显特点。

1.1.2 交通大数据的分类

从不同角度可以将交通大数据进行如下划分：

(1)按照数据类型分类。

按照类型的不同，交通大数据可以分为结构化数据、半结构化数据和非结构化数据。

结构化数据是指各业务系统所产生的可以用数据库二维表结构来逻辑表达实现的数据，数据结构清晰、处理方便。结构化数据通常以关系型数据库或格式记录文件的形式保存，例如线圈车检器、高速公路收费系统等采集的数据。结构化数据一般具有固定、规范的格式，各个字段均有明确定义。

非结构化数据是数据结构不规则或不完整，不方便用数据库二维逻辑表来表现的数据。非结构化数据没有统一的数据模式，数据处理复杂，例如采集的视频、图片、语音等信息，还有其他办公文档、文本等文件。

半结构化数据就是介于完全结构化数据(如关系型数据库、面向对象数据库中的数据)和完全无结构的数据(如声音、图像文件等)之间的数据。半结构化数据存在一定的结构，但这些结构或者没有被清晰地描述，或者是经常动态变化的，或者过于复杂而不能用传统的模式定义来表现。

(2)按照数据产生和变化的频率分类。

按照交通数据产生和变化的频率的不同，交通大数据可以分为基础数据和动态数据；根据数据的处理程度的不同，又可以分为历史数据和统计数据等。基础数据属于低频数据，动态数据属于高频数据，历史数据和统计数据属于中频数据。

基础数据是指静态的、产生后基本不会发生变化的数据，例如国省干线公路的编号或名称、桥梁和隧道的主要技术参数、道路线性、货运场站编号、交通标志标牌基本信息等。

动态数据是指随着交通活动发生而实时产生或变化的数据(实时是一个相对的概念，是相对于基础数据而言的)，例如线圈车检器的检测数据(占有率、交通量、车速)、车辆位置、养护施工、收费站开启状态等信息。

历史数据是指在动态数据按照一定的采样周期归档后形成的数据集合。

统计数据是指按照一定的算法将原始数据进行加工处理后形成的数据集合。

1.1.3 交通大数据的应用

交通大数据的典型应用主要有以下几个方面：

在道路管理和服务水平方面，以交通运营管理部门在道路上预埋或预设的物联网传感器为数据来源，如车辆检测器、道路监控设施和交警卡口系统等，可以实时采集车流量信息，由此掌握道路交通拥堵情况，及时发现突发事件，以便于提高道路管理能力和服务水平，为应急疏散和管制措施决策形成数据支持。将大数据应用到应急救援系统中，可以更加准确地定位事故地点，快速通知医护及消防救援，并且可以通过大数据技术推送事故发生信息给附近行驶的车辆，让其做好让救援车队顺利通过的准备，并告知驾驶员备选路径，以便于驾驶员改变行驶路径。

在停车管理信息服务方面，以车辆 GPS 定位数据为数据来源，能够主动式地向用户推送相关交通服务信息。随着城市车辆的数量激增，空间利用基本趋于饱和，停车难已成为急需解决的问题。一方面，利用 GPS 技术能获取车辆停靠位置及停靠时间信息，一旦出现违规停靠，会向车主手机推送相关违规信息，让其及时把车开走，这样可以缓解道路车辆乱停靠带来的交通堵塞。另一方面，通过停车诱导系统获取车辆所在位置和附近一定区域内的停车场信息，引导车辆在较短时间内实现停车，并且可以预测车辆到达时间，及时向被选择的停车场推送信息以便提前预留车位。

在公众出行规划方面，随着智能终端的普及，尤其是智能手机中地图应用的革新，海量的 GPS 或北斗系统的卫星地图数据会被收集，这些数据可以分析出实时的道路交通拥堵状况、出行流动趋势或特定区域的人员聚集程度。这些数据可以供交通管理部门使用，也可以为公众出行提供参考，进行行车路线和道路规划的决策。在多种交通方式接驳或者衔接过程中，利用大数据技术将多种交通信息融合，能够大大节省等待时间，提高交通运转效率。例如，为避免乘坐高铁或火车误点，乘客往往要提前好几个小时赶往火车站，赶火车花费的时间甚至要比乘坐高铁的时间多出许多。把大数据技术应用到交通中，集合出租车 GPS 信息、高铁运行信息、城市公交运行信息，预测不同出发时刻、不同交通出行方式、不同路径所需要花费的时间，以便向乘客提供多种到达目的地的方式和路径，让乘客根据自身需求选择最优方式。

此外，在跨行业跨领域的应用方面，不仅能够通过其他多个行业数据为交通行业提供决策支持，交通行业数据也能够为其他应用领域提供新的解决思路和途径。例如在保险行业，由于驾驶员的驾驶频率、驾驶行为习惯、身体素质等因素的影响，可能会对交通事故发生的风险和概率产生相应影响，基于 GPS 定位技术采集车辆行驶轨迹，对驾驶员的驾驶行为进行分析，可以制定动态差异化保险费以及赔付策略。例如，出租车是城市道路的最多使用者，可以通过其车载终端或数据采集系统提供的实时数据，随时了解几乎全部主要道路的交通状况，而长期积累下的这类数据就形成了城市区域内交通的“热力图”，进而能够分析得出什么时段的哪些地段拥堵严重。通过及时获取交通“热力图”，能为城市医疗、教育、商业等资源的合理化配置和规划提供辅助信息。

1.2　大数据时代下的高速公路

1.2.1　大数据驱动下交通管理与决策机制

大数据时代的到来，改变了众多科学和工程领域的前景，交通领域也不例外。随着移动互联网、物联网、云计算等技术的快速发展，智慧城市、智能交通系统等应用逐步推广，“互联网+”和大数据时代的智慧交通应运而生。大数据推动了智能交通系统的技术发展，也为交通管理与决策范式革新带来了机遇和挑战。在大数据的时代背景下，传统的管理与决策逐渐发生转变——从以管理流程为主的线性范式往以数据为中心的扁平化范式演化。与此同时，管理与决策的参与角色和信息流都向多元化的方向发展，交互更加密集、频繁。

为了保障城市交通网络的系统性能，运用微波车辆检测系统(Microwave Vehicle Detection System，MVDS)实现主动式交通监控的可行性和安全性已经展开了研究和探讨，可以达到减少交通拥堵、降低事故风险的目的。在交通大数据的产生背景下，以大数据为驱动的数学建模研究成果和智能交通系统架构逐步形成，未来发展可能会面临的关键问题及其支撑技术研究相应深入。2015 年 9 月，国家自然科学基金委员会(NSFC)推动了“大数据驱动的管理与决策研究”重大研究计划项目申报，结合战略导向和领域应用的需求，针对基础性、前瞻性和交叉性，倡导展开管理与决策问题的大数据分析技术与计算方法创新研究。2016 年 9 月，交通运输部提出了推进交通运输行业数据资源开放共享的实施意见，明确了未来 3~5 年行业数据资源开发利用的切实目标。由此可见，不论是在理论研究还是在行业应用实践中，大数据驱动条件下的管理与决策机制都具有极其重要的含义和作用；交通大数据作为重要的信息资产，将在管理决策及优化中发挥显著效能。

1.2.2 公众出行和运营管理对交通可靠性日益关注

交通运行状态是随着空间和时间的不断变化而变化的，不同的道路或者不同的时段给驾驶人员带来的感受是完全不同的。机动车保有量持续呈现增长态势，交通运行日况愈下已成为公众出行者和道路管理者的共同感知。为了定量评估交通系统服务质量，交通运输专业人员经常使用六级服务水平(A~F)，定义基于交通性能度量的点估计(平均值)，如密度。服务水平 A 表示高速公路上最佳行驶条件，而服务水平 F 代表难以预测、走走停停的交通状态。采用六级服务水平定义，使得普通出行者容易理解道路性能，然而可能会隐藏短期内交通流的变化。两个具有相同的平均性能度量的交通网络可以提供不同可靠性的服务，因此，对于交通运营管理部门和公众出行者而言，对交通系统稳定性的关注日益突出。

可靠性是交通运输行业的一个新概念。交通系统的可靠性是指系统适应内部变化的能力，同时能够保持一个令人满意的系统性能。一般情况下，内部变化包括需求或通行能力的变化。因此，可靠性指标定义为一个动态、随机的交通运输系统在需求或供应不确定情况下，能够提供满意系统性能的百分比。分析交通系统可靠性时，交通规划者需要根据研究目标有效地表示系统性能的变化，同时指定令人满意的系统性能。可靠性被视为给定交通网络服务质量和运行效率的一个关键性能指标。因此，不论是交通系统分析者还是交通运营管理者，都越来越意识到将可靠性指标作为一个交通运行状态评价标准的重要性。

可靠、高效的交通运输网络是交通规划和运营的关键组成，也是评价交通系统性能的重要组成内容。许多国家或地方在制定交通运输基础设施项目决策建议书时，需要进行这些项目的成本效益分析，其中减少行程时间通常是一个关键的效益。减小交通时间也就是降低其货币价值，是交通运输重大投资计划效益的主要体现。如果一个项目可以减少行程时间的可变性，旅行者、货运经营者和托运人将享受额外的收益，即“可靠性效益”。通过对行程时间价值(Value of Total Travel Time，VOT)和行程时间可靠性价值(Value of Travel Time Reliability，VOR)进行比较，结果显示，VOR通常被给予较高的价值。将行程时间可靠性纳入交通网络设计、分析和管理模式已是大势所趋。在进行基础设施项目的成本效益分析时，我们应该将行程时间可靠性列入考虑范畴，并对其进行货币化评估。同时，将行程时间可靠性纳入交通需求预测和动态交通分配模型中，准确的行程时间预测是一个重要的组成部分。

先进的交通信息系统(Advanced Traffic Information Systems，ATIS)旨在提供丰富的交通信息以帮助用户更好地进行出行决策，以获得可靠的系统服务。行业管理部门、科研院校或机构、交通运输企业等交通领域相关人员都需要路网运行状态监测指标，并且在交通流方面更加关心道路是否中断、是否拥堵、行驶速度等指标。交通出行的可靠性对于公众出行是极其重要的，尤其是对于学生和上班族等通勤者而言。为了提供可靠的交通运输服务，我们必须考虑旅行时间的变化以确保准时到达，较长的预留时间将导致出行不便和乘客的不满。众多的研究显示，公众出行者不再只关注平均出行时间，而更加注重交通出行耗费时间的波动性或者可变性。相同道路上每一天的行程时间存在差异，并且同一天的行程时间非高峰时段和高峰时段可能存在显著差异。甚至由于微小的交通扰动，在重要或者接近饱和能力的道路，行程时间会发生剧烈变化，传统平均值的定义无法描述或者体现这些变化。行程时间可靠性，作为一个相对较新的理论概念，比传统平均行程时间更加适合于实际的应用，吸引了交通运营和交通规划领域更多的关注。

研究证明，行程时间可靠性对出行者、交通运输企业和交通运输管理者而言是非常有价值的，并影响他们的行为。出行者必须预留额外时间去避免迟到或承担迟到的后果，因为计划出行所需的额外时间和实际上出行所需时间的不确定性可能会影响出行决策，包括目的地、出发时间、交通工具等。从经济的角度来看，出行者行程时间可靠性的价值体现在能让其更好地利用自己的时间；货运企业或个人需要可预测的行程时间以降低成本、保持竞争力；交通规划者和运营管理者需要在项目规划、实施和决策的过程中考虑不可靠出行的额外经济损失。行程时间可靠度能有效地衡量路网的不确定性，便于道路管理者准确评价路网运行状态以改善服务水平，同时可以帮助出行者在未完全掌握道路交通状况的条件下进行相对合理的出行决策。

1.2.3 可靠性需求下高速公路交通运行状态评价与分析

高速公路是全封闭、全立交的道路，具有辐射强、影响广、流量大、速度快等显著特点。高速公路是缩短运输距离的重要交通方式，经济活动越活跃，交通运输越频繁。一个国家的经济很大程度上依赖于为出行者提供有效并可靠的交通运输系统，以促进出行的安全和效率。近年来，随着我国高速公路网的不断扩建和交通出行需求的快速增长，高速公路交通安全和交通效率问题亟待解决。

交通系统具有非线性、复杂性等特点，交通运行状态受到多种因素的影响，如道路、天气条件、司机的不同驾驶行为等等。高速公路包含基本路段、匝道及其交织区等组成部分，一次完整的高速公路交通行程必然要经过这些特定的设施。并且可能经过隧道、桥梁等特殊构造物，车道数或设计时速有可能不是保持恒定的。传统的交通状态识别是建立在特定的车道数、设计时速等道路因素的基础上的，基于当前方法很难跟踪高速公路交通运行状态的变化。

准确掌握高速公路交通运行状态是进行管理和决策的关键前提，也是进行路网诱导和交通控制的基本条件，兼具理论价值和实践意义。传统的交通运行状态判别没有考虑波动性因素，随着可靠性技术领域的扩展，交通的运行状态含义逐渐延伸至交通运行水平和交通运行稳定性两个层面。准确获取可靠性指标，并将可靠性指标纳入高速公路交通运行状态的量化测度，对于决策过程的实践者是一个重要且实用的需求。在出行决策方面，通过道路交通运行状态的观测和分析，提供直观易于发布的评价结果，准确反映道路运行状态，有利于出行者避开拥堵路段，缩短行程时间，是提高交通参与者出行效率的有效措施。

先进的高速公路交通诱导及信息发布系统需要提供直观简明的交通预测信息以供出行者理解并决策。预测结果的精度及其包含的风险，有助于出行者有选择地参考预测结果，提高决策的质量。可信的预测结果能够为交通运营管理者选择调度策略提供科学决策依据，实现均衡路网压力的目的。衡量预测点的不确定性具有重要的现实意义和实用价值，可以提高出行效率，降低出行成本。

综上所述，从辅助高速公路运营管理和出行决策的目的出发，利用海量的交通数据作为基础支撑，建立一个系统性的方法以综合反映交通运行质量，从高速公路行程时间可靠性估计、行程时间短时区间预测和交通运行状态估计等方面展开深入探讨和研究，为交通控制和交通诱导提供准确、可信、直观的交通信息，是对已有研究成果的进一步深化。

1.3 国内外研究基础

1.3.1 交通可靠性评价方面的研究基础

根据系统工程的定义，在时间、环境、运行条件等要素给定的前提下，可靠性就是实现特定功能运行水平的概率。相对于传统的非概率评价指标，可靠性理论在交通领域的应用能够反映路网的真实状态以及波动情况，是一种崭新的手段和方法。

由于1995年的神户地震引发了人们对连通可靠性的关注，当下日益增长的交通拥堵和交通需求推动了可靠性指标的多样性和必要性。连通可靠性、容量可靠性、行程时间可靠性以及畅通可靠度等指标都是路网可靠性评价的扩展。Asakura和Kashiwadani于1991年初次提出行程时间可靠性(Travel time reliability, TTR)的概念。使用相同道路的出行者所需的行程时间可能会一天与一天不同。行程时间可靠性是道路交通运行状况的直观体现，已经成为道路使用者进行微观出行决策以及道路管理者对道路性能进行评价的关键指标。

行程时间可靠性的估计和应用一直是研究关注的重点。2006年，Naoki Ando等考虑了旅行时间的不确定性，介绍了基于概率型时间窗模型的车辆路径和行程安排的优化。2007年，李先等根据采集的出租车运营IC卡数据，选取PRTI、TRTI和FRTI作为指标，分析北京市路网单位距离的行程时间可靠性。2007年，姜乙甲根据浮动车采集的数据，开展了城市路网行程时间可靠性评价。2010年，贺方会以浮动车数据为依托，分别提出了针对出行者和管理者的路段行程时间可靠性量化算法。2010年，Hesham Rakha等分析了通过路段来估计路径的行程时间可靠性变化的五种方法。2013年，李晓莉通过车牌识别系统数据，探讨了行程时间可靠性以10min为间隔的日变趋势。Agachai Sumalee和Kenetsu Uchida在2013年和2014年分别提出了道路网络旅行时间和行程时间可靠性的估计方法。2015年，林徐勋等提出了基于欧拉折现法和蒙特卡洛的动态行程时间可靠性模型，对可靠性的退化规律和内部车辆相互扰动进行了较好的反映。2015年，杨聚芬深入研究了路网交通状态可靠性评价、预测和分配方法。2015年，李小静等分析了随机路网变化对道路使用者的影响，建立了城市道路网络的动态行程时间可靠性。

综上所述，众多研究中对行程时间可靠性的关注程度最高，且具有相对丰富和成熟的研究体系。行程时间可靠性评价主要涉及行程时间可靠性指标、行程时间可靠性影响因素和行程时间分布建模等方面。

1)行程时间可靠性指标

一般来说，行程时间可靠性是在一段时间内使用道路旅行时间分布的量化，并可用于描述特定运行条件发生的频率和会达到的糟糕程度。对于一个给定的行程和时间，一旦已经确定行程时间分布就可以得到各种指标：统计范围指标，缓冲时间指标，迟缓行程的指标，按时或晚点的概率性指标，偏态度量。《道路通行能力手册》(*Highway Capacity Manual* 2010)，建议规划时间指数(Planning Time Index，PTI)和缓冲指数(Buffer Index，BI)作为高速公路不可靠的主要指标。Van Lint 和 van Zuylen 注意到基于均值的 BI 和 MI 指标在分布偏斜时可能不恰当，定义了两个指标描述行程时间分布的大小和形状：skewness 和 width。2010 年，Pu Wenjing 探索了可靠性指标的数学模型和相互依赖关系。2014 年，柏喜红等从道路、人员、环境以及技术 4 个角度，对高速公路行程时间可靠性进行了影响因素综述分析，总结了数理统计类、缓冲时间类、行程延误类和分布宽度及斜度类的指标及适用性。

在众多文献中，建议的可靠性指标及其计算方法见表 1-2。

表 1-2　文献中定义的行程时间可靠性指标清单

指标	符号	公式
方差	Variance(σ^2)	$\sigma^2 = \frac{1}{N}\sum_{i=1}^{N}(x_i - \mu)^2$ 式中，$\mu = \frac{1}{N}\sum_{i=1}^{N}x_i$
标准差	Standard deviation (σ)	$\sigma = \sqrt{\frac{1}{N}\sum_{i=1}^{N}(x_i - \mu)^2}$
变异系数	Coefficient of Variation(c_v)	$c_v = \frac{\sigma}{\mu}$
变异比例	Percent Variation(p_v)	$p_v = \frac{\sigma}{\mu} \times 100\%$
百分位	K^{th} Percentile (p_K)	$P(x \leqslant p_K) = K\%$ 例 95^{th}Percentile (p_{95})：$P(x \leqslant p_{95}) = 95\%$ 50^{th}Percentile (p_{50})：$P(x \leqslant p_{50}) = 50\%$
计划时间指数	Planning Time Index(*PTI*)	$PTI = \frac{t_{95}}{t_f}$ 式中，t_{95} 为行程时间的 95%分位数；t_f 为自由流行程时间
行程时间指数	Travel Time Index(*TTI*)	$TTI = \frac{t_{avg}}{t_f}$ 式中，t_{avg} 为平均行程时间；t_f 为自由流行程时间

续表

指标	符号	公式
缓冲指数	Buffer Index (BI)	$BI = \frac{p_{95} - \bar{t}}{\bar{t}}$ 或 $BI = \frac{p_{95} - p_{50}}{p_{50}}$ 式中，$\bar{t}$ 为平均行程时间
遭遇指数	Misery Index (MI)	$MI = \frac{\text{后 20\% 的行程时间平均值} - \bar{t}}{\bar{t}}$ $MI^{\text{modified}} = \frac{\text{后 5\% 的行程时间平均值} - t_f}{t_f}$
分布斜度	Skew metric [$\lambda_{(\text{skew})}$]	$\lambda_{(\text{skew})} = \frac{t_{(90\%)} - t_{(50\%)}}{t_{(50\%)} - t_{(10\%)}} \times 100\%$
分布宽度	Width metric [$\lambda_{(\text{var})}$]	$\lambda_{(\text{var})} = \frac{t_{(90\%)} - t_{(50\%)}}{t_{(50\%)}} \times 100\%$
按时到达概率	Percent On-time Arrival ($Pr_{\text{on-time}}$)	$Pr_{\text{on-time}} = P(x \leqslant 1.1 \cdot t_{\text{median}})$ 或 $P(x \leqslant 1.25 \cdot t_{\text{median}})$
拥挤频率	Frequency of Congestion(Pr_{con})	$Pr_{\text{con}} = 1 - P(x \leqslant 2.0 \cdot t_f)$

2)行程时间可靠性影响要素

识别影响行程时间的因素是可靠性建模的首要步骤，特别是导致旅行时间不确定和不可靠的因素。影响行程时间变化的因素有：交通事件、施工活动、环境条件(如恶劣天气、隧道)、需求波动(一周中不同天、一年中不同月)、特殊事件(需求波动发生的一个特例，频次相对很少，导致不同的交通流模式显著的典型情况)、交通控制设备(交通信号)、道路基础容量不足。《道路通行能力手册》指出在行程时间可靠性的探讨和分析中，应该考虑的不确定性因素包括：需求的经常性变化；特殊活动，即产生暂时性强烈的交通需求；降低通行能力的恶劣天气、事件和工作区域。此外，个体司机行为差异、动态定价和可替代交通工具等因素也会增加旅行时间的不可靠性。2013 年，Mahmassani 等将行程时间变异性来源进行了分类，如表 1-3 所示。

表 1-3　行程时间变异性来源分类

来源	变异性类型	模型处理	
		外源	内源
需求波动	系统性	季节性； 星期	交通工具选择； 出发时间选择； 路线选择
	随机性	特殊事件； 天气条件	出行行为的日变性

续表

来源	变异性类型	模型处理	
		外源	内源
供给、网络容量波动	系统性	道路施工； 车道关闭	流量衰弱或容量减少
	随机性	天气状况； 事故发生	合并容量

Mazloumi 和 Peer 分别于 2010 年和 2012 年以标准差(SD)作为识别影响旅行时间变化因素的因变量，通过回归分析研究行程时间数据日常可变性。2010 年，SHRP 2 项目基于大量的实证数据，提出高速公路两种分析模型：可靠性指标与旅行时间平均值的简单相关模型；可靠性指标与一组复杂解释变量(需求供给比例、事件引起的车道损失时间、降雨时间)的相关模型。2012 年，Mahmassani 等提出了一种线性模型来描述单位距离旅行时间的标准偏差与均值之间的关系。2011 年，Kwon 等建立了一种回归方法来确定这些不确定性因素对旅行时间可靠性的影响。结果表明，交通事故占旅行时间变化影响的 15%到 26%，天气占 2%到 5%。2015 年，Samer H. Hamdar 等讨论了在拥挤的高速公路上，加速和换道对行程时间可靠性有何扰动与影响。

一些常见的气象条件也进入关注视野，特殊气象条件对行程时间可靠性影响的研究随即展开。2010 年，冷军强深入研究了冰雪条件下城市路网行程时间可靠性。同时，吴炼等基于传统的 BPR 函数进行了雾天环境对高速公路网行程时间可靠性变动的影响研究。随后，王婧和叶佳缘分别于 2011 年、2012 年分析研究了雨天情况下的高速公路行程时间可靠性。

交通事故往往造成车道关闭，降低旅行时间的稳定性以及道路的服务水平。2011 年，Takahiro Tsubota 等研究了交通事故和旅行时间可靠性之间的关系，建立了基于行程时间不确定性的调度模型，计算了交通事故减少所带来的好处。结果显示，减少交通事故对行程时间可靠性的提高具有重要作用。2013 年，陈玲娟等研究了交通事故持续期内的行程时间可靠性变化情况。

出行目的、出行服务质量需求以及出行者偏好等因素导致可接受行程时间具有差异。2014 年，孙小菲等采取向北京市高速公路使用者调查出行属性和其可接受延误时间，由统计分析得知出行目的对可接受延误时间的影响不显著，仅私家车驾驶员平均可接受延误时间与平均行程时间基本呈正相关相关，对于大客车则有所不同。2014 年，王莹研究了行程时间可靠性的出行者价值，针对公共交通方式和私家车方式运用意向调查(stated preference)，在原有的出行者效用方程中增加“出行者收入水平”和“出行者面临的时间约束”，并分析了这两个因素的影响作用。2015 年，李小静等通过假设路段行程时间服从正态分布，引出行程时间的机会约束规划(CCP)minimin 和 minimax 模型，研究了 3 种风险态度出行者的行程时间预算。

由此可见，特殊气象条件、交通事件、出行者等是目前行程时间可靠性影响因素的主要研究内容，相关研究成果非常丰硕。

3)行程时间分布建模

行程时间分布估计被认为是量化行程时间可靠性的重要开端，行程时间可靠性量化本质上是对其累积分布函数进行求解。科学获得行程时间分布函数是可靠性量化的关键。在统计学原理中，常用的概率密度估计方法有参数法和非参数法。参数法是假定已知总体服从的分布形式，即寻找目标密度函数族中的特定解。参数法依赖于事先对总体分布的假设，而在实际问题中做出准确的假设往往是非常困难的。非参数估计方法不需要数据分布的先验知识。

1997 年，Bell 和 lida 认为，交通量对路径行程时间分布有一定影响。交通量较大和不大时，分别服从正态分布和对数正态分布。1999 年，Yasunori lida 认为，以正态分布表示行程时间分布是可接受的。随后，熊志华、邵春福和姚智胜等深入研究了道路网行程时间可靠性基础理论，根据路网波动状况以及路网用户的感知随机性，建立随机路网可靠性模型，得出晚高峰时段路段行程时间用贝塔分布(Beta Distribution)拟合效果较好的结论。

2007 年，陈小鸿等针对小间隔行程时间分布不能被正态分布或者对数正态分布描述的缺陷，根据浮动车数据估计 15 分钟间隔的行程时间经验分布。2009 年，张勇等否定了行程时间服从正态分布的普遍假设。2009 年，陈琨等使用北京市浮动车数据，分别用正态分布、伽马分布、对数正态分布和韦伯分布，对路段行程时间的概率密度函数进行了曲线拟合。结果表明，采用对数正态分布的拟合效果最佳。另外，在区分路段相关或者独立的条件下，陈琨等还采用对数正态和模型量化评价了路径行程时间可靠性。

2009 年，侯立文等利用 Gram-Charlier 分布函数作为城市交通行程时间可靠性的研究手段。2012 年，Michael 等认为城市交通行程时间分布服从布尔分布。

2010 年，Guo 等提出了采用混合分布来描述多模态性的旅行时间分布。

2011 年，Arezoumandi Mahdi 分析对数正态分布、极值分布、伽马分布、log-logistic 分布、韦伯分布与高速公路 18 小时行程时间数据的拟合程度，得到可变限速情形下对数正态分布拟合效果最佳。

2013 年，Ruimin Li 等分析研究了城市道路不同路段 15 分钟间隔内正态分布、对数正态分布、伽马分布和韦伯分布的拟合情况，认为不同的交通情况下最佳的拟合分布是不同的。

2013 年，夏创文提出高速公路路段行程时间概率分布是由若干车型的行程时间组成的混合概率分布模型，构建基于卡尔曼滤波模型的行程时间估计模型。

2014 年，李玮峰等针对行程时间序列方差变化的特点，引入计量经济学中的 ARCH 模型簇（Autoregressive Conditional Heteroskedasticity Model，自回归条件异方差模型）对路径行程时间的可靠性和波动性进行评价。研究结果表明，ARCH 模型簇可以适应交通系统的特性。

2014 年，李长城考虑了客车与货车间速度差异明显，采用高速公路收费数据，通过韦伯分布、伽马分布和正态分布对路段行程时间的概率分布函数进行拟合。结果表明，正态分布拟合效果更好。同时，李小静等基于正态分布的假设，研究了行程时间可靠度影响因素。

2014 年，崔毓伟等采用城市视频监控数据，假设路段行程时间服从对数正态分布，利用 Copula 函数计算交通网络行程时间可靠度。

2014 年，尹志鹏基于对数正态分布，采用标准差、缓冲指数、拥挤频率评价了高速公路的旅行时间可靠性。

2014 年，Karthik K. Srinivasan 等基于改进的对数正态分布模型，探讨了路网中寻找最可靠路径的问题。

2014 年，Younes 等比较了不同交通条件下用于行程时间建模的 6 种统计分布，分别是对数正态分布、伽马分布、布尔分布、韦伯分布、复合正态分布和复合伽马分布。

2014 年，Fangshu Lei 等采用历史浮动车数据，分析了不同服务水平 A～F 下的韦伯分布、布尔分布、伽马分布、对数正态分布等 20 种分布的假设统计检验结果。结果表明，在服务水平 A 情况下，城市快速路单位距离行程时间服从 Generalized Extreme Value（广义极值）分布；其余服务水平（B～F）下则服从 Generalized Pareto（广义帕累托）分布。

2015 年，Fengjie Fu 等实证了实际旅行时间分布的双峰性，并通过 EM 算法对行程时间双峰分布进行参数拟合。

Kim 和 Mahmassani 等对交通网络行程时间可靠性的特征和建模进行了许多相关研究，并于 2015 年提出了一种复合伽马分布来进行行程时间可靠性建模。

2010 年，Ng 和 Waller 提出了一个傅里叶变换的方法，在路段容量被认为是独立的前提下，模拟随机道路容量下的系统范围内旅行时间的概率密度函数，并用该方法分析需求水平和能力变化对旅行时间可靠性的影响。

2014 年，Shu Yang 等使用核密度估计（kernel density estimation，KDE）来建立旅行时间分布模型。由于车辆行程速度是在一个客观的限制范围内，即行程时间的集合是有边界的，受边界效应影响核密度估计值可能会出现一些不理想的情况。此外，核函数和窗口宽度的选择对计算精度会产生重要影响。

2015 年，杜春燕等对高峰时段的数据进行正态分布拟合，对平峰时段的数据进行对数正态分布拟合，在不服从理论分布的情况下利用 Edgeworth 渐进级数进行描述，进而计算路段的行程时间可靠性。

2015 年，Mahmood Rahmani 等展开了路线行程时间分布的非参数估计方法研究，并采取一些措施来减少低频浮动车数据对结果的影响，使用 ANPR 数据对方法是否有效进行了验证。

通过分析行程时间可靠性评价研究领域的进展，我们可以获得以下结论：

(1)行程时间分布模型的准确估计是可靠性指标计算、影响因素分析的关键步骤，是交通可靠性评价结论准确性的前提基础。

(2)许多研究讨论和建议了一些参数模型在不同情况下拟合旅行时间概率分布，目前使用最广泛的是正态分布、对数正态分布、伽马分布和韦伯分布等。

(3)不同交通状况(交通量和密度)、不同道路等级(城市交通或高速公路)、车辆类型等因素对行程时间分布函数的形式和参数值有一定影响。

(4)为克服参数模型的预先假设和实际模型之间的差异，一些不同的改进思路相继提出，但是尚未获得具有普遍适用性的结论。

综上所述，作为可靠性度量的基础，行程时间的分布没有统一定论，行程时间分布函数的估计有待深入研究。

1.3.2 行程时间预测方面的研究基础

行程时间预测是先进高速公路出行信息系统中不可或缺的部分，一个实时并精确的行程时间预测模型对于公众出行和管理者进行决策都具有重大意义。由于受到天气、交通事件、节假日等因素的影响，行程时间存在非平稳和非线性的现象。出行者希望获得可靠的信息进行决策，如果预测的有效性得不到保障，出行者将不愿意关注或参考预测结果。因此，行程时间预测的可靠性显得尤为重要。

近年来，关于行程时间预测的方法主要有时间序列分析、卡尔曼滤波、人工神经网络、线性回归模型和支持向量机等。2010 年，张扬等采用 MAPE 和 VAPE 指标比较了几种行程时间预测方法，包括历史平均(Historic Mean，HM)、自回归移动平均模型(Autoregressive Moving Average，ARMA)、最小二乘线性回归(Linear Least Squares Regression ，LLSR)、卡尔曼滤波(Kalman filtering，KF)、RBF 神经网络(Radial Basis Function Neural Network，RBF-NN)和支持向量回归(Support Vector Regression，SVR)。2014 年，毕松等从特征参数和预测方法两个角度，综述探讨了现有的路段行程时间预测。ARMA 模型(自回归滑动平均模型)应用广泛，计算简单，但是对交通流的不确定性和非线性的适应性较差。卡尔曼滤波模型同样也存在非线性的适应性差问题。非参数回归模型通过刻画数据的“特征”，在历史数据集中寻找与当前时刻具有较小相似性度量的“近邻”从而进行预测，不受到参数模型的束缚。支持向量机 在解决小样本和高维非线性问题方面具有一定优势。

由于建立准确的机理模型具有高度复杂性，在充分利用历史交通数据的基础上，数据驱动方法具有较大的灵活性。车辆检测器数据、收费数据、浮动车数据、蓝牙和手机信令等不同数据源在行程时间预测方面得以应用。2010 年，Xuegang 等利用车辆检测器估计旅行时间。研究表明，对同一组速度数据，不同的评估算法性能相似，且非高峰时期比高峰时期行程时间估计的准确性更好。2013 年，刘克基丁车检器数据，采用自适应神经模糊推理系统进行了高速公路路段行程时间预测。2015 年，Willem 等采用断面速度检测器数据，提出了一种 ATSB 算法估计行程时间。2014 年，王浩基于收费系统，通过自适应插值卡尔曼滤波预测高速公路旅行时间。2015 年，王翔等将历史行程时间数据集分为 7 类，采用交叉验证的方法标定了 K 值，建立了基于 K 最近邻非参数回归的行程时间预测方法。2009 年，朱彦等基于浮动车数据，使用正态分布和对数正态分布模型来描述城市快速路上同一路段相同时段的行程时间。2011 年，唐俊采用浮动车作为数据基础，结合经验模态分解和支持向量机回归两种方法，提出路段行程时间预测的组合方法。

2015 年，邓毅萍等提出了一种考虑匝道处流量变化的行程时间估计改进方法，结果验证了改进方法较半距离法和空间线性插值法更具优越性。2015 年，邓明君等运用谱分析分解与重构了行程时间序列。

一些研究主要从组合模型和数据融合两个方面改进以提高预测模型精度。2012 年，陈旭梅等研究了 SVM 和卡尔曼滤波的 BRT 行程时间预测模型。2016 年，丁宏飞等提出了 BP 神经网络与 SVM 的快速路行程时间组合预测方法。2016 年，田甜等建立了卡尔曼和 ARIMA 组合模型的路段行程时间预测模型。2012 年至 2016 年，Lili Du、李嘉、江周、刘妍、赵建东分别采用了数据融合技术改进行程时间预测模型。

高速公路行程时间预测是动态交通控制和出行决策的主要需求，不仅关注估计值本身，同时希望掌握估计量的准确程度，即是否稳定、与真实值的差距。区间预测在金融以及电力领域被广泛应用。崔青华等提出了行程时间时变置信区间预测方法，但他们提出的 ARIMA-GARCH 模型适应性有限。

通过分析行程时间短时预测研究领域的进展，我们可以获得以下结论：

(1) 由于建立准确的机理模型较为复杂，现有的行程时间短时预测主要采用数据驱动的方法，车辆检测器数据、收费数据、浮动车数据、蓝牙和手机信令等多种数据源得以应用。

(2)大多数研究重点都集中在点预测，并不包含预测值置信水平等辅助决策的信息，预测结果缺乏可信度保障。

(3)现有研究主要从组合模型和数据融合两个方面改进以提高预测模型精度，但也无法较好地避免点预测的局限性。

综上所述，衡量预测点的不确定性对动态交通控制和出行决策都具有重要的价值，因此，构建行程时间的短时区间预测(Interval Prediction，PI)模型，反映预测的可信度和稳定性，符合交通诱导和出行决策的应用需求。

1.3.3 道路交通运行状态评价方面的研究基础

道路交通运行评价是对实时交通状态的获知和辨识，是保障道路通畅、提高出行效率的重要理论基础，能为动态诱导分流、减少拥堵提供有效方法和数据支撑。

目前，国内外学者在道路交通状态判别方面从不同角度展开了大量的研究。国外早期的交通状态判别主要针对突发事件或交通拥堵检测，线圈检测器是主要的数据来源。最早提出的加利福尼亚算法(California Algorithm，CA)通过比较两个相邻线圈检测器的时间占有率来判断是否存在交通拥堵状况。1978年，Payne 和 Tignor 对加利福尼亚算法进行了 10 种改进，其中 California#7 算法和 California#8 算法的效果较好，但阈值标定仍然是未解决的关键问题。1974 年，Cook 提出了一种双指数平滑算法(Double Exponential Smoothing，DES)，将交通数据的双指数平滑值与实际的差值作为判断交通拥堵的依据。1974 年，得克萨斯交通协会提出了标准偏差算法(Standard Normal Deviation，SND)的概念，通过交通参数的变化率判别突发交通事件。随后，一些算法逐渐应用于交通事件识别，如贝叶斯算法、高占有率算法、自回归移动平均(Auto Regressive Integrated Moving Average，ARIMA)算法等。这些算法大多不依靠理论模型，而运用流量、速度、占有率等固定型检测器采集的地点交通参数进行统计分析，通过对交通参数的异常识别来估计交通状态。

总结上述研究内容，通常的交通拥堵检测主要是依据路段上占有率、流量、速度、饱和度等交通流基本参数的变化，通过设定相应阈值来判断交通拥堵情况的。交通流拥堵状态的定义是具有主观性且模糊的。不同道路的实际环境千差万别，对相关参数采取相同阈值的判别结果可能会产生很大出入。

1990 年，Persaud 等以突变理论作为基础开发出了 McMaster 算法，通过大量历史数据构建流量与占有率之间分布关系的模型，以判断交通拥堵事件是否发生。

随着数据挖掘以及信息处理技术的提升，大量的智能算法用于交通状态估计，如人工神经网络、小波理论、模糊理论、支持向量机等。考虑到交通状态之间没有十分清晰的界限，1994 年，Hsiao 提出了基于模糊逻辑和神经网络的交通事件检测算法，削弱了临界决策区难以抉择的问题。1999 年，Hoogendoorn 等综述了模糊理论在交通工程领域的应用。2007 年，Hawas 提出了一种基于模糊系统的城市主干道交通事件检测算法，解决了隶属度函数难以决策的问题。2007 年，Nam-Kwan 等提出了一种基于交通模式的模糊化 APID 模型来检测交通事件。1993 年，Ritchie 将人工神经网络应用于交通状态判别领域取得较好效果，并建立了基于概率神经网络(Basic Probabilistic Neural Network，BPNN)的交通事件检测算法。1995 年，Stephanedes 提出了基于多层前向(Multi-layer Feed-forward，MLF)神经网络的交通事件检测算法。1997 年，Ivan 等利用人工神经网络和数据融合技术来检测交通事件。Yuan 等(2003 年)和 Chen 等(2009 年)采用支持向量机技术检测交通事件，效果优于神经网络。

国内对交通状态估计的研究起步较晚，一些学者对国外方法进行了继续研究，取得较多研究成果。2001 年，史新宏等分析了各种事件检测算法的原理和优缺点。

城市道路、干线公路与高速公路的交通流特性有较大的差异，但研究成果可以相互提供参考和借鉴。

随着交通信息采集技术的不断发展，除了车辆检测器之外，视频监控系统、道路收费系统、车辆跟踪定位系统等多种数据源也在交通运行状态分析中得到使用，采集的交通参数相应增多。交通量、密度和速度等基本参数一直是探讨道路交通特性的关键指标，一些衍生的综合性指标也得以应用。

2009 年，李清泉等对模糊方法、支持向量机、模糊支持向量机等算法的分类误差进行了对比，研究结果表明，模糊支持向量机的准确率明显较好。

2009 年，邹文杰等以浮动车数据为基础，将区域路网运行状态划分为 5 个等级，提出了最小平均行程时间、路网运行阻尼系数、路网拥堵指数和主干道交通状态参量 4 个指标，建立了基于 Logistic 曲线的城市区域交通状态等级评价模型。

2010 年，张菁等根据交叉口进口饱和度和路段平均行程速度定义了交通状态系数，设计了基于小波分析的城市路网交通状态检测算法。

2010 年，刘贺楠以车辆检测器为数据源，根据饱和度、平均车速、时间占有率和平均车头时距进行高速公路运行状况评价。

2010 年，李晨曦根据微波检测器所采集的快速路交通流数据，选取道路单位里程平均延误为指标，采用主观评价实验确定延误等级划分标准，提出了基于交通延误的交通状态评价方法。该方法的主观评价结果适用性有待验证。

2010 年，王谷、过秀成等以交通量、平均行驶时间等作为决策变量，利用数据包络分析模型展现不同时间段交通运行效率的相对变化，应用质量控制图法，以高速公路运行最好的时期作为参考标准，识别运营过程中发生的异常状况。

2010 年，杨兆生等选取路段平均车速、交叉口进口道最大相位饱和度以及相应的平均最大排队长度为评价指标，提出了针对道路交通状态的模糊综合判别评价模型。

2011 年，牛世峰以车辆检测器为数据源，采用交通拥堵指数的概念，提出了基于区间和基于地点的交通拥堵判别算法。

2011 年，北京市定义“交通运行指数（TPI）”描述指定区域指定时段的拥堵强度，该指标只考虑了严重拥堵里程比例，且判别标准来自调研交通参与者对拥堵的感知。

2012 年，沈强利用高速公路收费数据，探讨了路网运行状态评价指标和相关算法。

2013 年，于荣等根据车流量、平均速度和占有率 3 个参数，采用支持向量机对城市道路交通状态进行堵塞流、拥挤流、平稳流和顺畅流划分。

2013 年，吕北岳以评估城市道路交通拥堵程度为重点，提出基于出行时间的综合性交通指数，建立了基于行程时间（比）与交通指数的换算模型，开发了道路交通运行指数计算及发布应用系统。

2013 年，付静静分别构建了点、线、面层次的交通运行状态评价指标体系。

2013 年，李琦综合利用多种数据源，包括道路收费系统、感应式交通控制系统、车辆跟踪定位系统、专用车辆检测器等，对交通数据的多模式获取以及交通状态监测与预测等方法进行了研究。

2014 年，杨环宇采用 4 个参数作为指标，包括饱和度、占有率、平均行驶速度和平均延误时间，构建非常态事件下高速路网交通运行状态评价指标体系。

2014 年，高朝晖等选取平均延误时间、饱和度、空间平均速度和交通密度构建交通运行状态评价指标，在服务水平参数阈值的基础上定义指标隶属度函数，结合层次分析法和熵值法计算指标权重，提出了高速公路交通运行状态的模糊综合评价方法。

2014 年，游黄阳采用交通行程指数作为城市交通运行状态的评价指标，设计了基于模糊评判的多参数融合评价模型，并构建考虑城市交通特性和时空二维影响因素的短时交通参数组合预测模型。

2014 年，姚磊等以占有率、密度和行程时间作为指标，提出了基于模糊逻辑的交通拥挤状态识别算法，但算法的优劣受到交通信息采集系统完备性的局限。

2014 年，陈家炎基于联网收费数据，分别采用区间平均行程速度、车道平均交通密度、V/C 这 3 个指标评判路网高速公路服务水平，得到的服务水平有较大差异。

2010 年，BRILON 等依据累积速度分布函数的定义，采用设施平均速度评价高速公路的系统服务水平，但尚未论证服务水平等级划分的阈值。

2014 年，岳园圆等利用浮动车数据，通过关联宏观交通状态和运行速度累积里程分布模型，构造了基于百分位速度的快速路宏观交通状态评价方法。

2014 年，杨庆芳等利用高速公路联网收费数据计算大车和小车的速度变化，进行高速公路交通状态的模糊 C 均值聚类(FCM)判别。

2014 年，张亮亮等研究了流量、速度、占有率或密度等交通参数的权重，并应用于模糊 C 均值聚类算法的交通状态划分。

2015 年，李树彬等基于高速公路收费数据，通过中观交通仿真估计交通状态信息。

2015 年，黄艳国等以流量、速度、占有率为特征属性，将交通流划分为 4 个状态，采用模糊 C 均值聚类判别城市道路交通状态。在模糊聚类的基础上，章渺、徐静和陈会茹研究了高速公路基本路段实时交通状态判别方法。

2015 年，于泉等采用变异系数法确定平均行程速度、空间占有率的指标权重，通过模糊综合评判法将高速公路交通状态分为 5 个等级。

2016 年，何兆成等引入交通拥堵时空累积指标来判别和量化区域交通拥堵的空间分布模式，并对广州出租车数据进行实例分析。

2016 年，贾洪飞等采用模糊 C 均值聚类方法将快速路交通状态划分为畅通状态、轻度拥挤状态和拥挤状态，将快速路二阶宏观交通流模型与粒子滤波算法相结合，进行快速路交通运行状态估计。

2016 年，刘浩等提出基于视频处理技术提取路段的空间交通流信息，直接进行高速公路交通运行状态估计。

上述研究表明，对高速公路交通运行状态的评价标准主要分为两类，一类是静态标准，另一类是通过聚类方式确定的标准。我国应用较多的静态交通运行状态标准有两种：第一种是参照 HCM 的 A~F 6 个服务水平等级；第二种是交通运输部于 2012 年颁布的规范性文件——《公路网运行监测与服务暂行技术要求》，文件中将高速公路状态分为“畅通”“基本畅通”“轻度拥堵”“中度拥堵”“严重拥堵”5 种状态，如表 1-4 所示。

表 1-4 高速公路路段交通状态等级划分标准

拥挤度(颜色示意)	设计速度		
	120km/h	100km/h	80km/h
畅通(绿色)	≥90	≥80	≥60
基本畅通(蓝色)	[70, 90)	[60, 80)	[50, 60)
轻度拥堵(黄色)	[50, 70)	[40, 60)	[35, 50)
中度拥堵(橙色)	[30, 50)	[20, 40)	[20, 35)
严重拥堵(红色)	[0, 30)	[0, 20)	[0, 20)

注：断面交通量为 0 且速度为 0 时，路段为畅通状态。

运用多种数据源采集的交通参数及其衍生参数，进行交通状态的模糊判别，是现有研究主要采用的研究思路。用于交通运行状态判别的常用指标见表 1-5。行程速度作为道路拥堵状况甚至服务水平的反映，已经被广泛应用于交通管理领域。部分评价指标的计算受到断面检测设备的布设密度有限、浮动车检测设备安装车辆有限、设备精度受各种因素影响较大等条件限制，交通运行评价难以在大范围内进行全面实时量化评价。

表 1-5 常用的交通运行状态判别参数

分类	交通流参数
宏观参数	交通量
	速度
	交通密度
	饱和度
	占有率
	排队长度
	服务水平
微观参数	车头时距
	车头间距

综上所述，当前的交通运行状态或服务水平标准是基于密度参数来评估的。现有的国内外研究一致认为，交通密度是反映高速公路基本路段交通状态最合理的指标，其定义为单个车道上每公里的车辆数。与交通量和速度信息不同，密度并不是直接从现场采集或现成能够检测的。由于很难得到确定的密度值，而且密度的计算涉及众多因素，定期得到密度信息不仅代价昂贵，且在许多情况下不可行。

通过分析交通运行状态估计研究领域的进展，我们可以获得以下结论：

(1) 传统的交通状态识别是建立在特定的车道数、设计时速等道路因素的基础上的，现有方法无法区分出车辆行驶状态的波动性或变异性。

(2) 现有的相关研究成果对交通状态等级的定义并不一致，导致了评价结果可比性差的问题。高速公路受到道路、交通、天气等各种因素影响，采用统一的绝对标准存在一定缺陷，很难反映真实的交通状态。然而，聚类获得交通状态等级又无法实现不同区域的量化比较。

(3) 目前的交通运行状态估计对运行稳定性或波动性的考虑较少。

因此，我们有必要将可靠性纳入交通运行状态估计之中，描述高速公路交通出行的服务程度，以提高出行质量和道路运行效率。

2 数据质量分析与特征分析

交通大数据具有“6V”特征，预处理是交通系统建模质量和效率的重要前提。建立高速公路交通运行状态估计模型，需要从数据质量和数据特性两个角度进行探索。数据质量分析的目标是剔除异常数据、提高计算效率。交通数据具有明显的时间、空间和车型维度属性，对维度属性不同粒度的划分有可能会影响交通系统建模的结论。本章结合交通大数据的研究目标，提出数据质量和特征分析的具体方法与步骤，为后续的交通系统建模提供数据保障和理论支持。

2.1 高速公路收费数据资源

高速公路联网收费系统是一个高智能化综合管理系统，集合计算机网络、电子测控、通信传输等技术形成了一个高效、可靠的通信平台，对高速公路交通监控、收费和通信数据进行信息的采集、处理，辅助信息的互通和管理职能的实现。联网收费采用入口发卡、出口验卡收费的服务模式。高速公路联网收费系统牵涉多方的利益，因此必须可靠地保存及传输大量的原始数据，不允许出现差错及丢失，否则后果不堪设想。根据对象的不同，收费系统数据主要包括交通流量数据、车辆信息数据、人的行为数据 3 类。交通流量数据指车辆的入口、出口、车型、车种、对应时间。车辆信息数据指车型、车种、车牌号等。人的行为数据指收费操作人员信息，如收费员代码、收费员班次等。

在大数据的时代背景下，以大数据为驱动的数学建模研究成果和智能交通系统架构逐步形成。交通运行状态是随着空间和时间的不断变化而变化的，不同的道路者不同的时段给驾驶人员带来的感受是完全不同的。交通运行日况愈下已成为公众出行者和道路管理者的共同感知。可靠性是交通运输行业较新的一个概念，将可靠性指标作为交通运行状态评价标准已成为重要共识。以往探究高速公路可靠性影响研究，主要采用仿真分析和问卷调查。仿真分析需要设定全面的、确定性的假设条件，然而在实际路网中受到采集设备的限制，信息采集的深度、广度与假设条件还存在一定差距，现有的数据资源为“不完备信息”，仿真分析结果与实际路网的适应性存在一定局限。问卷调查通常采用情景假设获取用户的偏好和反馈，但是在实际行驶中受到用户反应时间和随机性因素的影响，用户被调查的偏好不一定被实际执行。采用仿真或者问卷调查的方法，用户“出行偏好”与“实际执行”的一致性不能得到有效验证。

直观来讲，高频次在某一路段行驶的驾驶员，可能在熟悉路段会通过频繁变道来获取更少的行驶时间；满载的货车驾驶员可能受车辆自身载重限制、货物安全考虑，较空载时驾驶会更加谨慎；道路中危险品车辆行驶对其他车辆的行驶表现也可能产生影响。诸如此类，出行用户作为独立个体，其行为表现不仅会受到道路环境、气象条件、突发事件等外界因素的影响，而且受到用户自身的行为偏好、驾驶习惯的影响。在大数据交通信息多元化的背景下，用户不再是数量的统计表征，而是具有个体特性的行动者。也就是说“一辆车”已经成为具有信息感知和交互反馈的行动者，行动者能够对先验知识进行学习存储，对实时路况进行反馈，多个行动者之间还能相互作用影响。

高速公路收费数据蕴含真实全面的出行用户信息和行为偏好，将其运用于高速公路交通运行状态和出行可靠性研究，能够在大数据背景下提供一种交通管理与决策信息多元化的分析方法。

2.2 高速公路收费数据的预处理

据统计发现，在数据挖掘过程中，数据预处理工作量占到整个过程的60%。数据预处理一方面是要提高数据的质量，另一方面是要让数据更好地适应特定的挖掘技术或工具。

数据预处理具有4个主要任务：数据清洗、数据集成、数据变换和数据规约。数据清洗就是将原始数据集中的重复数据、噪声数据等与挖掘主题无关的数据进行筛选和删除(如缺失值、异常值等)，数据挖掘需要的数据通常来源不尽相同。数据集成是指将多个不同的数据源合并存放于同一个数据存储中的操作。数据变换指结合挖掘任务或挖掘算法的需要，将数据转换成特定的、规范化的形式(可以根据已有的属性集构造出新的属性。通常，对完整的大数据集进行数据挖掘必然耗费很长时间或者进行复杂的分析计算)。数据规约是指在保障数据完整性的前提下产生更小的新的数据集。在规约后的数据集上进行挖掘分析能够降低运算时间和处理复杂性。数据规约分为属性规约和数值规约。属性规约就是通过属性合并或减少数据维数从而提高挖掘效率，降低计算成本。

交通大数据的“6V”特征，对智能交通系统的计算效率提出了较高的要求。这就需要在进行道路交通大数据预处理时，对数据质量和数据特征进行分析和处理。数据质量分析的首要目标就是检查原始数据中是否包含脏数据，剔除那些不符合特定要求或者不能直接应用的数据。数据特征分析是指运用统计量和非参数检验方法对数据属性进行描述，以适用于特定的挖掘目标和工具。因此，数据质量分析和数据特征是交通系统建模的基本任务，也是交通大数据预处理的关键步骤。

结合高速公路交通运行状态估计的分析目的，为了获得较为准确、覆盖范围广泛的行程时间可靠性指标，我们选取高速公路收费系统数据作为基础数据源。数据预处理的流程如图 2-1 所示。

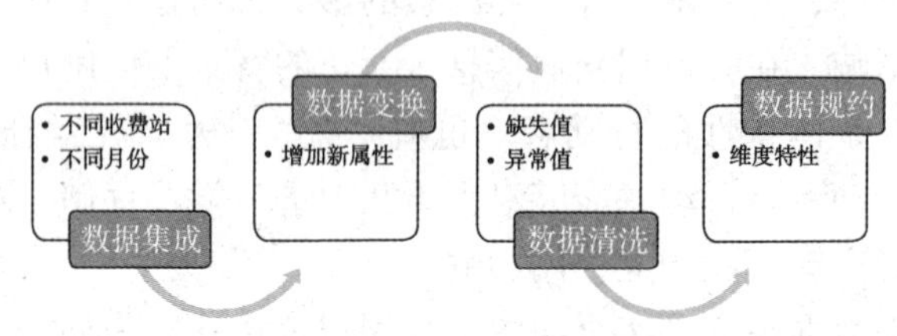

图 2-1　收费数据预处理的流程

我国高速公路的收费系统是全覆盖、全封闭的，具有详细的车辆进出高速公路记录数据。根据收费系统的出口表记录，当车辆驶离高速公路时，便能够获取车辆本次出行的 OD(交通出行量)信息。通过计算出口时间与入口时间的差值，可以较为准确地计算车辆在确定 OD 的行程时间。车辆行程时间的表达式如式(2-1)所示：

$$t_{out} - t_{in} = t_{travel} + t_{toll} \approx t_{travel} \tag{2-1}$$

式中，t_{out} 为同一条记录车辆的出口时间；t_{in}($\Delta t = t_{out} - t_{in} = t_{travel} + t_{toll} \approx t_{travel}$)为对应车辆的入口时间；$t_{travel}$为车辆行驶时间；$t_{toll}$为车辆驶入、驶离收费站以及服务时间的总和，即相应的收费站延误，高速公路运输通常是长距离出行，因此相对总的行程时间而言 t_{toll} 可忽略不计。

高速公路收费数据包含了出入口站编号、出入口日期及时间、车型、车种、车辆牌照等信息。收费系统出口车道原始收费记录表部分字段编码规则如表 2-1 所示，收费数据示例见表 2-2。

表 2-1　收费系统出口车道原始收费记录表部分字段编码规则

字段名	别名	约定及说明
ENTRYSTATION	入口站编号	
ENTRYTIME	入口时间	datetime 时间格式，从 1753 年 1 月 1 日到 1999 年 12 月 31 日的日期和时间数据，精确度到秒
VEHICLECLASS	车型编码	“1”为客车，“2”为货车，不确定时为“0”

续表

字段名	别名	约定及说明
VEHICLETYPE	车种编码	“1”至“9”，不确定时为“0”
VEHICLELICENSE	车牌照	字符串，参照国家有关规定
PAYTYPE	付费类型	“0”为现金，“2”为优惠，“3”为预付，“6”为公务，“8”为免费 A，“10”为紧急，“12”为免费 B，“14”为车队
FREEKIND	付费细分种类	付费方式=3； “0”为 A 卡(预交现金)，“1”为 B 卡(先消费后交钱)
EXITSTATION	出口站编号	—
EXITTIME	出口时间	—
TOTALTOLL	费额编码	十进制整数，单位：人民币元
AXISNUM	车轴组数	不确定时为“0”
TOTALWEIGHT	总重	不确定时为“0”
……	……	……

表 2-2　收费数据示例

入口站编号	入口时间	出口站编号	出口时间	车型	车种	付费类型	费额	轴数	总重
820301	2015-12-07 11：55：12	820302	2015-12-07 12：13：15	3	1	3	3500	0	0
20203	2015-12-09 13：44：02	820302	2015-12-09 14：24：54	1	1	0	4000	2	1600
820301	2015-12-09 13：58：37	820302	2015-12-09 14：27：03	5	2	0	11000	6	54200
820204	2015-12-09 14：02：30	820302	2015-12-09 14：41：18	1	2	0	2500	2	2300
530102	2015-12-09 10：08：57	820302	2015-12-09 14：43：03	4	2	0	26500	3	21500

经过数据集成和数据变换之后，可以得到 OD 之间的行程时间。为了避免异常数据可能影响建模、参数的估计、预测等问题，需对高速公路收费数据进行质量控制，以剔除异常数据。

高速公路收费数据的一般分析维度如图 2-2 所示。根据以往的研究可以知道，行程时间受到不同时间维度(月份、工作日和节假日、平峰和高峰)、不同空间维度(同一道路不同方向、同一路径不同路段)的影响。为确保后续的数据建模合理、可靠，需要通过对不同维度数据样本的非参数检验，确定维度属性划分是否合理。

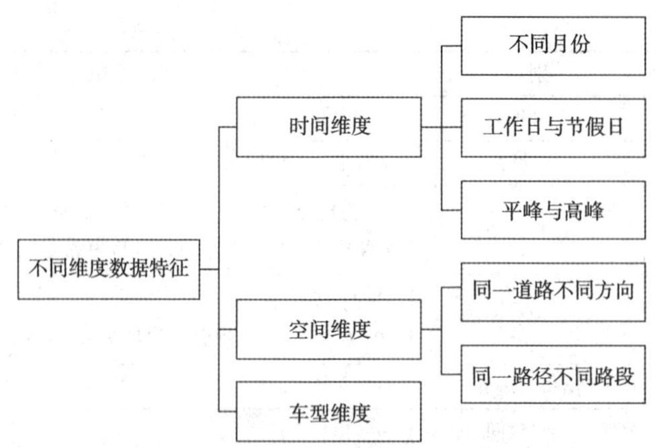

图 2-2　数据特征分析的维度分类

2.3　数据质量分析

交通数据采集中可能存在着不遵循普遍模型的异常点。一般情况下，异常数据所占的比例很小，通过阈值难以准确划定边界。为了保证交通建模的准确可靠，避免引起较大的系统误差，需要对异常数据加以识别并进行修复或清洗。

由于系统故障、人工误操作、特殊驾驶行为等因素，高速公路收费数据中可能会产生异常数据。异常数据分为缺失数据、错误数据和特殊驾驶行为数据。

1)缺失数据

记录中的入口站编号、入口日期/时间、出口站编号、出口日期/时间、车型、车种、付费类型、轴数等字段数据缺失；记录中的属性值不存在或者不确定。

2)错误数据

(1)入口日期/时间晚于出口日期/时间。

(2)入口日期/时间或出口日期/时间不在指定的研究范围内。

(3)入口站编号或出口站编号有误，即不存在实际的收费站。

(4)入口站编号与出口站编号相同，即车辆从一个相同的收费站进出。

(5)车型、车种、付费类型、轴数不确定，即为“0”。

3)特殊驾驶行为数据

特殊驾驶行为数据属于非正常行驶状态下的数据，表现为行程时间过大或过小，严重偏离正常范围。警车、救护车和救援车等特定车辆，在特殊情况下可能会超过最高限速，出现行程时间较小的数据记录。运营车辆会经常性出现服务区停站、休息的情况，导致行程时间过长。此外，由于出口收费站和入口收费站的系统时钟不同步，也有可能会出现行程时间极小或极大的现象。

前两种异常数据影响 OD 对行程时间的正确计算，第三种异常数据不具备代表性，不能反映真实的交通流运行情况。异常值清洗就是检验数据集是否包含录入错误或者不合常理的数据。如果把异常值纳入数据计算分析过程中，可能会引发不良影响。数据异常值判断流程如图 2-3 所示。

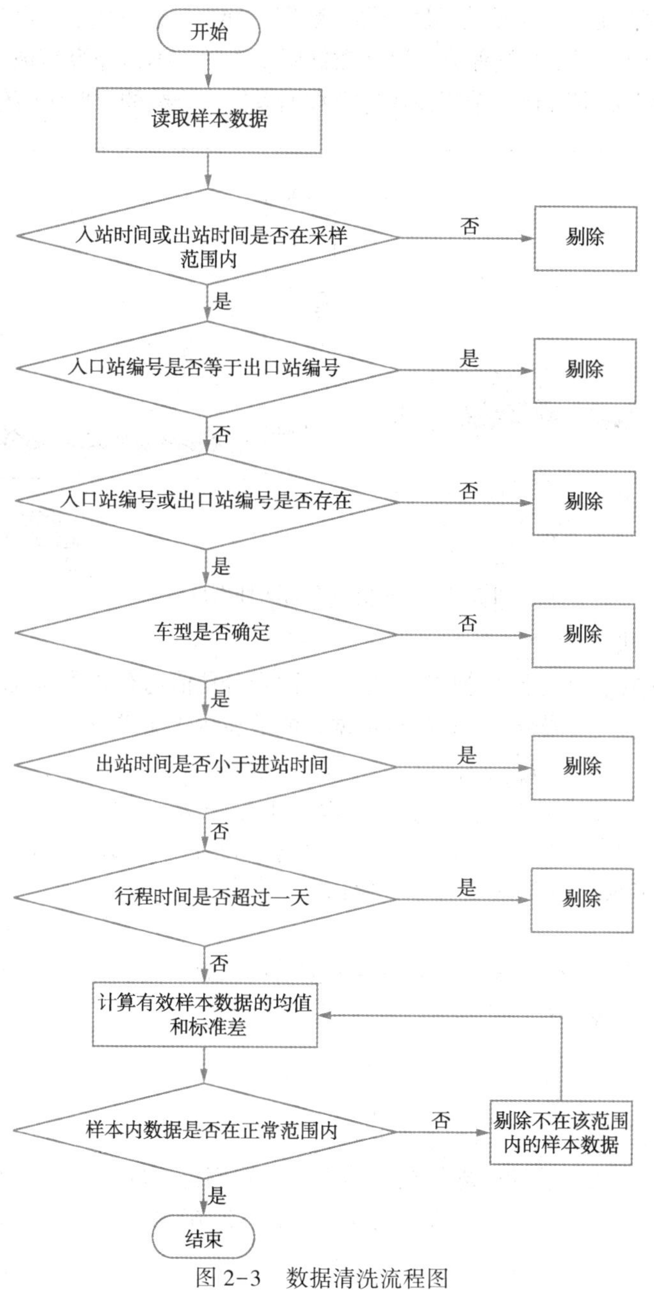

图 2-3　数据清洗流程图

常用的异常值清洗原则有四分位法和统计原理，这两种方法均属于对称性清洗，可能会导致两种不良的后果：掩盖现象，指没有识别出某些真正的异常点，如图 2-4(a)所示；淹没现象，指将正常点误判为异常点，如图 2-4(b)所示。例如，一些极小行程时间虽然与大部分的正常数据距离较近，但是车辆行驶速度异常高(超过车辆物理特性)，这类数据属于异常数据，却不易被识别。一些严重交通延误的车辆行程时间较正常数据偏大，这类数据属于正常数据，却容易被当作异常数据被剔除，然而在数据分析中希望保留这类数据以提取隐藏的重要价值信息。

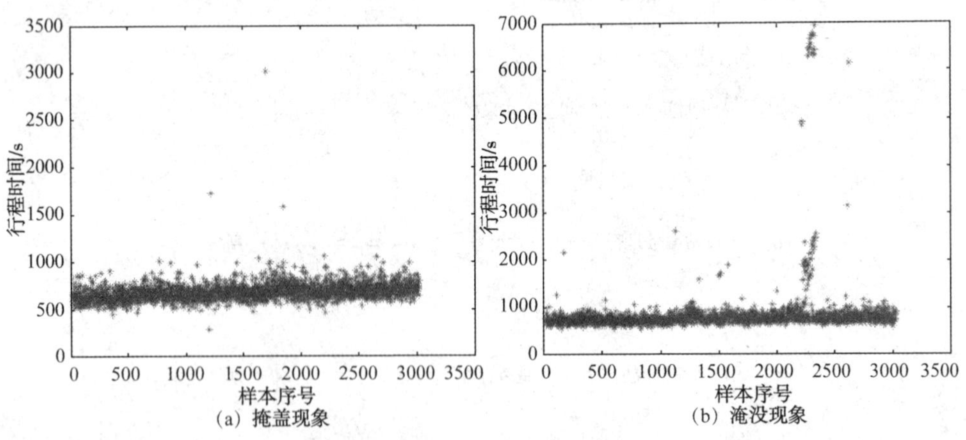

图 2-4　异常值清洗的两种不良后果

1)四分位法

计算样本数据的上下四分位数，以上下两个分位值为有效数据区间的上限和下限，超出该范围的数据被认为是噪声数据。数学表达式如式(2-2)和式(2-3)所示：

$$t_{limit-down} = t_{25\%} - 1.5 \times (t_{75\%} - t_{25\%}) \tag{2-2}$$

$$t_{limit-up} = t_{25\%} + 1.5 \times (t_{75\%} - t_{25\%}) \tag{2-3}$$

式中，$t_{limit-down}$为有效数据区间 G 的下限；$t_{limit-up}$为有效数据区间 G 的上限；$t_{25\%}$和$t_{75\%}$分别为样本数据的 25%和 75%分位数。

2)统计原理

依据统计学的 2σ 原理，样本的绝大多数的数据（约 95.4%)被包含在以下数据区间内。数学表达式如式(2-4)和式(2-5)所示：

$$t_{limit-down} = t_{mean} - 2\sigma \tag{2-4}$$

$$t_{limit-up} = t_{mean} + 2\sigma \tag{2-5}$$

式中，t_{mean} 为样本均值；σ 为样本的标准差。

通过四分位法和统计原理相结合的方法，我们可以确定有效样本数据的取值范围为 $G=[t_{limit-down}, t_{limit-up}]$，数学表达式如式(2-6)和式(2-7)所示：

$$t_{limit-down} = t_{25\%} - 1.5 \times (t_{75\%} - t_{25\%}) \tag{2-6}$$

$$t_{\text{limit-up}} = t_{\text{mean}} + 2\sigma \tag{2-7}$$

由图 2-5 可见，两种方法结合后的有效数据区间包含了较多有趣的行程时间样本点。

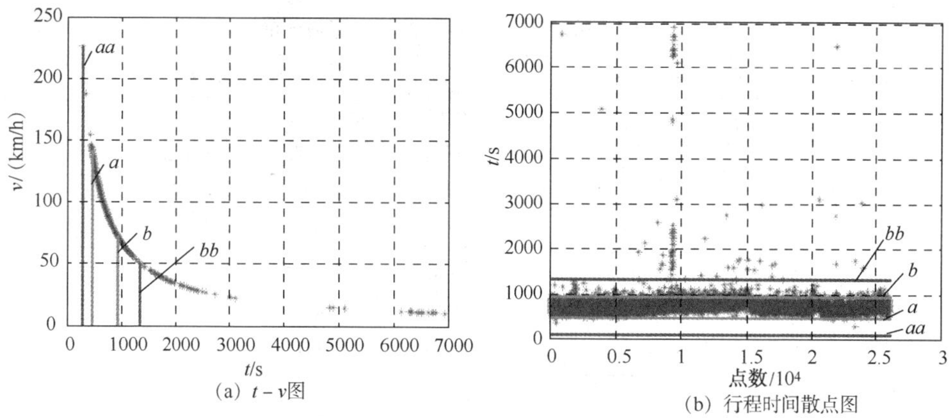

图 2-5　四分位法和统计原理的清洗范围

a、b 分别表示采用四分位法计算行程时间样本数据的有效区间下限与上限；

aa、bb 分别表示采用统计原理计算行程时间样本数据的有效区间下限与上限

2.4　数据特性分析

2.4.1　非参数检验方法

通常采用统计量指标对定量数据进行描述，分析数据在集中趋势、离散程度和分布性质三个方面的统计特性，相应的度量指标见表 2-3。

表 2-3　数据统计量描述

统计特征	统计量
数据集中趋势的测度	平均数
	中位数
	众数
数据离散程度的测度	极差与四分位差
	方差与标准差
	离散系数(或变异系数)
数据分布性质的测度	偏态系数
	峰态系数

非参数检验(Nonparametric Test)是统计分析方法的重要组成部分，指的是在

总体未知或者不完全掌握的情况下，在推断过程中避免预先对总体分布参数的假设，仅根据样本数据对总体进行统计推断。参数检验与非参数检验方法对照表以及各方法用途见表 2-4～表 2-6。

表 2-4　参数检验与非参数检验方法对照表

样本类型	参数检验方法	非参数检验方法
单个样本	t 检验法	卡方检验(Chi-square Test) 符号检验：二项分布检验(Binomial Test) 单样本 Kolmogorov-Smirnov 检验 游程检验(Run Test)
两个独立样本	独立样本 t 检验法	Mann-Whitney U 检验 两样本 Kolmogorov-Smirnov Z 检验 Wald-Wolfowitz 游程检验
两个相关样本	配对 t 检验法	符号检验(Sign) Wilcoxon 符号秩检验
多个独立样本	单因素方差分析	多个独立样本的 Kruskal-Wallis 检验
多个相关样本	多因素方差分析	Friedman 检验法

表 2-5　单样本检验的主要用途

单样本检验方法	用　途
卡方检验	检验样本内每一类别的实际观测数目与理论期望数目是否有显著性差异
二项分布检验	检验具有某种特征的比例 P 是否与预期的 P_0 一致
单样本 Kolmogorov-Smirnov 检验	用于检验总体分布是否服从某种已知的理论分布
游程检验	用于检验序列中事件发生过程的随机性分析

表 2-6　两独立样本检验的主要用途

两独立样本检验方法	用　途
Mann-Whitney U 检验	假定两个总体分布形式类似，检验两个总体的中位数是否有显著性差异
两样本 Kolmogorov-Smirnov Z 检验	检验两个样本所代表的两个连续分布是否具有显著性差异
Wald-Wolfowitz 游程检验	检验两个样本所代表的两个总体分布是否具有显著性差异

已知多个样本是独立的，但是总体的分布未知，宜采用多个独立样本的 Kruskal-Wallis 检验，推断多个总体的分布是否存在显著性差异；并且利用两个独立样本的 Mann-Whitney U 检验，推断两个总体的分布是否具有显著性的差异。

因此，通过 Kruskal-Wallis 检验或者 Mann-Whitney U 检验可以判断不同维度的高速公路行程时间分布是否存在显著性差异。具有显著性差异的不同维度数据样本，在交通系统建模时应该进行相应划分。

1）单样本 Kolmogorov-Smirnov 检验

单样本 Kolmogorov-Smirnov 是检验某单一样本是否服从假设的特定分布。它以样本数据的累计频数分布与特定理论分布比较，若两者间的差距很小，则认为该样本取自某特定分布族，该方法适用于大样本。Kolmogorov-Smirnov 检验统计量越小，说明拟合优度越高。

假设检验问题：

H_0：样本所来自的总体服从假设的特定分布；

H_1：样本所来自的总体不服从假设的特定分布。

令 $F_0(x)$ 表示预先假设的理论分布，$F_n(x)$ 表示随机样本的累积概率函数，设 $D = \max|F_0(x) - F_n(x)|$。当 $D > D(n, \alpha)$ 时，则拒绝 H_0，反之则接受 H_0 假设。其中，$D(n, \alpha)$ 指显著水平为 α，样本容量为 n 条件下的拒绝临界值。当样本容量大于 50 时，各置信水平下 $D(n, \alpha)$ 的拒绝临界值表如表 2-7 所示。

表 2-7　拒绝临界值表

显著水平 α	0.40	0.20	0.10	0.05	0.04	0.01
$D(n, \alpha)$	$\frac{0.87}{\sqrt{n}}$	$\frac{1.07}{\sqrt{n}}$	$\frac{1.22}{\sqrt{n}}$	$\frac{1.36}{\sqrt{n}}$	$\frac{1.37}{\sqrt{n}}$	$\frac{1.63}{\sqrt{n}}$

2）两个独立样本的 Mann-Whitney U 检验

两个独立样本的非参数 Mann-Whitney U 检验是在总体分布未知或者了解信息较少的情况下，通过两个独立样本数据集的分析和推断，检验这两个样本的总体分布是否具有显著性差异。独立样本定义为，在不同总体进行随机抽样且相互之间没有影响的情况下取得的样本。

从两个相互独立的连续总体 F_x 和 F_y 中随机抽取出来的连个相互独立的随机样本 $X=\{x_1, x_2, \cdots, x_m\}$ 和 $Y=\{y_1, y_2, \cdots, y_n\}$，基本原理：如果两个总体具有相似的分布形状，并且中位数相同，那么由 X 和 Y 组成的 $m+n$ 个观测值可以看作是来自总体的一个随机样本。

假设检验问题：

H_0：样本 X 和 Y 所来自总体 F_x 和 F_y 的分布没有显著性差异；

H_1：样本 X 和 Y 所来自总体 F_x 和 F_y 的分布有显著性差异。

将 $X=\{x_1, x_2, \cdots, x_m\}$ 和 $Y=\{y_1, y_2, \cdots, y_n\}$ 合并后赋予秩，数据相同的情况则赋予平均秩，即取这几个数据排序的平均值。计算 $X=\{x_1, x_2, \cdots,$

$x_m\}$ 和 $Y=\{y_1, y_2, \cdots, y_n\}$ 的秩和 W_x、W_y。

样本统计量的表达式如式(2-8)所示：

$$U = W_x - \frac{m(m+1)}{2} \tag{2-8}$$

式中，W_x 为 X 的秩和；m 为来自 X 的样本容量；n 为来自 Y 的样本容量，$N=m+n$。

当原假设成立的时候，W_x 具有渐近正态性。则构造的检验统计量为：

$$Z_{L,R} = \frac{W_x \pm 0.5 - \dfrac{m(N+1)}{2}}{\dfrac{mn(N+1)}{12}} \tag{2-9}$$

在置信水平 α 条件下，当 $Z_{L,R} > \alpha$ 时，则拒绝 H_0，反之则接受 H_0 假设。

3)多个独立样本的 Kruskal-Wallis 检验

Kruskal-Wallis 检验是用来分析和推断多个独立样本来自的总体分布是否具有显著性差异，本质上是两个独立样本 Mann-Whitney U 检验在多个独立样本下应用的推广方法。

假设来自 k 个总体的样本具有连续分布，即 $F_1, F_2, \cdots, F_k$。基本原理：将 k 组样本数据随机混合并排序，观测 k 个总体的秩之和，记为 $S_i(i=1, 2, \cdots, k)$。如果各自不同样本的平均秩有很大差异，那么就可以认为它们位置参数有差异。

H_0：多个独立样本来自的多个总体的分布无显著差异；

H_1：多个独立样本来自的多个总体的分布有显著差异。

检验统计量表达式见式(2-10)：

$$H = \frac{12}{N(N+1)} \sum_{i=1}^{k} n_i \left(\frac{S_i}{n_i} - \bar{S}\right)^2 = \frac{12}{N(N+1)} \sum_{i=1}^{k} \frac{S_i^3}{n_i} - 3(N+1) \tag{2-10}$$

式中，n_i 为第 i 组样本的样本容量，$N = \sum_{i=1}^{k} n_i$，$\bar{S} = \frac{1}{N}\sum_{i=1}^{k} S_i$。

该检验统计量 H 的渐近分布为 $\chi^2(k-1)$。

在置信水平 α 条件下，令自由度为 $(k-1)$，查表得卡方分布的临界值 $\beta(k-1, \alpha)$。比较临界值 $\beta(k-1, \alpha)$ 和检验统计量 H，当 $H > \beta$，即统计量大于临界值，则拒绝 H_0，故差异不显著；反之，则接受 H_0 假设。

2.4.2 车型维度的数据分布特性检验

在考虑车型维度的差异方面，以往的研究通常将样本分为客车和货车两类。本小节将对车型维度进行数据特性分析，获得适用于交通运行分析的车型维度特征。

在高速公路联网收费系统中，根据收费标准的不同，利用 vehicletype 和 vehicleclass 车型编码字段，将收费车型划分为 9 类(客车 4 类，货车 5 类)。为消除不同车型的设计速度或限速值的影响，采用交通调查的车型分类标准，将样本车辆类型分为 6 类(客车 2 类，货车 4 类)。收费车型编码字段与交调车型对应情况详见表 2-8。

表 2-8　收费车型编码字段与交调车型对应情况

收费系统车型编码		交调车型	车型说明
vehicletype	vehicleclass		
1	1	小型客车	7 座以下(含 7 座)
1	2		8~19 座(含 19 座)
1	3	大型客车	20~39 座(含 39 座)
1	4		40 座以上(含 40 座)
2	1	小型货车	2 轴，总质量≤5t
2	2	中型货车	2 轴，总质量>5t
2	3	大型货车	3 轴
2	4		4 轴
2	5	特大型货车	4 轴以上

在置信水平为 0.01 条件下，对空间维度的样本数据进行两个独立样本 Mann-Whitney U 检验或者多个独立样本的 Kruskal-Wallis 检验。结果表明，空间维度的总体分布有显著差异。检验结果与以往研究结论一致，检验过程略。因此，在进行车型维度特性分析时，应该对时间维度和空间维度进行确定。

选取工作日高峰时期 07：00~09：00 作为研究时段，选取某一 OD 的行程时间作为研究对象，将 2015 年陕西省收费数据按照表 2-8 的划分标准分为 6 类，分别为小型客车(S-Car)、大型客车(L-Car)、小型货车(S-Truck)、中型货车(M-Truck)、大型货车(L-Truck)和特大型货车(EL-Truck)。样本统计量描述如表 2-9 所示。

表 2-9　数据统计量描述

统计量	S-Car	L-Car	S-Truck	M-Truck	L-Truck	EL-Truck
样本容量	249255	9608	7916	2328	1090	1168
平均数	730.34	838.80	935.25	982.69	1005.30	1035.05
中位数	718	836	917	962	977.5	1010
众数	705	843	929	956	976	871
极差	2967	693	1242	3427	1861	1811

续表

统计量	S-Car	L-Car	S-Truck	M-Truck	L-Truck	EL-Truck
四分位差	119	181	195	172	175	209
标准差	103.86	121.02	158.26	163.68	163.41	176.46
方差	10787.60	14644.83	25045.28	26792.00	26704.06	31138.00
变异系数	0.14	0.14	0.17	0.17	0.16	0.17
偏态系数	2.98	0.23	1.12	4.65	2.37	1.40
峰态系数	41.39	2.57	5.61	68.25	17.74	8.13

假设有 6 个相互独立的总体 $F_i(i=1\sim6)$，从中随机抽取出来的 6 个相互独立的随机样本 $X_i=\{x_{i1}, x_{i2}, \cdots, x_{im_i}\}$，$m_i$ 为 X_i 的样本容量。6 组样本箱型图如图 2-6 所示。

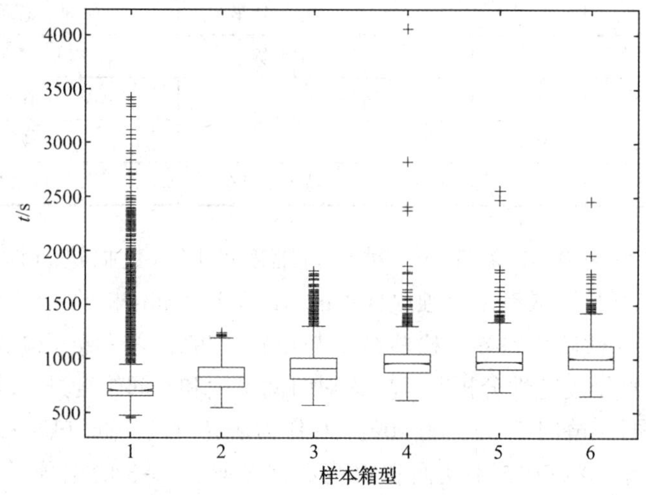

图 2-6　不同车型样本的箱型图

假设检验问题：

H_0: X_1, X_2, …, X_6 来自的多个总体的分布无显著差异；

H_1: X_1, X_2, …, X_6 来自的多个总体的分布有显著差异。

对 X_1, X_2, …, X_6 进行多个独立样本的 Kruskal-Wallis 检验，计算检验统计量和拒绝临界值。

$H=30813.06$, $\beta(5, 0.01)=15.09$。

由于 $H>\beta(5, 0.01)$，即在置信水平为 0.01 的条件下，拒绝 H_0，表示可以相信至少有一组数据的波动水平与其他组有所差异。

分别对 S-Car、L-Car、S-Truck、M-Truck、L-Truck 和 EL-Truck 两组独立

样本进行 Mann-Whitney U 检验，由表 2-10 可知，在置信水平 0.01 下，6 组样本来自的多个总体的分布两两之间均具有显著差异。

表 2-10 不同车型样本的 Mann-Whitney U 检验

P 值	S-Car	L-Car	S-Truck	M-Truck	L-Truck	EL-Truck
S-Car	1.0000	0.0000	0.0000	0.0000	0.0000	0.0000
L-Car	0.0000	1.0000	0.0000	0.0000	0.0000	0.0000
S-Truck	0.0000	0.0000	1.0000	0.0000	0.0000	0.0000
M-Truck	0.0000	0.0000	0.0000	1.0000	0.0001	0.0000
L-Truck	0.0000	0.0000	0.0000	0.0001	1.0000	0.0000
EL-Truck	0.0000	0.0000	0.0000	0.0000	0.0000	1.0000

同理，依次对节假日高峰时段、工作日平峰时段、节假日平峰时段进行车型维度的非参数检验。检验结果表明，S-Car 和 L-Car 之间的总体分布存在显著差异，S-Truck 、M-Truck、L-Truck 和 EL-Truck 之间的总体分布也存在显著差异，所以按照车型维度仅将样本分为客车和货车两类是不恰当的。

综上所述，在进行交通运行分析时，将样本按照 S-Car、L-Car、S-Truck、M-Truck、L-Truck 和 EL-Truck 是符合交通调查要求以及车型特征的，可以得到合理的推断与结论。

2.4.3 时间维度的数据分布特性检验

对相同时段、相同路段、相同车型的数据，进行工作日与节假日的两组独立样本检验，结果表明，工作日与节假日的总体分布有显著差异。因此，在时间维度检验时需要区分工作日与节假日。

1）相同时段不同月份的多个独立样本检验

取相同时段、相同路段、相同车型的数据，区分工作日与节假日，在置信水平为 0.01 下进行不同月份的多个独立样本 Kruskal-Wallis 检验。

选取工作日 07：00~09：00 作为研究时段，选取某一 OD 的行程时间作为研究对象，6 类车型不同月份的样本容量如表 2-11 所示。由表 2-11 可知，S-Car 和 S-Truck 在客车和货车中数量最多，因此选取 S-Car 和 S-Truck 为研究车型。

表 2-11 六类车型不同月份的工作日样本容量

样本容量	S-Car	L-Car	S-Truck	M-Truck	L-Truck	EL-Truck
1 月	19812	562	428	172	123	118
2 月	16888	621	300	99	40	47
3 月	21880	771	530	186	102	93
4 月	21227	959	797	304	131	171

续表

样本容量	S-Car	L-Car	S-Truck	M-Truck	L-Truck	EL-Truck
5 月	20142	889	889	262	128	135
6 月	22867	1231	731	226	130	159
7 月	24583	1484	1083	332	119	136
8 月	23294	1324	919	279	126	128
9 月	23214	1332	798	218	143	137
10 月	18293	397	593	156	48	44
11 月	19585	18	479	54	0	0
12 月	17470	20	369	40	0	0

假设有 12 个相互独立的总体 $F_i(i = 1 \sim 12)$ ，从中随机抽取出来的 12 个相互独立的随机样本 $X_i = \{x_{i1}, x_{i2}, \cdots, x_{im_i}\}$ ，m_i 为 X_i 的样本容量。

假设检验问题：

H_0: X_1，X_2，…，X_{12} 来自的多个总体的分布无显著差异；

H_1: X_1，X_2，…，X_{12} 来自的多个总体的分布有显著差异。

对 X_1，X_2，…，X_{12} 进行多个独立样本的 Kruskal-Wallis 检验，计算检验统计量和拒绝临界值：H=62155.90，$\beta(11, 0.01) = 24.72$

由于 $H > \beta(11, 0.01)$ ，即在置信水平为 0.01 的条件下，拒绝 H_0，表示可以相信至少有一组数据的波动水平与其他组有所差异。也就是说，来自 1~12 月工作日 7：00~9：00 时段某 OD 的行程时间数据的分布具有显著差异。

同理可得，来自 1~12 月节假日 07：00~09：00 时段某 OD 的行程时间数据的分布具有显著差异。S-Car 工作日和节假日不同月份样本的箱型图见图 2-7。

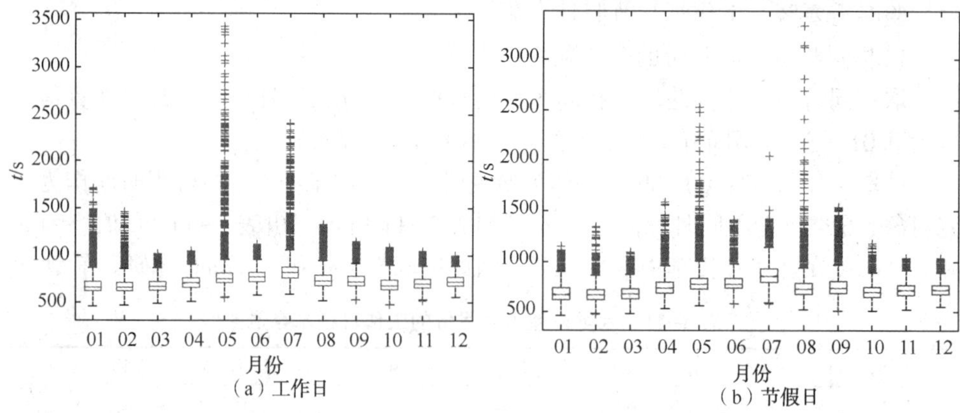

图 2-7 S-Car 工作日和节假日不同月份样本的箱型图

分别对 1~12 月 S-Car 工作日两两独立样本进行 Mann-Whitney U 检验，由表 2-12 可知，在置信水平 0.01 下，绝大多数来自的多个总体的分布两两之间均具有显著差异，其中，1 月和 2 月、9 月和 12 月的总体分布无显著差异。

表 2-12 S-Car 不同月份工作日样本的 Mann-Whitney *U* 检验

P 值	1 月	2 月	3 月	4 月	5 月	6 月	7 月	8 月	9 月	10 月	11 月	12 月
1 月	1.000	0.110	0.000	0.000	0.000	0.000	0.000	0.000	0.000	0.000	0.000	0.000
2 月	0.110	1.000	0.000	0.000	0.000	0.000	0.000	0.000	0.000	0.000	0.000	0.000
3 月	0.000	0.000	1.000	0.000	0.000	0.000	0.000	0.000	0.000	0.000	0.000	0.000
4 月	0.000	0.000	0.000	1.000	0.000	0.000	0.000	0.000	0.000	0.000	0.000	0.000
5 月	0.000	0.000	0.000	0.000	1.000	0.000	0.000	0.000	0.000	0.000	0.000	0.000
6 月	0.000	0.000	0.000	0.000	0.000	1.000	0.000	0.000	0.000	0.000	0.000	0.000
7 月	0.000	0.000	0.000	0.000	0.000	0.000	1.000	0.000	0.000	0.000	0.000	0.000
8 月	0.000	0.000	0.000	0.000	0.000	0.000	0.000	1.000	0.000	0.000	0.000	0.000
9 月	0.000	0.000	0.000	0.000	0.000	0.000	0.000	0.000	1.000	0.000	0.000	0.177
10 月	0.000	0.000	0.000	0.000	0.000	0.000	0.000	0.000	0.000	1.000	0.000	0.000
11 月	0.000	0.000	0.000	0.000	0.000	0.000	0.000	0.000	0.000	0.000	1.000	0.000
12 月	0.000	0.000	0.000	0.000	0.000	0.000	0.000	0.000	0.177	0.000	0.000	1.000

分别对 1~12 月 S-Car 节假日两两独立样本进行 Mann-Whitney *U* 检验，由表 2-13 可知，在置信水平 0.01 下，绝大多数来自的多个总体的分布两两之间均具有显著差异，其中，5 月和 6 月、4 月和 9 月的总体分布无显著差异。

表 2-13 S-Car 不同月份节假日样本的 Mann-Whitney *U* 检验

P 值	1 月	2 月	3 月	4 月	5 月	6 月	7 月	8 月	9 月	10 月	11 月	12 月
1 月	1.000	0.000	0.003	0.000	0.000	0.000	0.000	0.000	0.000	0.000	0.000	0.000
2 月	0.000	1.000	0.000	0.000	0.000	0.000	0.000	0.000	0.000	0.000	0.000	0.000
3 月	0.003	0.000	1.000	0.000	0.000	0.000	0.000	0.000	0.000	0.000	0.000	0.000
4 月	0.000	0.000	0.000	1.000	0.000	0.000	0.000	0.000	0.996	0.000	0.000	0.000
5 月	0.000	0.000	0.000	0.000	1.000	0.133	0.000	0.000	0.000	0.000	0.000	0.000
6 月	0.000	0.000	0.000	0.000	0.133	1.000	0.000	0.000	0.000	0.000	0.000	0.000
7 月	0.000	0.000	0.000	0.000	0.000	0.000	1.000	0.000	0.000	0.000	0.000	0.000
8 月	0.000	0.000	0.000	0.000	0.000	0.000	0.000	1.000	0.000	0.000	0.000	0.000
9 月	0.000	0.000	0.000	0.996	0.000	0.000	0.000	0.000	1.000	0.000	0.000	0.000
10 月	0.000	0.000	0.000	0.000	0.000	0.000	0.000	0.000	0.000	1.000	0.000	0.000
11 月	0.000	0.000	0.000	0.000	0.000	0.000	0.000	0.000	0.000	0.000	1.000	0.000
12 月	0.000	0.000	0.000	0.000	0.000	0.000	0.000	0.000	0.000	0.000	0.000	1.000

同理，对 1~12 月 S-Truck 的工作日和节假日两两月份独立样本进行 Mann-Whitney *U* 检验，结果如表 2-14 和表 2-15 所示。

表 2-14　S-Truck 不同月份工作日样本的 Mann-Whitney *U* 检验

P 值	1月	2月	3月	4月	5月	6月	7月	8月	9月	10月	11月	12月
1月	1.000	0.057	0.244	0.000	0.000	0.000	0.000	0.000	0.000	0.095	0.701	0.628
2月	0.057	1.000	0.002	0.000	0.000	0.000	0.000	0.000	0.000	0.000	0.039	0.009
3月	0.244	0.002	1.000	0.000	0.000	0.000	0.000	0.000	0.000	0.557	0.055	0.421
4月	0.000	0.000	0.000	1.000	0.000	0.000	0.000	0.158	0.709	0.000	0.000	0.000
5月	0.000	0.000	0.000	0.000	1.000	0.075	0.000	0.000	0.001	0.000	0.000	0.000
6月	0.000	0.000	0.000	0.000	0.075	1.000	0.000	0.000	0.000	0.000	0.000	0.000
7月	0.000	0.000	0.000	0.000	0.000	0.000	1.000	0.000	0.000	0.000	0.000	0.000
8月	0.000	0.000	0.000	0.158	0.000	0.000	0.000	1.000	0.075	0.000	0.000	0.000
9月	0.000	0.000	0.000	0.709	0.001	0.000	0.000	0.075	1.000	0.000	0.000	0.000
10月	0.095	0.000	0.557	0.000	0.000	0.000	0.000	0.000	0.000	1.000	0.013	0.152
11月	0.701	0.039	0.055	0.000	0.000	0.000	0.000	0.000	0.000	0.013	1.000	0.277
12月	0.628	0.009	0.421	0.000	0.000	0.000	0.000	0.000	0.000	0.152	0.277	1.000

表 2-15　S-Truck 不同月份节假日样本的 Mann-Whitney *U* 检验

P 值	1月	2月	3月	4月	5月	6月	7月	8月	9月	10月	11月	12月
1月	1.000	0.011	0.714	0.000	0.000	0.000	0.000	0.011	0.000	0.446	0.646	0.059
2月	0.011	1.000	0.006	0.000	0.000	0.000	0.000	0.000	0.000	0.000	0.014	0.332
3月	0.714	0.006	1.000	0.000	0.000	0.000	0.000	0.000	0.000	0.104	0.889	0.050
4月	0.000	0.000	0.000	1.000	0.062	0.070	0.000	0.024	0.577	0.001	0.000	0.000
5月	0.000	0.000	0.000	0.062	1.000	0.811	0.000	0.000	0.243	0.000	0.000	0.000
6月	0.000	0.000	0.000	0.070	0.811	1.000	0.000	0.000	0.315	0.000	0.000	0.000
7月	0.000	0.000	0.000	0.000	0.000	0.000	1.000	0.000	0.000	0.000	0.000	0.000
8月	0.011	0.000	0.000	0.024	0.000	0.000	0.000	1.000	0.005	0.084	0.000	0.000
9月	0.000	0.000	0.000	0.577	0.243	0.315	0.000	0.005	1.000	0.000	0.000	0.000
10月	0.446	0.000	0.104	0.001	0.000	0.000	0.000	0.084	0.000	1.000	0.100	0.001
11月	0.646	0.014	0.889	0.000	0.000	0.000	0.000	0.000	0.000	0.100	1.000	0.098
12月	0.059	0.332	0.050	0.000	0.000	0.000	0.000	0.000	0.000	0.001	0.098	1.000

2)同一月份不同时段的多个独立样本检验

对同一月份、相同路段、相同车型的数据，选取 07：00~00：00(次日)为研究时段，以一小时为间隔，区分工作日与节假日，在置信水平为 0.01 下进行同一月份不同时段多个独立样本的 Kruskal-Wallis 检验。

选取某一 OD 的 7 月份工作日行程时间作为研究对象，6 类车型的样本容量中 S-Car 数量最多，因此选取 S-Car 为研究车型。

假设有 18 个相互独立的总体 $F_i(i=1\sim18)$，从中随机抽取出来的 18 个相互独立的随机样本 $X_i=\{x_{i1}, x_{i2}, \cdots, x_{im_i}\}$，$m_i$ 为 X_i 的样本容量。

假设检验问题：

H_0：X_1，X_2，…，X_{18} 来自的多个总体的分布无显著差异；

H_1：X_1，X_2，…，X_{18} 来自的多个总体的分布有显著差异。

对 X_1，X_2，…，X_{18} 进行多个独立样本的 Kruskal-Wallis 检验，由于 $H>\beta(17, 0.01)$，即在置信水平为 0.01 的条件下，拒绝 H_0，表示可以相信至少有一组数据的波动水平与其他组有所差异。也就是说，来自 7 月工作日不同时段某 OD 的行程时间数据的分布具有显著差异。

同理可得，来自 7 月节假日不同时段某 OD 的行程时间数据的分布具有显著差异。S-Car 工作日和节假日 7 月份不同时段样本的箱型图见图 2-8。

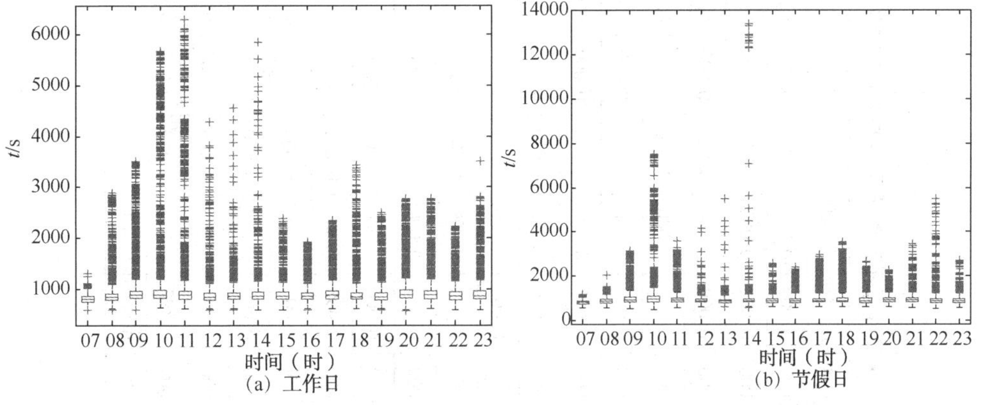

图 2-8　S-Car 工作日和节假日 7 月份不同时段样本的箱型图

分别对 7 月 S-Car 工作日不同时段两两独立样本进行 Mann-Whitney *U* 检验，由表 2-16 可知，在置信水平 0.01 下，绝大多数来自的多个总体的分布两两之间均具有显著差异，其中，14：00~15：00 时段和 23：00~00：00（次日）时段的总体分布无显著差异。

同理，可对 7 月 S-Car 节假日不同时段两两独立样本进行 Mann-Whitney *U* 检验，由表 2-17 可知，在置信水平 0.01 下，绝大多数来自的多个总体的分布两两之间均具有显著差异，其中，08：00~09：00 时段和 15：00~16：00 时段的总体分布无显著差异。

表 2-16　7 月 S-Car 工作日不同时段两两独立样本 Mann-Whitney *U* 检验

时段	07：00	08：00	09：00	10：00	11：00	12：00	13：00	14：00	15：00	16：00	17：00	18：00	19：00	20：00	21：00	22：00	23：00
07：00	1.000	0.000	0.000	0.000	0.000	0.000	0.000	0.000	0.000	0.000	0.000	0.000	0.000	0.000	0.000	0.000	0.000
08：00	0.000	1.000	0.000	0.000	0.000	0.000	0.000	0.000	0.000	0.000	0.000	0.000	0.000	0.000	0.000	0.000	0.000
09：00	0.000	0.000	1.000	0.018	0.000	0.000	0.000	0.000	0.000	0.000	0.000	0.000	0.000	0.268	0.000	0.000	0.000
10：00	0.000	0.000	0.018	1.000	0.000	0.000	0.000	0.000	0.000	0.000	0.000	0.000	0.000	0.313	0.000	0.000	0.000
11：00	0.000	0.000	0.000	0.000	1.000	0.000	0.000	0.000	0.000	0.000	0.503	0.000	0.000	0.000	0.150	0.000	0.000
12：00	0.000	0.000	0.000	0.000	0.000	1.000	0.000	0.000	0.000	0.000	0.000	0.000	0.014	0.000	0.000	0.000	0.000
13：00	0.000	0.000	0.000	0.000	0.000	0.000	1.000	0.000	0.050	0.735	0.000	0.498	0.006	0.000	0.000	0.395	0.000
14：00	0.000	0.000	0.000	0.000	0.000	0.000	0.000	1.000	0.000	0.000	0.000	0.000	0.000	0.000	0.000	0.000	0.961
15：00	0.000	0.000	0.000	0.000	0.000	0.000	0.050	0.000	1.000	0.137	0.000	0.014	0.000	0.000	0.000	0.483	0.000
16：00	0.000	0.000	0.000	0.000	0.000	0.000	0.735	0.000	0.137	1.000	0.000	0.312	0.002	0.000	0.000	0.662	0.000
17：00	0.000	0.000	0.000	0.000	0.503	0.000	0.000	0.000	0.000	0.000	1.000	0.000	0.000	0.000	0.493	0.000	0.000
18：00	0.000	0.000	0.000	0.000	0.000	0.000	0.498	0.000	0.014	0.312	0.000	1.000	0.037	0.000	0.000	0.201	0.000
19：00	0.000	0.000	0.000	0.000	0.000	0.014	0.006	0.000	0.000	0.002	0.000	0.037	1.000	0.000	0.000	0.003	0.000
20：00	0.000	0.000	0.268	0.313	0.000	0.000	0.000	0.000	0.000	0.000	0.000	0.000	0.000	1.000	0.000	0.000	0.000
21：00	0.000	0.000	0.000	0.000	0.150	0.000	0.000	0.000	0.000	0.000	0.493	0.000	0.000	0.000	1.000	0.000	0.000
22：00	0.000	0.000	0.000	0.000	0.000	0.000	0.395	0.000	0.483	0.662	0.000	0.201	0.003	0.000	0.000	1.000	0.000
23：00	0.000	0.000	0.000	0.000	0.000	0.000	0.000	0.961	0.000	0.000	0.000	0.000	0.000	0.000	0.000	0.000	

表 2-17　7 月 S-Car 节假日不同时段两两独立样本 Mann-Whitney *U* 检验

时段	07：00	08：00	09：00	10：00	11：00	12：00	13：00	14：00	15：00	16：00	17：00	18：00	19：00	20：00	21：00	22：00	23：00
07：00	1.000	0.000	0.000	0.000	0.000	0.000	0.000	0.000	0.000	0.000	0.000	0.000	0.000	0.000	0.000	0.000	0.000
08：00	0.000	1.000	0.000	0.000	0.000	0.718	0.000	0.071	0.995	0.019	0.003	0.000	0.000	0.000	0.000	0.413	0.234
09：00	0.000	0.000	1.000	0.000	0.017	0.000	0.000	0.000	0.000	0.000	0.000	0.000	0.000	0.000	0.000	0.000	0.000
10：00	0.000	0.000	0.000	1.000	0.000	0.000	0.000	0.000	0.000	0.000	0.000	0.000	0.000	0.000	0.000	0.000	0.000
11：00	0.000	0.000	0.017	0.000	1.000	0.000	0.000	0.000	0.000	0.000	0.000	0.000	0.000	0.000	0.000	0.000	0.000
12：00	0.000	0.718	0.000	0.000	0.000	1.000	0.000	0.044	0.938	0.012	0.002	0.000	0.000	0.000	0.000	0.244	0.366
13：00	0.000	0.000	0.000	0.000	0.000	0.000	1.000	0.000	0.000	0.000	0.000	0.000	0.000	0.000	0.000	0.000	0.022
14：00	0.000	0.071	0.000	0.000	0.000	0.044	0.000	1.000	0.084	0.574	0.227	0.000	0.003	0.000	0.000	0.539	0.011
15：00	0.000	0.995	0.000	0.000	0.000	0.938	0.000	0.084	1.000	0.047	0.002	0.000	0.000	0.000	0.000	0.510	0.171
16：00	0.000	0.019	0.000	0.000	0.000	0.012	0.000	0.574	0.047	1.000	0.354	0.000	0.016	0.000	0.000	0.256	0.003
17：00	0.000	0.003	0.000	0.000	0.000	0.002	0.000	0.227	0.002	0.354	1.000	0.001	0.172	0.000	0.000	0.092	0.001
18：00	0.000	0.000	0.000	0.000	0.000	0.000	0.000	0.000	0.000	0.000	0.001	1.000	0.083	0.001	0.040	0.000	0.000
19：00	0.000	0.000	0.000	0.000	0.000	0.000	0.000	0.003	0.000	0.016	0.172	0.083	1.000	0.000	0.001	0.002	0.000
20：00	0.000	0.000	0.000	0.000	0.000	0.000	0.000	0.000	0.000	0.000	0.000	0.001	0.000	1.000	0.189	0.000	0.000
21：00	0.000	0.000	0.000	0.000	0.000	0.000	0.000	0.000	0.000	0.000	0.000	0.040	0.001	0.189	1.000	0.000	0.000
22：00	0.000	0.413	0.000	0.000	0.000	0.244	0.000	0.539	0.510	0.256	0.092	0.000	0.002	0.000	0.000	1.000	0.087
23：00	0.000	0.234	0.000	0.000	0.000	0.366	0.022	0.011	0.171	0.003	0.001	0.000	0.000	0.000	0.000	0.087	1.000

3　高速公路行程时间可靠性的估计方法

行程时间可靠性能够有效表征交通系统性能变化，并且对道路管理者和道路使用者都具有较高的价值，因此可作为交通系统可靠性分析的重要衡量指标。行程时间分布估计是可靠性指标量化研究的重要开端和关键前提，众多学者对行程时间概率分布函数进行了讨论，在不同条件下采用参数模型或者组合参数模型进行行程时间概率分布拟合研究。由于参数模型依赖于事先的假设，且交通流量、交通流密度、道路等级、车辆类型等对参数模型的估计结果存在一定影响，目前相关研究仍旧没有获得统一的、普遍适用的行程时间分布函数结论。可见，行程时间分布函数的估计有待深入研究。

针对目前使用参数模型研究行程时间分布函数的不足，为了降低拟合的误差，同时提高建模方法的普遍适用性，本章讨论了一种在实际模型不确定条件下行程时间分布估计的非参数方法，通过比较和分析不同模型的拟合误差大小和分布特征保留程度，验证所提出方法的有效性和准确性。

3.1　高速公路行程时间可靠性的定义

行程时间可靠性是交通运输系统服务的效率和质量的首要关键因素。行程时间可靠性是指出行者能在规定时间内完成给定起终点出行的概率。根据上述定义，则高速公路行程时间可靠性的数学表达式描述如式(3-1)所示：

$$R(t) = P\{t \leqslant T\} \tag{3-1}$$

式中，R 为行程时间可靠度；t 为实际行程时间；T 为行程时间的阈值，且 $0 \leqslant R(t) \leqslant 1$，$R(0) = 0$，$R(+\infty) = 0$。

行程时间阈值 T 通常与高速公路的运行状况与自身属性有关，比如路段长度、出行时间长短、车流状态、天气状况等，还与出行用户自身(比如用户对出行信息的掌握、感知水平等)相关。对于道路管理者，对可靠性指标关注的是道路发挥其功能的稳定性。最为常见的系统性能指标是服务水平(Level of Service, LOS)，换句话说，可靠性指标表明感兴趣的时间周期内路段或路网服务水平维持在某一等级的概率。对于道路使用者，行程时间的变化是关注重点。可以认为，从道路管理者角度出发，时间阈值 T 是一个固定值。从道路使用者角度出发，时间阈值 T 是一个随机变量。

不同服务水平下相应的路段行程时间的阈值标准，如表 3-1 所示。

表 3-1　不同服务水平下路段行程时间的阈值

服务水平(LOS)	A&B	C	D	E	F
$\frac{t_c}{t_f}$	$\leqslant 1.010$	1.010~1.05	1.05~1.08	1.08~1.15	>1.15

注：t_c 指车辆实际行程时间；t_f 是自由流状态下车辆行程时间。

对于道路使用者，根据佛罗里达算法定义行程时间的阈值如式(3-2)所示：

$$T = t_{\text{median}} + \Delta t \tag{3-2}$$

式中，t_{median} 为特定时段内路段上的行程时间中位数；Δt 为可接受的延误时间，$\Delta t = \theta \cdot t_{\text{median}}$，一般 θ 取 5%~20%。

关于行程时间可靠性阈值的确定，我们国家现在还没有统一的标准，荷兰研究人员取 $\theta = 20\%$ 作为行程时间阈值来评价路径的行程时间可靠性。

3.2　行程时间分布的数学模型

描述行程时间变化的数学模型通常分为两种：第一种是利用存储的传感器数据量化行程时间可变性的统计方法；第二种方法使用数值方法描述随机供给和随机需求的旅行时间分布，主要应用于分析行程时间变化的不同来源研究。本小节采用第一种数学模型描述方法，从现有的样本数据出发，利用参数或非参数的方法对未知的行程时间总体的密度函数进行估计。

3.2.1　行程时间概率密度函数的估计方法

密度估计是指，根据给定样本数据集求解随机变量的分布密度函数。解决统计学中这一基本问题的方法可以分为参数估计和非参数估计两种。

1）参数估计方法

参数估计首先假设数据的总体分布符合特定的形态，在目标函数簇中根据回归模型确定未知参数的特定解。然而，采用设定的参数模型可能与实际的真实模型存在很大差异，因此往往不能获得满意的估计结果。常用的行程时间参数统计模型包括正态分布(Normal)、对数正态分布(Log-normal)、伽马分布(Gamma)、韦伯分布(Weibull)和极值分布(Extreme Value)。

(1)正态分布(Normal)。

正态分布又名高斯分布(Gaussian distribution)。假设随机变量 X 服从正态分布，即 $X \sim N(\mu, \sigma^2)$ ，则概率密度函数 $f(x)$ 的表示式如式(3-3)所示：

$$f(x;\ \mu,\ \sigma) = \frac{1}{\sigma\sqrt{2\pi}}\exp\left[\frac{-(x-\mu)^2}{2\sigma^2}\right] \tag{3-3}$$

式中，μ 为位置参数，表现总体分布的中心位置；σ 为尺度参数，表现总体分布的陡峭程度或扁平程度。

(2)对数正态分布(Log-normal)。

对数正态分布是对数为正态分布的任意随机变量的概率分布。假设随机变量 X 服从对数正态分布，即 $\ln X \sim N(\mu, \sigma^2)$ ，则概率密度函数 $f(x)$ 的表示式如式(3-4)所示：

$$f(x;\ \mu,\ \sigma) = \frac{1}{x\sigma\sqrt{2\pi}}\exp\left[\frac{-(\ln t-\mu)^2}{2\sigma^2}\right] \tag{3-4}$$

式中，μ 和 σ 为待定系数，分别是随机变量的期望与标准差。

(3)伽马分布(Gamma)。

假设随机变量 X 服从伽马分布，即 $X \sim G(\alpha, \beta)$ ，则概率密度函数 $f(x)$ 的表示式如式(3-5)所示：

$$f(x;\ \alpha,\ \beta) = \frac{1}{\beta^{\alpha}\Gamma(\alpha)}x^{\alpha-1}\exp\left(-\frac{x}{\beta}\right) \tag{3-5}$$

式中，α 和 β 为待定系数，α 为形状参数，$\alpha>0$；β 为尺度参数，$\beta>0$；$\Gamma(x)$ 为伽马函数，满足 $\Gamma(x)=\int_0^{+\infty}t^{x-1}e^{-t}dt$ 。

(4)韦伯分布(Weibull)。

假设随机变量 X 服从韦伯分布，即 $X \sim W(\lambda, k)$ ，则概率密度函数 $f(x)$ 的表示式如式(3-6)所示：

$$f(x;\ \lambda,\ k) = \frac{k}{\lambda}\left(\frac{x}{\lambda}\right)^{k-1}e^{-\left(\frac{k}{\lambda}\right)^k},\ x \geqslant 0 \tag{3-6}$$

式中，λ 和 k 为待定系数，其中，λ 为比例参数，$\lambda > 0$；k 为形状参数，$k > 0$。

(5)极值分布(Extreme Value)。

假设随机变量 X 服从极值分布，即 $X \sim E(\alpha, \mu)$ ，则概率密度函数 $f(x)$ 的表示式如式(3-7)所示：

$$f(x;\ \alpha,\ \mu) = \alpha \cdot \exp\{-\alpha(x-\mu) - \exp[-\alpha(x-\mu)]\} \tag{3-7}$$

式中，μ 和 α 为待定系数，其中，μ 为分布的位置参数，$-\infty<\mu<+\infty$；α 为分布的尺度参数，$\alpha > 0$。

2)非参数估计方法

假设 X 是独立同分布随机变量，服从的概率密度函数 $f(x)$ 未知，需要从 X 的 n 个独立同分布的随机样本恰当的定义估计函数 $\hat{f}(x)$ ，使其在某种意义下逼

近 $f(x)$ 。

(1)核密度估计。

核密度估计(Kernel Density Estimation，KDS)又名 Parzen 窗(Parzen window)，是一种估计未知的密度函数方法。在进行有边界的核密度估计时，边界区域会出现边界效应。

假设 $x_1, x_2, \cdots, x_n$ 是从总体 X 中抽出的 n 个独立同分布样本，X 的概率密度函数 $f(x)$ 未知，则 $f(x)$ 的核密度估计定义如式(3-8)所示：

$$\hat{f}_n(x) = \frac{1}{nh_n}\sum_{i=1}^{n} K\left(\frac{x - x_i}{h_n}\right) \tag{3-8}$$

式中，h_n 为窗宽，是一个与样本容量 n 有关的光滑参数，当 $n \to \infty$，$h_n \to 0$ 时，$\hat{f}_n(x) \to f(x)$ ；$K(\cdot)$ 为一个适当的核函数，满足 $K(\cdot) \geqslant 0$，$\int K(u)\,\mathrm{d}u = 1$，$u = (x - x_i)/h_n$ 。

可见，估计量 $\hat{f}_n(x)$ 的精度与核函数及窗宽的选择有关。一般首先选取核函数，其次确定最优窗宽。常用的核函数有高斯核函数、均匀核函数和三角核函数等。当窗宽确定后，核函数的选择对密度估计结果影响几乎无异。核密度估计精度的关键是选取合理窗宽。

采用高斯核函数，数学表达式见式(3-9)：

$$K(u) = \frac{1}{\sqrt{2\pi}}\exp\left(-\frac{u^2}{2}\right) \tag{3-9}$$

则根据经验法可得最优窗宽的表达式如式(3-10)所示：

$$h_n \approx 1.06 \cdot \hat{\sigma} \cdot n^{-\frac{1}{5}} \tag{3-10}$$

式中，$\hat{\sigma} = \min(s, Q/3.14)$ ；s 为样本标准差；Q 为四分位数间距。

(2)小波密度估计。

对于任意 $x \in \mathrm{R}$，$l, k \in \mathrm{Z}$，存在相互正交的尺度函数 $\varphi(x)$ 和小波基函数 $\varphi(x)$ ，则任意函数 $f(x) \in L^2(\mathrm{R})$ ： $=\left\{f(x) \,\middle|\, \int_{\mathrm{R}} |f(x)|^2 \mathrm{d}x < \infty\right\}$ 均能用小波序列函数表示。尺度函数描述了 $f(x)$ 的总体趋势，而小波基函数表现 $f(x)$ 的局部信息。定义 $\phi_{l,k}(x) = 2^{l/2}\phi(2^l x - k)$ ，$\varphi_{j,k}(x) = 2^{j/2}\phi(2^j x - k)$ ，则 $f(x)$ 的小波展开如式(3-11)所示：

$$f(x) = \sum_{k \in \mathrm{Z}} \alpha_{l,k}\phi_{l,k}(x) + \sum_{j=l}^{\infty}\sum_{k \in \mathrm{Z}} \beta_{j,k}\varphi_{j,k}(x) \tag{3-11}$$

式中，$\alpha_{l,k}$ 和 $\beta_{j,k}$ 为 $f(x)$ 的小波系数。

根据小波基的正交性，分别用 $\phi_{l,k}(x)$ 和 $\varphi_{j,k}(x)$ 对上式两边作内积，则：

$$\alpha_{l,k} = \int_{-\infty}^{\infty} \phi_{j,k}(x) f(x) \mathrm{d}x = E[\phi_{j,k}(x_i)] \tag{3-12}$$

$$\beta_{j,k} = \int_{-\infty}^{\infty} \varphi_{j,k}(x) f(x) \mathrm{d}x = E[\varphi_{j,k}(x_i)] \tag{3-13}$$

估计密度函数 $f(x)$ 可以通过估计小波系数 $\alpha_{l,k}$ 和 $\beta_{j,k}$ 来实现。由矩估计可知，$\hat{\alpha}_{l,k} = \frac{1}{n}\sum_{i=1}^{n}\phi_{l,k}(x_i)$，$\hat{\beta}_{j,k} = \frac{1}{n}\sum_{i=1}^{n}\varphi_{j,k}(x_i)$。

随着 Donoho 小波收缩理论的建立，提出了基于小波系数阈值的非线性小波密度估计，即：

$$\hat{f}(x) = \sum_{k\in Z}\hat{\alpha}_{l,k}\phi_{l,k}(x) + \sum_{j=l}^{\infty}\sum_{k\in Z}\theta(\hat{\beta}_{j,k}, \lambda)\phi_{j,k}(x) \tag{3-14}$$

式中，λ 为阈值；$\theta(\cdot, \cdot)$ 为阈值函数。

对于硬阈值法，$\theta(u, \lambda) = uI(|u| > \lambda)$；对于软阈值法，$\theta(u, \lambda) = \mathrm{sgn}(u)(|u| - \lambda)$。

密度函数 $f(x)$ 通常取为上式的截断形式，即：

$$\hat{f}_m(x) = \sum_{k\in Z}\hat{\alpha}_{l_0,k}\phi_{l_0,k}(x) + \sum_{j=l_0}^{l_{m-1}}\sum_{k\in Z}\theta(\hat{\beta}_{j,k}, \lambda)\phi_{j,k}(x) \tag{3-15}$$

式中，m 为可调参数；l_0 为最粗尺度；l_{m-1} 为最细尺度。

可见，密度函数估计的优劣取决于分解尺度 l_0、l_{m-1} 和相应的阈值 λ。

在密度函数支撑集的尾部或样本稀疏的区域可能会出现负值，从而密度函数积分不为 1。为保证 $\int_R f(x)\mathrm{d}x = 1$ 且 $f(x) \geqslant 0$，通常对 $g(x) = \sqrt{f(x)}$ 进行估计，然后再变换回来。该方法估计的方差具有稳定性，应用较其他方法更广泛，估计过程略。

假设高速公路行程时间 t 为概率密度函数 $f(t)$ 未知的随机变量，t_1，t_2，…，t_n 为 n 个独立同分布的随机样本，$\hat{f}(t)$ 为 $f(t)$ 的小波估计。令 $g(t) = \sqrt{f(t)}$，分解尺度范围为 $1 \sim J$，则：

$$\hat{g}(t) = \sum_{k\in Z}\hat{\alpha}_{J,k}\phi_{J,k}(t) + \sum_{j=1}^{J}\sum_{k\in Z}\theta(\hat{\beta}_{j,k}, \lambda)\phi_{j,k}(t) \tag{3-16}$$

考虑密度函数的光滑性，采用软阈值法，得：

$$\hat{g}(t) = \sum_{k\in Z}\hat{\alpha}_{J,k}\phi_{J,k}(t) + \sum_{j=1}^{J}\sum_{k\in Z}\hat{\beta}_{j,k}I(|\beta_{j,k}| > \lambda)\phi_{j,k}(t) \tag{3-17}$$

由上式可知，分解尺度 J 和阈值 λ 的选取影响 $\hat{g}(t)$ 的逼近效果。分解尺度 J 越大，包含的样本信息量越多，拟合结果的平滑性可能会降低。阈值 λ 可以减小细节信息和运算量，同时保留有用信息。

Donoho 给出了一种分解尺度最大范围和全局阈值的选取方法，即 $J_m = [\log_2(n/\lg n)]$，$\lambda = \sqrt{2\ln n}$。Hardle 给出了依赖于分辨率水平的阈值 $\lambda_j = \psi\max|\hat{\beta}_{j,k}|$，其中常数 $\psi \in [0.6, 0.8]$。Pinheiro 建议选择 $\hat{E}(j) = \sum_k \hat{\beta}_{j,k}$ 以指数增长的初始值为分解尺度 J，阈值过程为 $\theta(\hat{\beta}_{j,k}, \lambda) = \hat{\beta}_{j,k} I(\hat{\beta}_{j,k}^2 > \tau\bar{\beta}^2)$，$\bar{\beta}^2 = \frac{1}{m}\sum \hat{\beta}_{j,k}^2$，$\tau$ 为常数，可取 $\tau = 1$。乔舰等详细综述了小波密度估计实现过程中基于不同标准的参数选取方法，同时指出参数的确定不具有普遍适用性。

在高速公路行程时间概率密度函数的小波估计实际应用中，考虑估计精度及运算效率，根据样本容量 n 确定最大分解尺度 J_m，采用逐一验证法选取最佳分解尺度和最佳阈值规则。

3.2.2 小波估计在可靠性分析中的研究基础

密度函数的估计已经被研究了相当久的时间，也成为统计学理论中的基础问题。基于小波基的正交性和良好的自适应性，密度函数估计的小波方法比传统非参数密度估计方法有着一定的优越性，受到的关注日益增加，许多学者验证了小波密度函数估计的可用性和有效性。

1997 年，A. Antoniadis 介绍了小波理论在数理统计领域的发展和应用，包括非参数回归、非参数密度估计等。2002 年，王海清等采用 $Q-Q$ 图迭代检验的方法消除粗差数据，设计了一种小波阈值密度估计的可行方法，讨论了如何设计网络结构、选取平滑参数、确定系数阈值的方法。

近年来，小波被不断应用于变点检测、非平稳随机过程等研究。Doukhan 首次将小波分析运用于密度函数估计，Walter 和 Hardle 认为小波密度估计在总体逼近效果上优于核密度估计。一些实证和带噪声的密度函数小波估计研究相继展开。戴鸿哲等在结构可靠性分析应用中，验证了小波密度估计性能受初始参数选择的影响较小，且在较少的样本下与核密度估计精度相当。有关文献研究表明，由于小波密度估计具有较好的局部适应性和收敛速度，能够较好地处理局部不连续或突变的情况，比传统非参数密度估计方法有着一定的优越性。

2006 年，杨富锋等针对不符合正态分布假设的工程实际问题，介绍了一种新的密度函数小波估计方法。2006 年，郑鹏等研究了多变量的密度函数线性小波估计，并证明了给定条件下的几个统计性质。侯迎春等针对密度小波估计的给定非迭代表达式系数估计方法，通过计算密度估计的影响函数进行了稳健性分析。

2013 年，周园等利用小波方法研究了一类带乘法噪声密度函数的最优估计。2013 年，Jinru Wang 等通过自适应硬阈值规则完成非线性小波密度估计，并评价该方法的收敛速度。

2014 年，乔舰等综述了基于小波的密度估计方法以及应用中参数的选择。

2015 年，黄守勇等将基于密度函数估计的单小波方法推广到多小波密度估计中，并对多小波密度函数线性估计进行了稳健性分析。

2015 年，Hongzhe Dai 等提出了一种新的基于响应面法的多小波神经网络结构可靠性评估方法。

2015 年，Yu-Ye Zou 等构造了协方差存在时随机数据缺失情况下的非线性小波密度估计，并提供了 MISE(mean integrated squared error，平均积分均方误差)的渐近表达式的估计量。分析论证表明，与核密度估计相比，该 MISE 在函数分段光滑时仍旧成立。

高速公路行程时间分布具有不确定、复杂、随机的特点，在不依赖模型假设或初始参数选择的前提下，将小波密度估计应用于高速公路行程时间可靠性建模是一种较好的改进。

3.2.3 拟合优度衡量指标

分布的拟合优度从估计的误差大小、分布特征保留程度来表现。数据分布的概况可以用数字特征体现，比如均值、标准差、变异系数、偏度系数和峰度系数等。

每个模型通过曲线拟合后，选取误差平方和(SSE)、累积分布函数的误差平方和(SSE of CDF)、确定系数(R^2)、偏度系数的相对误差(RES)和峰度系数的相对误差(REK)作为衡量指标，评估模型与经验分布之间的差异。拟合优度衡量指标体系如图 3-1 所示。SSE 与 SSE of CDF 用于反映拟合估计值与样本的接近程度，R^2、RES 和 REK 用于说明曲线拟合在解释数据的变异性方面是否成功，样本数据集的分布特征是否得到有效保留。拥有最大正指标和最小逆指标的参数或非参数模型被认为是用于推导高速公路行程时间分布的最佳参数模型。

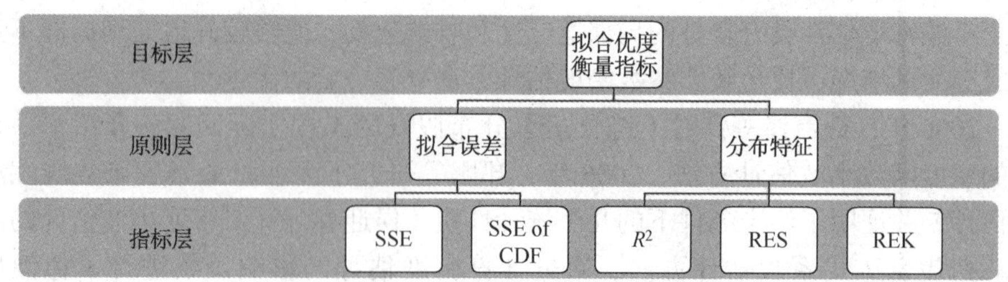

图 3-1 拟合优度衡量指标体系

给定样本数据集合 $X=\{x_1, x_2, \cdots, x_n\}$，$x_{(1)} \leqslant \cdots \leqslant x_{(i)} \leqslant \cdots \leqslant x_{(m)}$ 是次序

统计量，n 为样本容量，$m \leq n$。$f[x_{(i)}]$ 为样本数据中 $x_{(i)}$ 相应的频率，即 $f[x_{(i)}]=Num_i/n$，Num_i 为 $\{x_1, x_2, \cdots, x_n\}$ 中等于 $x_{(i)}$ 的个数。$\hat{f}[x_{(i)}]$ 表示 $x_{(i)}$ 相应的拟合分布估计值。

1）误差平方和（SSE）

误差平方和（SSE）表示拟合数据和原始数据对应点的误差的平方和，反映了拟合曲线与实际值之间的差异，SSE 越接近 0，则曲线的拟合效果越好。计算公式为：

$$\mathrm{SSE}[\hat{f}(x)] = E\left|\hat{f}(x) - f(x)\right|^2 = \sum_{i=1}^{m}\left|\hat{f}[x_{(i)}] - f[x_{(i)}]\right|^2 \tag{3-18}$$

2）累积分布函数的误差平方和（SSE of CDF）

根据行程时间可靠性的定义可知，求解路段行程时间的累积分布函数是影响可靠性评价结果的关键。SSE of CDF 越接近 0，则可靠度的拟合效果越好。计算公式为：

$$\mathrm{SSE\ of\ CDF}\ [\hat{f}(x)] = E\left|\sum\hat{f}(x) - \sum f(x)\right|^2 = \sum_{i=1}^{m}\left|\sum_{i=1}^{i}\hat{f}[x_{(i)}] - \sum_{i=1}^{i}f[x_{(i)}]\right|^2 \tag{3-19}$$

3）确定系数（R^2）

R^2 表示确定系数，用于说明曲线拟合在解释数据的变异性方面是否成功，取值范围为［0 1］，值越接近 1，曲线拟合的效果越好。R^2 计算公式如式（3-20）所示：

$$R^2 = \frac{\sum_{i=1}^{m}\{\hat{f}[x_{(i)}] - \bar{f}[x_{(i)}]\}^2}{\sum_{i=1}^{m}\{f[x_{(i)}] - \bar{f}[x_{(i)}]\}^2} \tag{3-20}$$

式中，$\bar{f}[x_{(i)}]$ 为原始数据经验分布概率的均值；$f[x_{(i)}]$ 为原始数据中行程时间 $x_{(i)}$ 的概率。

4）偏度系数的相对误差（RES）

偏度系数是统计数据分布非对称程度的数字特征，表征数据分布偏斜方向和程度。对于 n 个样本值的偏度系数计算方法如式（3-21）所示：

$$\mathrm{Skewness} = \frac{n\sum_{i}^{n}(x_i - \overline{x_i})^3}{(n-1)(n-2)\sigma^3} \tag{3-21}$$

式中，σ 为样本的标准差；Skewness 为样本的偏度。

Skewness=0 时，分布对称；Skewness<0 时，分布具有负偏离，亦称为左偏态，均值左边的数据比其右边的少；Skewness>0 时，分布具有正偏离，亦称为右偏态，均值右边的数据比其左边的多。

偏度系数的相对误差（RES）计算公式如式（3-22）所示：

$$\mathrm{RES} = \left| \frac{\mathrm{Skewness} - \hat{\mathrm{S}}\mathrm{kewness}}{\mathrm{Skewness}} \right| \times 100\% \tag{3-22}$$

式中，$\hat{\mathrm{S}}$kewness 为拟合数据的偏度系数；Skewness 为样本的偏度系数。

5）峰度系数的相对误差（REK）

峰度系数描述分布形态的陡缓程度。对于 n 个样本值的峰度系数计算公式如式（3-23）所示：

$$\mathrm{Kurtosis} = \frac{\sum_{i}^{n} (x_i - \overline{x_i})^4}{(n-1)\sigma^4} \tag{3-23}$$

式中，σ 为样本的标准差；Kurtosis = 3 时，表示与正态分布相同；Kurtosis>3 时，表示与正态分布相比更加陡峭，分布更集中在平均数周围，呈现出“尖峰状”；Kurtosis<3 时，表示与正态分布相比更加平坦、分散，呈现出“低峰状”。

峰度系数的相对误差（REK）计算公式如式（3-24）所示：

$$\mathrm{REK} = \left| \frac{\mathrm{Kurtosis} - \hat{\mathrm{K}}\mathrm{urtosis}}{\mathrm{Kurtosis}} \right| \times 100\% \tag{3-24}$$

式中，$\hat{\mathrm{K}}$urtosis 为拟合数据的峰度估计值；Kurtosis 为样本的峰度系数。

3.3 行程时间分布拟合方法比较

3.3.1 小波估计的最佳分解尺度和最佳阈值选择

研究时段分别为 8：00～9：00、10：00～11：00、17：00～18：00 和 20：00～21：00，以路网单位距离行程时间为研究对象，分别随机抽取工作日和节假日 4 个不同时段（早晚高峰和平峰），共计 2×4×10=80 组容量为 10^4 的试验样本，根据 Donoho 方法计算最大分解尺度 J_m，比较不同分解尺度、不同阈值方法的拟合优劣衡量指标，确定高速公路行程时间概率密度函数小波估计的最佳尺度和最佳阈值方法。

采用 db3 作为小波基和 Donoho 全局阈值 λ，计算 Pinheiro 方法不同分解尺度的 $\hat{E}(J)$ 和不同分解尺度的评价指标 MSE（10^{-4}），如图 3-2 所示。可见，分解尺度 J 在 2～5 时 MSE 较低且趋于稳定，结合 Pinheiro 的方法，确定最佳小波分解尺度为 5。

采用上述 80 组试验样本，分解尺度 $J=5$，比较 Donoho、Hardle 和 Pinheiro 3 种阈值的密度估计效果衡量指标。由图 3-3 可知，Hardle 方法的 MSE、RES、REK 较小，且 R^2 较大。因此，本章采用效果较理想的 Hardle 阈值方法。

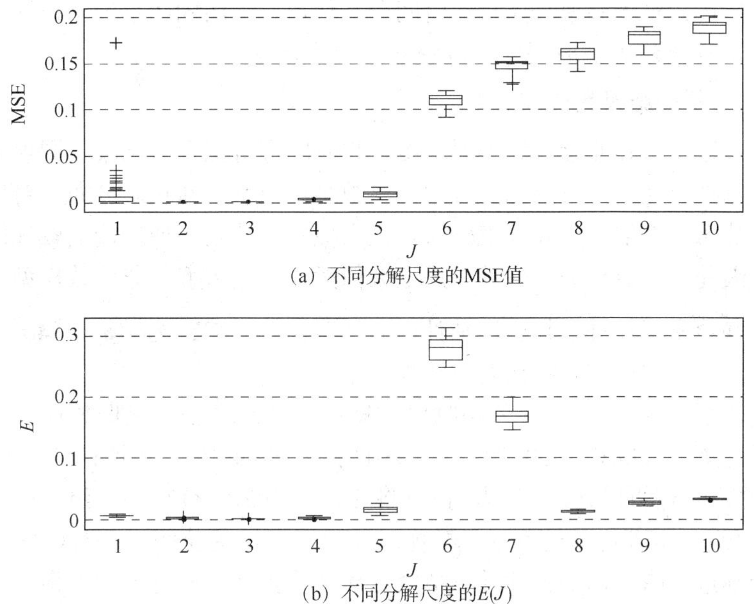

(a) 不同分解尺度的MSE值

(b) 不同分解尺度的$E(J)$

图 3-2　不同分解尺度对密度估计比较

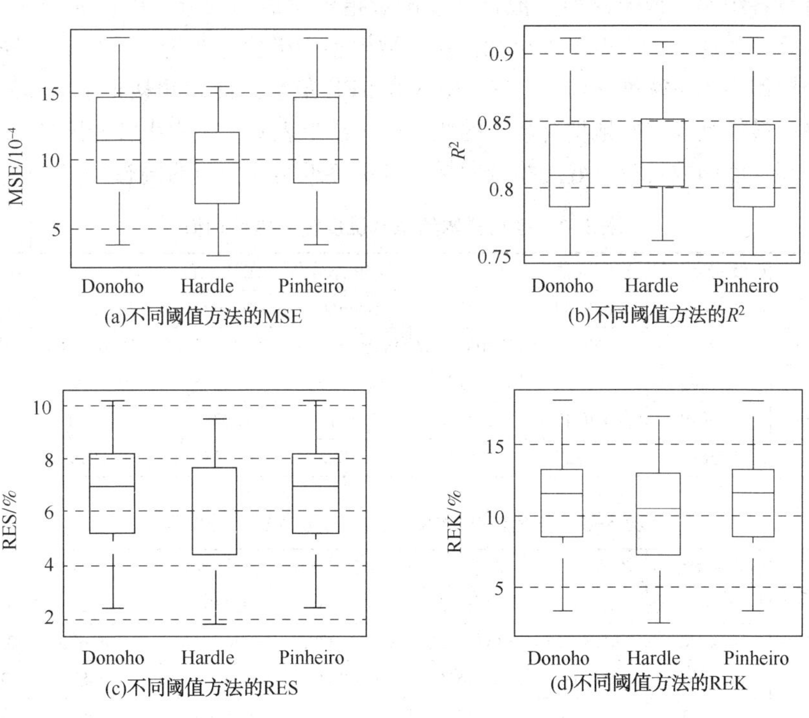

(a)不同阈值方法的MSE

(b)不同阈值方法的R^2

(c)不同阈值方法的RES

(d)不同阈值方法的REK

图 3-3　3 种阈值方法的密度估计效果比较

综上所述，对于高速公路行程时间分布估计，采用 db3 小波，选取分解尺度 $J=5$ 和 Hardle 阈值方法时得到小波密度估计性能最佳。

3.3.2 拟合结果比较和分析

通过参数模型和非参数模型对历史行程时间进行拟合，比较不同模型的拟合程度并计算拟合优度衡量指标。其中，参数统计模型包括正态分布、对数正态分布、伽马分布、韦伯分布和极值分布。极大似然估计是一种理论上较优的参数估计方法，因此对参数模型的估计采用最大似然估计法求解。非参数模型包括小波密度估计和核密度估计。核密度估计中采用高斯核函数，选择 $h_n=(4\sigma^5/3n)^{\frac{1}{5}}$ 为最优窗宽。小波估计的参数选取方法根据结论确定。

采用陕西省 2015 年高速公路收费数据作为基础数据，根据数据质量分析方法进行预处理。选取 07：00~00：00(次日)为研究时段，根据节假日或工作日、车型(6 类)和出发时间(以 1h 为间隔)将样本分为 $2\times6\times17=204$ 组，以样本容量为 10^5 对每组样本进行随机不重复抽样。通过对各组单位距离行程时间的概率密度函数分别进行曲线拟合，并计算拟合效果评价指标。拟合优劣的衡量指标的箱型图如图 3-4 所示。

计算各组不同拟合模型的拟合优度衡量指标均值和四分位差，如表 3-2 和表 3-3 所示。由表 3-2 和表 3-3 可知，在参数模型中极值分布的拟合效果较好；在 7 种拟合模型中小波密度估计的 SSE、RES 和 REK 最小，且 R^2 更接近于 1，说明估计的准确度最优且能很好地拟合数据的变异性。结果表明，采用小波密度估计行程时间的概率密度函数具有更好的拟合效果，且更接近实际分布的偏态性和峰值。

表 3-2 各组样本的拟合优度衡量指标均值

均值	小波密度估计	核密度估计	正态分布	对数正态分布	伽马分布	韦伯分布	极值分布
SSE	0.0004	0.5257	0.3789	0.4560	0.2631	0.4315	0.1685
SSE of CDF	0.2958	94169.9085	72808.4027	90010.2460	55323.1326	85860.7616	26971.4130
R^2	0.7283	0.6114	0.5283	0.5829	0.4806	0.5699	0.3260
RES/%	0.5940	0.9743	1.4410	1.1317	1.8255	1.2140	2.5676
REK/%	0.3689	0.4827	0.8366	0.5026	0.5336	0.5019	2.3581

表 3-3 各组样本的拟合优度衡量指标四分位差

四分位差	小波密度估计	核密度估计	正态分布	对数正态分布	伽马分布	韦伯分布	极值分布
SSE	0.0005	0.3328	0.3405	0.3115	0.2381	0.3113	0.1791
SSE of CDF	0.4740	74013.2159	63828.3589	69473.3395	48946.6220	66554.6301	33994.5167
R^2	0.3401	0.5059	0.4626	0.4944	0.4351	0.4887	0.3561
RES/%	0.4811	0.5750	0.4929	0.5343	0.8463	0.4951	1.6420
REK/%	0.3298	0.3587	0.2394	0.1989	0.4530	0.2145	1.4241

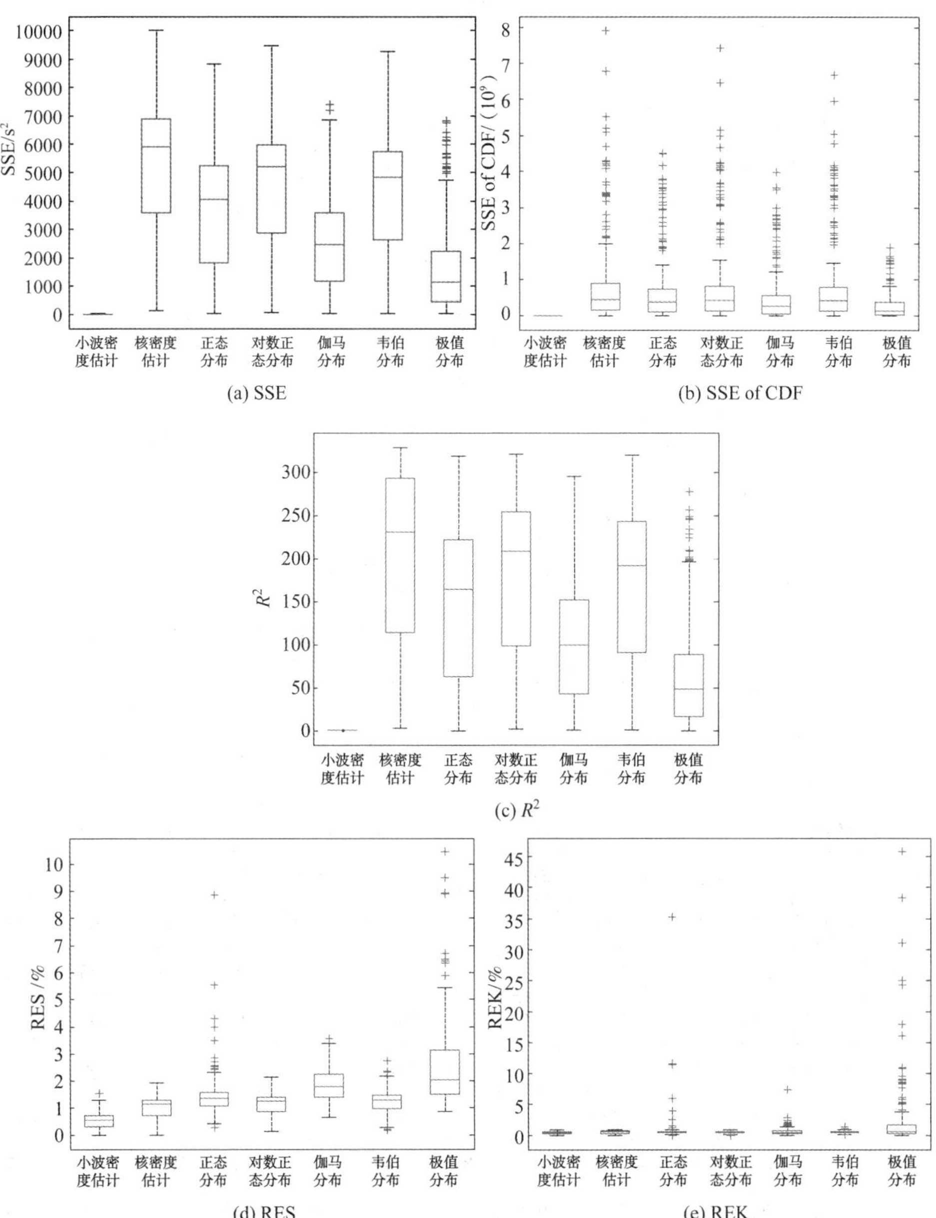

图 3-4 拟合优度衡量指标箱型图

3.4 案例分析

3.4.1 不同估计模型的行程时间可靠性实证分析

选取陕西省高速公路“六村堡——六村堡互通——渭城——马渭互通——机场西”活跃路径作为研究对象，区分工作日和节假日，以 1h 为间隔，对不同时段、不同车型的试验样本分组。样本容量如表 3-4 所示。

表 3-4 样本容量

	节假日						工作日					
时段	S-Car	L-Car	S-Truck	M-Truck	L-Truck	EL-Truck	S-Car	L-Car	S-Truck	M-Truck	L-Truck	EL-Truck
7	37933	1100	1085	440	218	210	101660	2657	2913	1115	537	553
8	51522	2132	1953	543	195	264	147460	6942	4998	1210	553	613
9	55395	1609	3113	896	214	243	176028	5528	9913	2288	648	682
10	45148	1399	3486	988	230	272	127492	3530	11905	2952	636	785
11	44823	1328	3436	954	188	359	121379	3592	11140	2599	622	1045
12	43535	1112	2807	809	218	312	119085	2837	9242	2427	629	850
13	44261	1058	2401	620	237	295	121237	2687	8104	1834	598	820
14	46414	1114	2205	605	226	259	127837	2854	7649	1830	629	727
15	43593	1106	2280	603	216	266	116102	2885	7640	2018	689	694
16	45979	1282	2116	619	207	238	122380	2989	6535	1661	568	713
17	44067	1050	2104	709	200	261	117023	2804	6085	1693	555	732
18	43444	1042	1793	497	176	218	104060	2378	4975	1326	455	531
19	42614	1272	1829	617	135	166	109219	3006	4682	1618	390	407
20	36429	1089	2205	1116	113	107	100033	3226	5220	2547	324	319
21	29916	1202	1957	923	138	88	77494	3134	6044	2626	387	235
22	25128	742	1437	733	160	61	63087	1913	4285	2153	394	170
23	18888	648	1089	462	108	64	49123	1696	3044	1334	290	158

通过 7 种模型对 2×17×6＝204 组样本进行高速公路行程时间可靠度估计($\delta=10\%$)，估计值与实际值的绝对误差计算结果如图 3-5、表 3-5 所示。

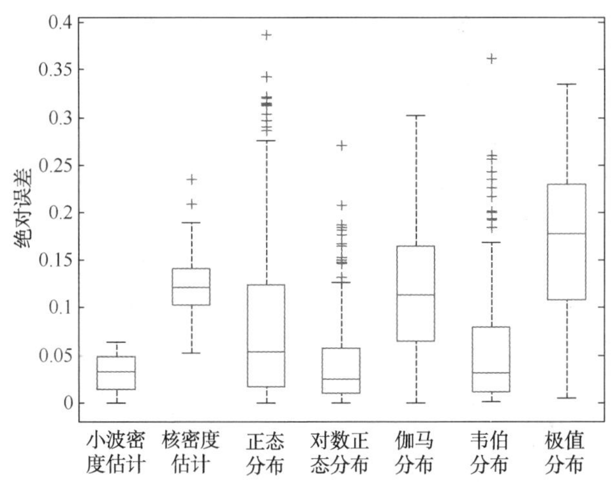

图 3-5　试验样本可靠度估计绝对误差

表 3-5　可靠度估计的平均绝对误差

模型	小波密度估计	核密度估计	正态分布	对数正态分布	伽马分布	韦伯分布	极值分布
节假日	0. 0312	0. 1221	0. 0959	0. 0511	0. 126	0. 066	0. 1774
工作日	0. 0293	0. 1218	0. 072	0. 0334	0. 1093	0. 0452	0. 1623
平均绝对误差	0. 0303	0. 1220	0. 084	0. 0423	0. 1177	0. 0556	0. 1698

由图 3-6 可知，小波密度估计的绝对误差最小，工作日比节假日的行程时间可靠性估计更为精确。

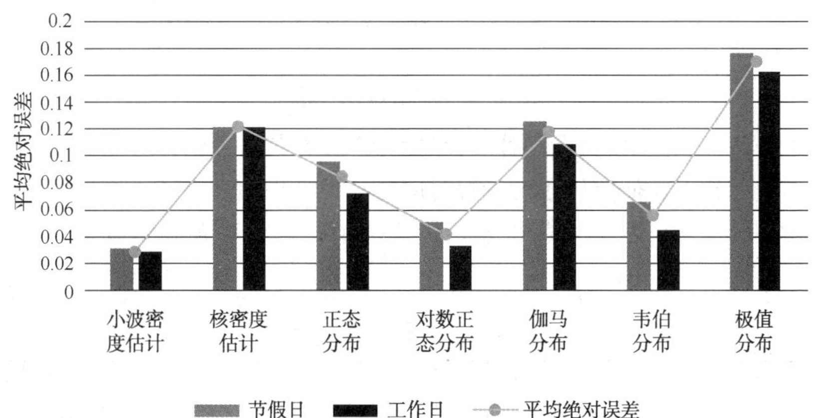

图 3-6　可靠度估计的平均绝对误差比较

3.4.2 不同路段的行程时间可靠性分析

采用小波密度估计建立行程时间可靠性模型($\delta = 10\%$)，分析陕西省路网中路段的行程时间可靠性。选取西安市绕城高速南外环各路段为分析区段，实际路网结构如图 3-7 所示，图 3-8 为研究区段的抽象表示。

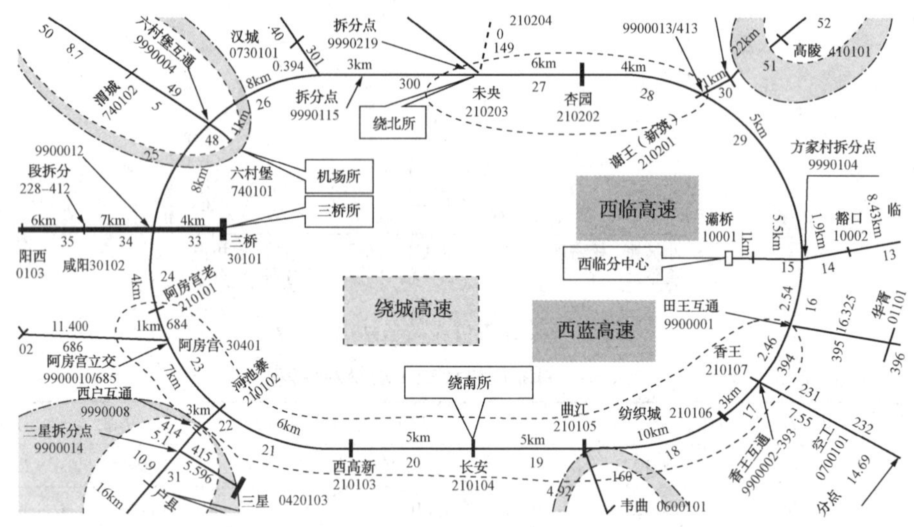

图 3-7　西安市绕城高速公路示意图

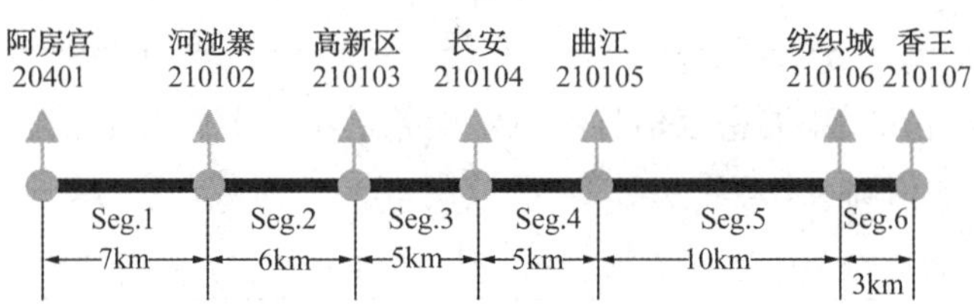

图 3-8　研究区段示意图

对 6 个研究区段进行行程时间可靠度计算，并与参数估计方法中常用的对数正态分布进行比较，研究区段的行程时间可靠性结果如表 3-6 所示。可见，通过小波密度估计方法计算的可靠度较接近实际值，且绝对误差明显小于对数正态分布。

表 3-6　行程时间可靠性

编号	可靠性			绝对误差	
	实验值	小波密度估计	对数正态分布	小波密度估计	对数正态分布
Seg. 1	0. 5717	0. 5455	0. 4862	0. 0262	0. 0855
Seg. 2	0. 6051	0. 5922	0. 4704	0. 0129	0. 1347

续表

编号	可靠性			绝对误差	
	实验值	小波密度估计	对数正态分布	小波密度估计	对数正态分布
Seg. 3	0. 8458	0. 8449	0. 6275	0. 0009	0. 2183
Seg. 4	0. 5169	0. 5040	0. 4942	0. 0129	0. 0227
Seg. 5	0. 7612	0. 7382	0. 4654	0. 0230	0. 2958
Seg. 6	0. 5529	0. 5469	0. 4931	0. 0060	0. 0598

我国目前尚未规定行程时间可靠性阈值的标准，故采用可靠性平均水平作为可靠性目标，即将该研究区段的行程时间可靠性阈值设为 $R=\frac{1}{n}\sum_{i=1}^{n}R_i=0.6423$。Seg. 1、Seg. 2、Seg. 4、Seg. 6 的可靠度低于平均水平，即未达到目标阈值。因此该研究区段需要采取相应的措施以提高道路行程时间的可靠性。

3.4.3 ETC 对高速公路行程时间可靠性的影响分析

选取陕西省高速公路“西高新——长安——曲江”较为活跃的行驶路径为研究对象，距离为 10. 5km，利用小波密度估计得到工作日和节假日 07：00～22：00时段 ETC 和非 ETC 车辆的行程时间可靠度，即 R_{ETC}和 R_{NETC}，如图 3-9 所示。由图 3-9 可知，工作日或节假日 R_{ETC}始终大于 R_{NETC}，即 ETC 车辆在各个时段的可靠性均高于非 ETC 车辆。工作日的 R_{ETC}在不同时段波动最小，并能维持在一个较高水平；节假日各个时段 R_{ETC}与 R_{NETC}的差异比工作日更加明显。可见，ETC 是一种提升高速公路行程时间可靠性的有效措施，在节假日期间 ETC 在可靠性方面的优势显著。

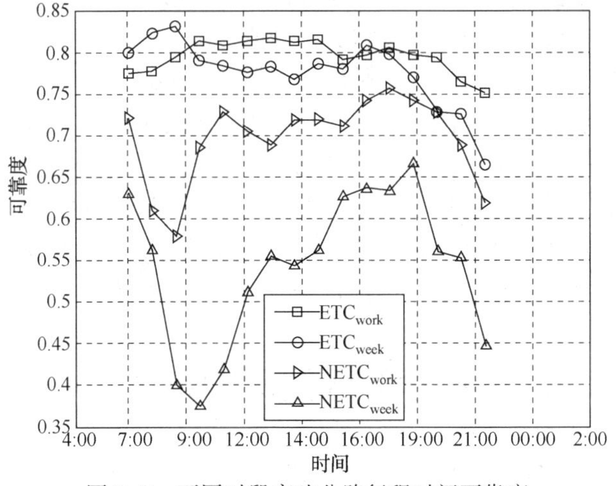

图 3-9 不同时段高速公路行程时间可靠度

4 高速公路行程时间短时区间预测方法

交通诱导和交通控制系统需要在当前时刻对下个决策时刻的交通状况做出预测。决策时间间隔小于或等于 15min 的预测一般被认为短时预测。行程时间作为反映高速公路交通状况的主要指标，也是交通诱导和交通控制系统的主要输入参数。准确可靠的行程时间短时预测是高速公路交通诱导及信息发布效果的前提要素，不仅关注预测值本身，同时希望掌握预测值的可信程度，以便有选择地参考并进行决策。

目前广泛使用的行程时间短时预测方法有卡尔曼滤波、小波神经网络和支持向量机等，车辆检测器数据、收费数据、浮动车数据、蓝牙和手机信令等多种数据源得以应用。基于数据挖掘的预测方法是目前短时交通预测领域的研究热点。现有的文献主要采用组合模型和数据融合两种策略对预测精度进行改进。

行程时间预测包含多种不确定性因素，按其来源一般可以分为 3 类：数据噪声、模型不确定性以及样本数据有限带来的统计不确定性。行程时间短时预测分为确定性预测和不确定性预测。目前行程时间短时预测的研究大多集中在确定性预测，即点预测。然而，点预测仅关注预测精度，没有涵盖预测结果中涉及的风险，不能满足路网管理和公众出行服务对预测结果可信度的要求，因此衡量预测点的不确定性具有重要的现实意义和实用价值。

针对点预测的不确定性，本章讨论了一种基于 Bootstrap 的行程时间短时区间预测方法，提供未来时段行程时间预测值的置信区间，能够反映预测结果的不确定性，量化预测值的质量和稳定性，有助于出行者可以有选择地参考预测结果，提高决策的质量。同时，在基于 Bootstrap 的行程时间短时区间预测模型构建中，本章通过比较和分析预测误差大小以及预测区间性能质量，选取恰当的预测模型和 Bootstrap 置信区间估计方法，确保行程时间短时区间预测效果最佳。

4.1 行程时间预测的不确定性

典型的行程时间预测模型分为两个步骤，如图 4-1 所示。第一步是使用训练数据(历史或实时)建立一个初始模型，该模型可以是参数或非参数，本质是定义输入和输出之间的关系。在第二步中，采用建立的模型计算相对于当前输入的未来值，即预测值。可见，预测值不确定性主要由两个部分构成：数据噪声和模型不确定性。数据噪声来源很大程度上集中于采集、通信、存储过程中的错误，反映了测量的不确定性。模型的不确定性来源于由样本训练获得的近似函数不合理或参数估计误差，反映了多个预测值的不稳定性或离散度。为了使不确定性尽可能低，人们通常希望从总体中获得足够多的随机样本，然而实际受到时间、成本、设备等因素的制约。一个更加实际和常用的方法是，从最初选定样本中重新取样，多次重复估计过程，以得到一个预测值标准误差的较好估计。

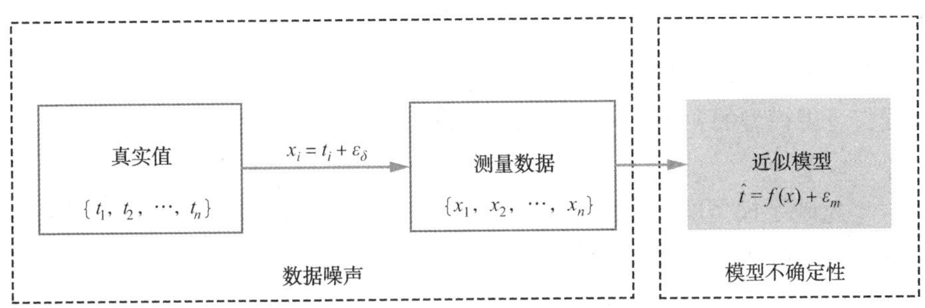

图 4-1　典型的行程时间预测模型建模过程

对于行程时间，可以用数学公式说明，见式(4-1)：

$$t = \hat{t} + \sigma_t^2 \tag{4-1}$$

式中，t 为行程时间真实值；$\hat{t}$ 为样本行程时间均值；σ_t^2 为不确定性。

构成预测值不确定性的两个主要部分为：输入数据的固有噪声和模型结构不确定性(由于总体中选定的随机样本训练获得的近似函数不确定性)，分别产生了不完美的数据和不完美的模型参数。输入数据的不确定性在很大程度上集中于交通监控设备、通信、存储归档的错误。这种不确定性部分可以称为输入数据方差，并表示为 σ_e^2 。模型的不确定性与参数噪声、权重或选择过程相关，表示为 σ_m^2 。

两种不确定性的来源可以通过构造区间预测分别检测。预测间隔量化观测输出（目标)和预测之间的差异；置信区间量化预测和真实值的差异，表示为 σ_m^2 。本小节的重点是构造置信区间，提供一个可能包含总体参数真实值的范围。不确定性的呈现形式通常为置信区间和预测区间宽度。

通常需要保持不确定性(例如标准差)尽可能低。一种实现方法就是从总体中获得足够多的随机样本，然而限制于成本。或者，对于简单的参数如均值来说，可以通过绘制相同总体的多个样本，并计算抽样分布均值的标准差。在实践中，时间、成本、设备、精力的限制使采集多个数据集是不可行。一个更加实际和常用的方法是，从最初选定样本中重新取样，多次重复估计过程，以得到一个预测值标准误差的较好估计。

假设目标值的建模如式(4-2)所示：

$$t_i = y_i + \varepsilon_i \tag{4-2}$$

式中，y_i 为第 i 次采样的行程时间的真实值；t_i 为对应的行程时间测量值，$i = 1, \cdots, n$；ε_i 为噪声，反映了测量值 t_i 偏离真实值 y_i 的程度，一般认为 ε_i 服从正态分布，且均值为 0。

在各次采样误差独立同分布的假设条件下，模型误差如式(4-3)所示：

$$t_i - \hat{y}_i = (y_i - \hat{y}_i) + \varepsilon_i \tag{4-3}$$

式中，$\hat{y}_i$ 为预测模型对应于 y_i 的输出。

预测误差包括两个部分：预测误差 $y_i - \hat{y}_i$ 和数据噪声 ε_i。假设 $y_i - \hat{y}_i$ 与 ε_i 相互独立，可得模型的预测方差，见式(4-4)：

$$\sigma_i^2 = \sigma_m^2 + \sigma_e^2 \tag{4-4}$$

式中，σ_m^2 反映了模型的不确定性，由模型的不合理或者参数估计不准确导致；σ_e^2 为噪声方差，反映了测量的不确定性。

4.2 非参数 Bootstrap 方法的理论基础

Bootstrap 也被记为 Bootstrapping，称为重抽样法，是一种重要的非参数统计方法，不需要对总体分布做任何的假定和限制，可应用于可靠性分析、风险评估和模型参数估计。Zifeng Wu 通过 Bootstrap 对动态交通网络进行可靠性评估。常振海和丛楠实证了 Bootstrap 在分布参数区间估计的有效性。传统抽样估计和 Bootstrap 估计的思想示意如图 4-2 所示。

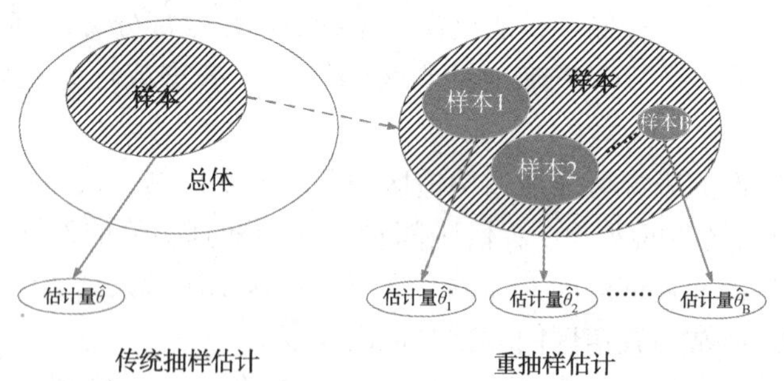

图 4-2　传统抽样估计与重抽样估计的示意图

非参数 Bootstrap 方法的优势在于，不需要对总体分布做任何的假定和限制，很大程度上解决了当无法获得大量样本信息时可能导致的统计推断错误。Bootstrap 能够在总体信息不完整或者较少的条件下，通过对原始的样本数据进行观测以获得统计推断信息，成为近代数理统计中重要且常用的数据处理方法。

Bootstrap 是一种有放回的再抽样方法。假设总体 F 的分布未知，但已知来自总体 F 的数据样本 $X=(x_1, x_2, \cdots, x_n)$ ，n 表示样本容量，且 $n \in \boldsymbol{N}^+$ 。记 $\hat{\theta}$ 为基于原始样本 X 的统计量，$\hat{\theta}^*$ 为基于 Bootstrap 样本 X^* 的统计量，$\hat{\theta}_i^*$ 表示基于第 i 个 Bootstrap 样本 X_i^* 的统计量。Bootstrap 基本思想和步骤是：

(1)给定样本容量 m 和重抽样次数 B。其中，$m \in \boldsymbol{N}^+$ ，m 可以大于、小于或等于 n；一般取 $B \geqslant 1000$。

(2)从原始样本 X 中抽取样本容量为 m 的样本 $X^* = (x_1^*, x_2^*, \cdots, x_m^*)$ ，此过程允许重复抽样，该样本称为 Bootstrap 样本，计算其统计量 $\hat{\theta}^*$ 。

(3)重复上一步骤 B 次，即得到 B 个 Bootstrap 样本 X_1^*，X_2^*，…，X_B^* 及其统计量 $\hat{\theta}_1^*$，$\hat{\theta}_2^*$，…，$\hat{\theta}_B^*$ ，并利用 $\hat{\theta}_1^*$，$\hat{\theta}_2^*$，…，$\hat{\theta}_B^*$ 对总体的 θ 进行统计推断。

Bootstrap 的置信区间估计常用以下几种方法：

(1)标准差的区间估计(Standard Error，SE)。

由 B 个 Bootstrap 样本统计量 $\hat{\theta}_1^*$，$\hat{\theta}_2^*$，…，$\hat{\theta}_B^*$ 计算均值 $\bar{\theta}^* = \frac{1}{B}\sum_{i=1}^{B}\hat{\theta}_i^*$ 和方差 $Var(\theta^*) = \frac{1}{B-1}\sum_{i=1}^{B}(\hat{\theta}_i^* - \bar{\theta}^*)^2$。当 $\hat{\theta}$ 服从或者近似服从正态分布时，$Var(\theta^*)$ 则为 $Var(X)$ 的估计值。当显著性水平为 α 时，则 θ 的标准差 Bootstrap 置信区间为 $[\hat{\theta} - u_{1-\alpha/2} \cdot Var(\theta^*), \hat{\theta} + u_{1-\alpha/2} \cdot Var(\theta^*)]$ 。其中，$u_{1-\alpha/2}$ 是标准正态分布的 1-α/2 百分位数。

(2)百分位数区间估计(Percentile Bootstrap，PB)。

将 $\hat{\theta}_1^*$，$\hat{\theta}_2^*$，…，$\hat{\theta}_B^*$ 由小到大排序得 $\hat{\theta}_{(1)}^* \leqslant \hat{\theta}_{(2)}^* \leqslant \cdots \leqslant \hat{\theta}_{(B)}^*$ ，将 $\hat{\theta}^*$ 的分布作为 θ 分布的近似。$\hat{\theta}^*$ 的近似分位数 $\hat{\theta}_{\alpha/2}^*$、$\hat{\theta}_{1-\alpha/2}^*$ 使得 $P(\hat{\theta}_{\alpha/2}^* < \hat{\theta}^* < \hat{\theta}_{1-\alpha/2}^*) = 1-\alpha$ ，则近似可得 $P(\hat{\theta}_{\alpha/2}^* < \theta < \hat{\theta}_{1-\alpha/2}^*) = 1-\alpha$ 。令 $n_1 = [B \times (\alpha/2)]$ ，$n_2 = [B \times (1-\alpha/2)]$ ，则 θ 在 $1-\alpha$ 置信水平下的百分位数 Bootstrap 置信区间为 $[\hat{\theta}_{(n_1)}^*, \hat{\theta}_{(n_2)}^*]$ 。

(3) t 百分位数区间估计(Bootstrap-t)。

对每个 Bootstrap 样本 X_i^* 计算 T 统计量，即 $T_i^* = \frac{\hat{\theta}_i^* - \hat{\theta}}{\sqrt{Var(\theta^*)}}$ ，$i = 1 \sim B$ 。将 T_1^*，T_2^*，…，T_B^* 由小到大依次排列得 $T_{(1)}^*$，$T_{(2)}^*$，…，$T_{(B)}^*$。令 $n_1 = [B \times (\alpha/2)]$ ，$n_2 = [B \times (1-\alpha/2)]$ ，当显著性水平为 α 时，则 θ 的 t 百分位数 Bootstrap 置信区间为 $[\hat{\theta} - T_{(n_1)}^* \cdot Var(\theta^*), \hat{\theta} + T_{(n_2)}^* \cdot Var(\theta^*)]$ 。

(4)加速偏差修正区间估计(Bias-Corrected and Accelerated，BCa)。

为了对潜在的偏差进行修正，令 $\hat{\alpha}$ 和 $\hat{z}_0$ 分别表示加速因子和修正偏差。当显著性水平为 α 时，则 θ 的 BCa Bootstrap 置信区间为 $[\hat{\theta}^{*(\alpha_1)}, \hat{\theta}^{*(\alpha_2)}]$ ：

$$\varphi_1 = \Phi\left[\hat{z}_0 + \frac{\hat{z}_0 + z^{(\alpha)}}{1 - \hat{\varphi}(\hat{z}_0 + z^{(\alpha)})}\right] \tag{4-5}$$

$$\varphi_2 = \Phi\left[\hat{z}_0 + \frac{\hat{z}_0 + z^{(1-\alpha)}}{1 - \hat{\varphi}(\hat{z}_0 + z^{(1-\alpha)})}\right] \tag{4-6}$$

式中，$\Phi(\cdot)$ 为标准正态分布的累积分布函数；$z^{(\alpha)}$ 为标准正态分布的第 100α 分位数。

由文献知偏差校正公式如式(4-7)所示：

$$\hat{z}_0 = \Phi^{-1}\left[\frac{\#(\hat{\theta}_i^* < \hat{\theta})}{B}\right], i = 1 \sim B \tag{4-7}$$

式中，$\hat{\theta}_i^*$ 为第 i 个 Bootstrap 样本 X_i^* 对统计量 θ 的估计；$\hat{\theta}$ 为原始样本 X 对统计量 θ 的估计；$\#(\hat{\theta}_i^* < \hat{\theta})$ 为满足 $\hat{\theta}_i^* < \hat{\theta}$ 条件的元素个数。

加速因子 $\hat{\alpha}$ 公式如式(4-8)所示：

$$\hat{\varphi} = \frac{\sum_{i=1}^{M} [\hat{\theta}_{(\cdot)} - \hat{\theta}_{(-i)}]^3}{6\left\{\sum_{i=1}^{M} [\hat{\theta}_{(\cdot)} - \hat{\theta}_{(-i)}]^2\right\}^{\frac{3}{2}}} \tag{4-8}$$

式中，$\Phi^{-1}(\cdot)$ 为 $\Phi(\cdot)$ 的反函数；$X_{(-i)}$ 为原始样本 X 删除第 i 个观测值后的样本数据集；$\hat{\theta}_{(-i)}$ 为基于样本 $X_{(-i)}$ 的预测值。$\hat{\theta}_{(\cdot)} = \frac{1}{M}\sum_{i=1}^{M}\hat{\theta}_{(-i)}$ ，M 为一定的样本数，可取 $M = 10\% \times n$ 。

4.3 行程时间区间预测的构建

造成行程时间预测结果不确定的原因既包括预测本身的波动特性，又包括预测模型的不稳定性。本章的重点是构造置信区间，提供一个可能包含总体参数真实值的范围。行程时间区间预测模型的构建如图 4-3 所示。

步骤 1：建立原始样本。从总体中选择样本数据集 $X = \{x_1, x_2, \cdots, x_n\}$ ，总体应该是一个海量的数据集，至少包含一年甚至更长时间的 24 小时交通数据。根据高速公路收费系统进出站时间记录，可以较为准确地获得起讫点之间的行程时间，因此，选择 2015 年收费系统 24 小时交通数据作为基础数据来源，计算起讫点之间的行程时间。

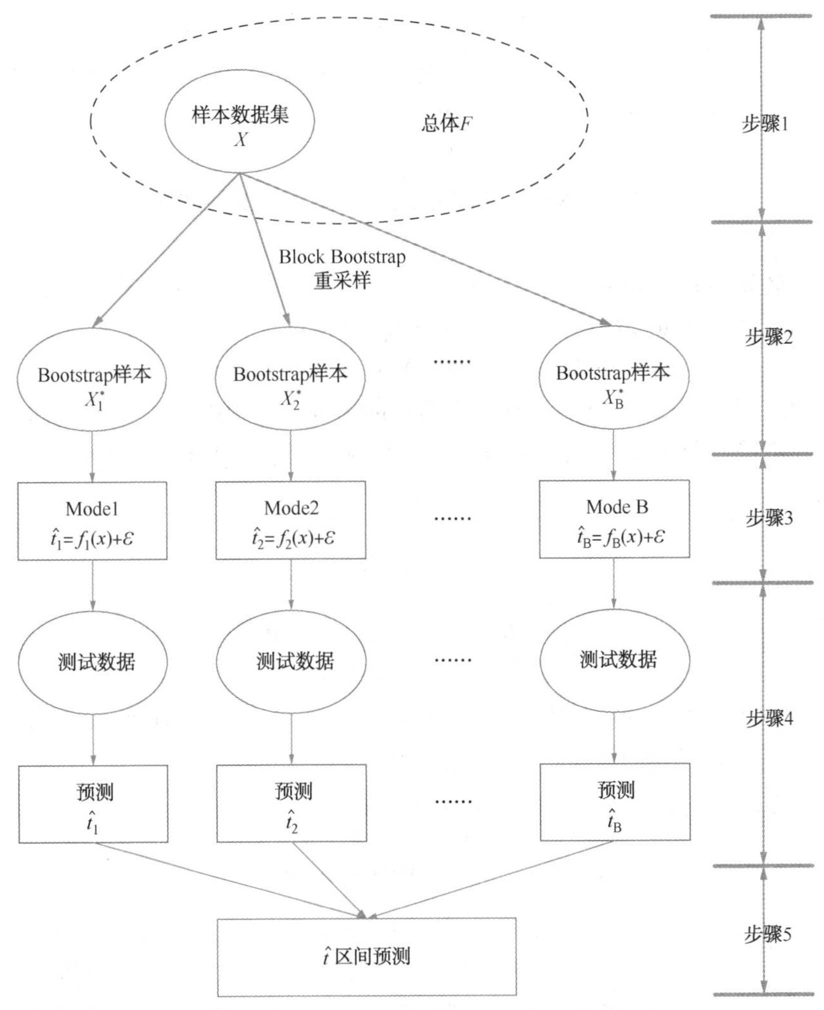

图 4-3　基于 Bootstrap 的行程时间区间预测建模

步骤 2：Bootstrap 重采样。创建行程时间样本数据集的 B 个 Bootstrap 样本 X_1^*，X_2^*，…，X_B^*。

步骤 3：预测模型建模。对每个 Bootstrap 样本 X^* 进行行程时间预测建模 $\hat{t}_i = f_i(x) + \varepsilon$，$i = 1 \sim B$。

步骤 4：计算预测值序列。对于给定的测试数据集 Test Data 中任一测试样本，逐一采用步骤 3 中 B 个预测模型进行预测，得到预测值序列 $\{\hat{\theta}_1^*, \hat{\theta}_2^*, \cdots, \hat{\theta}_B^*\}$。

步骤 5：区间预测。按照 Bootstrap 置信区间估计方法计算 $\{\hat{\theta}_1^*, \hat{\theta}_2^*, \cdots, \hat{\theta}_B^*\}$ 的置信区间，即为行程时间预测区间 $[low(\hat{t}), up(\hat{t})]$。

由上述步骤可以看出，点预测模型和 Bootstrap 置信区间估计方法对行程时间区间预测质量有直接影响，需要进行深入讨论，以寻求较优的区间预测性能。Bootstrap 的置信区间估计常用方法见 4.2 节。

4.4 预测区间的质量评估指标

预测区间(PI)就是在置信水平 $(1-\alpha)\%$ 下对未来值的范围估计区间。通常采用平均预测区间宽度(Mean Prediction Interval Width，MPIW）和范围概率(Prediction Interval Coverage Probability，PICP）衡量预测质量。

预测区间范围概率 PICP 是预测准确性的表征，当 PICP<1-α 时，所建立的预测区间不符合期望要求。PICP 越高，则预测区间包含的真实值越多。PICP 其公式如下：

$$\mathrm{PICP}=\frac{1}{N}\sum_{j=1}^{N}c_j \tag{4-9}$$

$$c_j=\begin{cases}1 & low(\hat{t}_j)\leqslant t_a(j)\leqslant up(\hat{t}_j)\\ 0 & \text{其他}\end{cases} \tag{4-10}$$

式中，N 为测试样本的数量；$t_a(j)$ 为第 j 个测试样本的真实值；$low(\hat{t}_j)$ 和 $up(\hat{t}_j)$ 分别为第 j 个预测区间的下限和上限。

平均预测区间宽度 MPIW 计算公式如下：

$$\mathrm{MPIW}=\frac{1}{N}\sum_{j=1}^{N}\left|low(\hat{t}_j)-up(\hat{t}_j)\right| \tag{4-11}$$

由上述定义可知，预测区间范围概率 PICP 和平均预测区间宽度 MPIW 往往是矛盾的。提高 PICP 意味着 MPIW 增加，然而 MPIW 过宽将导致预测结果无法反映趋势变化信息。在实际应用中，需要综合 PICP 和 MPIW 对预测区间质量进行客观、量化的评估，即在规定的 PICP 置信水平下尽量缩小 MPIW。

从决策人员的角度而言，尽可能高的可信度和尽可能小的区间带宽是区间预测所追求的目标。对此，我们提出综合指标 CWC，计算公式为：

$$\mathrm{CWC}=\mathrm{MPIW}\left[1+\gamma\cdot\mathrm{PICP}\cdot e^{-\eta(\mathrm{PICP}-\mu)}\right] \tag{4-12}$$

$$\gamma=\begin{cases}0, & \mathrm{PICP}\geqslant\mu\\ 1, & \mathrm{PICP}<\mu\end{cases} \tag{4-13}$$

式中，η 和 μ 为常数，一般 μ 与置信水平一致，可取 $\mu=1-\alpha$，其中，η 为惩罚参数，通常取一个较大的值，以便于放大 PICP 与 μ 的区别（$\eta=50$）；指数项 $e^{-\eta(\mathrm{PICP}-\mu)}$ 的作用为当 PICP 小于 μ 时，CWC 会快速增大，即 PI 质量较差，而 γ 的作用是当 PICP≥μ 时，CWC=MPIW，消除指数项。

当覆盖概率满足指定值时，区间宽度越小，CWC 越小；当覆盖概率小于指定值时，覆盖概率和区间宽度综合决定 CWC 的值，且此时覆盖概率对 CWC 的影响较大。可见，CWC 能够综合评价预测区间质量，其值越小越好。

4.5 行程时间预测模型分析与比较

基于数据挖掘的预测方法不需要精确建模，设计相对简单，并且预测精度相对较高，是目前短时交通预测领域的研究热点。基于数据挖掘的行程时间预测方法根据交通系统的历史回归性，通过历史数据进行分析推理对未来交通状态进行预测。目前得到广泛使用的有神经网络模型、支持向量机回归模型以及非参数回归模型，主要优缺点如表 4-1 所示。

表 4-1 常见的短时行程时间预测方法及其特点

模型	优点	缺点
神经网络模型	有较强的容错性和鲁棒性；适合环境复杂，非线性条件	收敛速度慢，易收敛于局部最优值；没有确定隐层节点数的一般方法
支持向量机回归模型	对小样本情况下非线性问题具有很好的拟合效果	参数设置复杂，训练过程复杂且长
非参数回归模型	参数简单，不需要复杂训练	近邻匹配复杂

由于小波分析在非平稳时间序列有较好的应用，结合小波分析和神经网络的小波神经网络也逐渐应用于交通系统的短时预测。非参数回归直接从历史数据中挖掘信息，无须复杂的训练参数，保持了数据变化的随机性和不确定性。

4.5.1 小波神经网络预测模型及其改进算法

小波神经网络或 WNN 是一种将小波变换思想融入人工神经网络理论的新型神经网络，既有小波变换在时频局域分析的优势，又具备神经网络超强的学习能力，在信号处理领域、模式识别领域和故障诊断领域等多个应用中发挥了良好的性能。目前主要有两种结合方式：松散型和紧致型，网络结构如图 4-4 和图 4-5 所示。

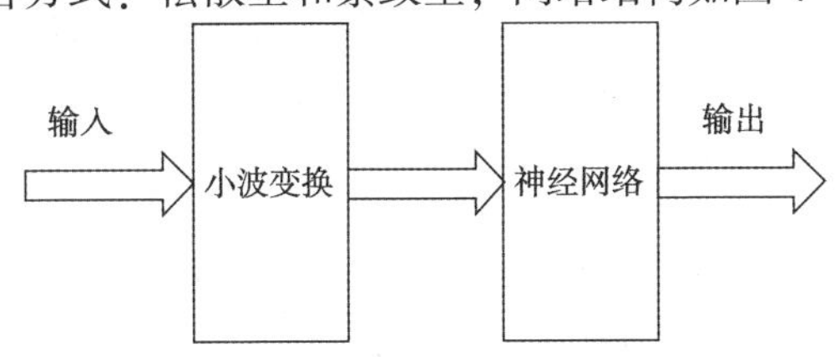

图 4-4 小波神经网络的松散型结构

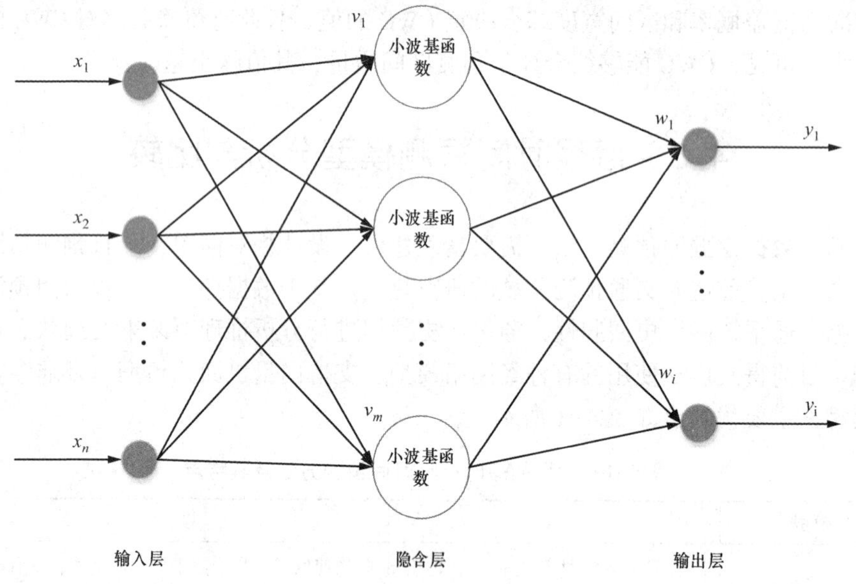

图 4-5　紧致型小波神经网络结构图

紧致型的小波神经网络是以 BP 神经网络为拓扑结构原型，用小波基函数来代替隐含层中神经元的传统传递函数，是目前小波神经网络的主要研究方向。

图 4-5 中，x_1，x_2，…，x_p 为输入参数；y_1，y_2，…，y_l 为小波神经网络的预测输出；v_j 为输入层与隐藏层之间的连接权值；$j = 1$，2，…，q，且 q 为隐含层节点数。令 $h(j)$ 为隐含层第 j 个节点输出，数学表达式见式(4-14)：

$$h(j) = h_j \left[\frac{\sum_{i=1}^{p} v_j x_i - b_j}{a_j} \right] \tag{4-14}$$

式中，h_j 为小波基函数；a_j 和 b_j 分别为小波基函数的伸缩因子及平移因子。

通常采用 Morlet 小波函数作为母小波基函数，即 $y = \cos(1.75x)\mathrm{e}^{-\frac{x^2}{2}}$。

假设 $O(k)$ 为输出层第 k 个节点，w_k 为隐含层和输出层之间的网络权值，其中，$k = 1$，2，…，l，且 l 为输出层节点数。则输出层的计算公式如式(4-15)所示：

$$O(k) = \sum_{j=1}^{l} w_k h(j) \tag{4-15}$$

小波神经网络训练过程如下：

(1)确定小波神经网络结构：根据 Kolmogorov 定理，采用 3 层小波神经网络结构，即含1个隐含层。确定小波神经网络的拓扑结构参数：输入层节点、输出层节点、隐含层节点数。

(2)小波网络初始化：随机初始化 a_j 、b_j 、v_j 和 w_k 。设置小波神经网络的学习速率与预测精度。

(3)预测输出：把训练样本集输入网络，计算网络预测输出并计算网络预测输出和期望输出的误差 e_t 。则 m 个样本的预测误差计算公式如式(4-16)所示：

$$e_t = \sum_{k=1}^{m} f_n(k) - f(k) \tag{4-16}$$

式中，$f_n(k)$ 为期望输出；$f(k)$ 为网络预测输出。

(4)权值修正：根据训练误差 e_t 修正网络中的权值和参数，使预测输出和期望输出的误差控制在指定范围内：

$$\begin{cases} w_{nk}^{i+1} = w_{nk}^{i} - \eta_1 \dfrac{\partial e_t}{\partial w_{nk}^{i}} \\ a_k^{i+1} = a_k^{i} - \eta_2 \dfrac{\partial e_t}{\partial a_k^{i}} \\ b_k^{i+1} = b_k^{i} - \eta_2 \dfrac{\partial e_t}{\partial b_k^{i}} \end{cases} \tag{4-17}$$

式中，η_1 和 η_2 分别为网络权值参数和小波参数的学习速率，可取 $\eta_1 = 0.01$，$\eta_2 = 0.001$。训练次数设置为1000。

(5)误差分析：如果训练次数大于1000或者 e_t 满足预测精度要求时，结束训练返回预测结果，否则返回步骤(3)继续学习和训练。

小波神经网络模型虽然能够处理非线性复杂系统，但是存在易陷入局部极小或者引起振荡效应的缺陷，因此，预测效果可能存在随机波动。将遗传算法(Genetic Algorithm，GA)应用于小波神经网络初始参数选取，能够避免神经网络训练陷入局部最优，可以加快收敛速度，提高学习成效。遗传算法通过对小波基函数的伸缩因子 a_j 和平移因子 b_j 、小波神经网络连接权值 v_j 和 w_k 进行优化，优化后的流程图如图4-6所示。

其中，遗传算法的基本步骤包括群体初始化、目标适应度函数、选择操作、交叉操作以及变异操作。具体实施步骤如下：

(1)选择编码方式。

设初始种群规模为 N，对种群规模 N，网络连接权值 v_j 和 w_k 、伸缩因子 a_j 和平移因子 b_j 进行初始化编码。采用实数进行编码，令 P_c 和 P_m 分别表示交叉概率和突变概率，选取解码时的基因值为相应的网络参数。P_c 的取值决定群体的多样性，P_m 的取值决定群体产生新个体的速度。一般取 $N=50$。

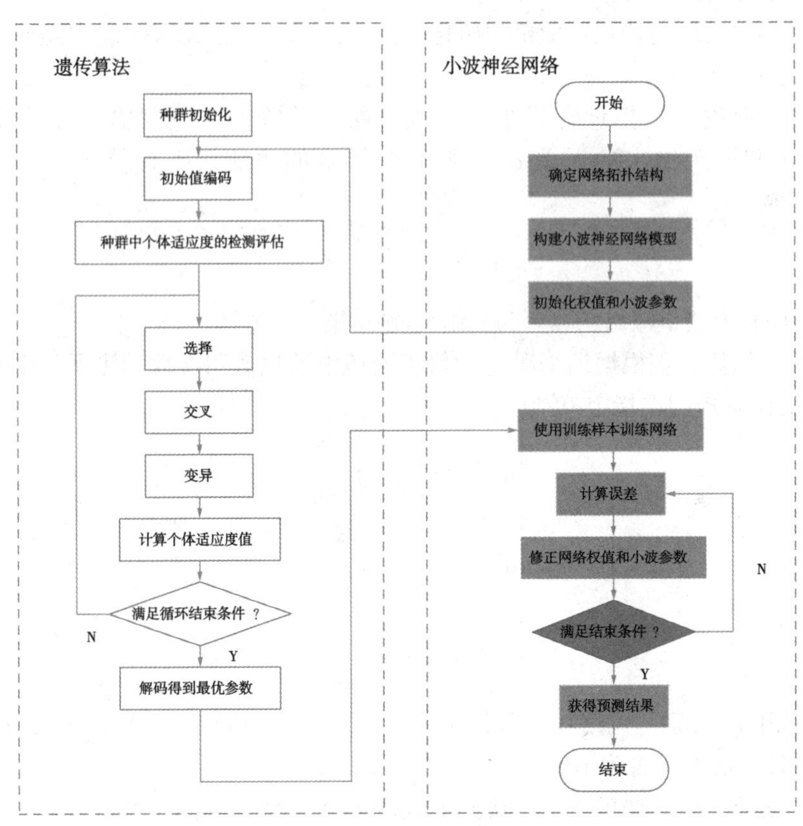

图 4-6　小波神经网络预测模型基本流程图

(2)适应度函数。

适应度函数，或者称为评价函数，用来反映群体中个体优劣程度。令适应度函数为模型的期望输出和实际输出误差的绝对值之和，数学表达式见式(4-18)：

$$\text{Fitness}(i)=\frac{1}{\sum |y(i)-o(i)|^2} \tag{4-18}$$

式中，$y(i)$ 为第 i 个节点的理论输出；$o(i)$ 为第 i 个节点的实际输出。

(3)选择操作。

遗传算法中一般采用轮盘赌选择法，即适应度值越大，其被选择到的可能性也越大，适应度值越小，反之亦然。其种群个体的选择概率如式(4-19)所示：

$$P_s = \frac{\text{Fitness}(i)}{\sum_{i=1}^{N} \text{Fitness}(i)} \tag{4-19}$$

式中，P_s 为个体的选择概率；N 为整个种群的大小；Fitness(i) 为种群个体 i 的适应度值。

(4)交叉操作。

在交叉操作过程中，采用自适应调整规则获得交叉概率，见式(4-20)：

$$P_c = \begin{cases} \beta_1 \dfrac{f_{max} - f}{f_{max} - f_{avg}} & f \geqslant f_{avg} \\ \beta_2 & f < f_{avg} \end{cases} \tag{4-20}$$

式中，f 为交叉个体中适应度较大的值；f_{max} 和 f_{avg} 分别为群体中个体适应度的最大值和平均值；β_1 和 β_2 为交叉概率的调整系数，建议可取 0.5 和 0.8。

(5)变异操作。

在变异操作过程中，变异概率的自适应调整规如式(4-21)所示：

$$P_m = \begin{cases} \lambda_1 \dfrac{f_{max} - f}{f_{max} - f_{avg}} & f \geqslant f_{avg} \\ \lambda_2 & f < f_{avg} \end{cases} \tag{4-21}$$

式中，f 为变异个体的适应度；λ_1 和 λ_2 为变异概率的调整系数，分别取 0.05 和 0.1。

以突变概率 P_m 将变异操作得到的新个体引入种群，并计算其适应函数。如果达到适应度精度要求或者最大迭代次数，则停止迭代，返回结果；否则继续优化过程，直到满足条件。迭代返回的群体最优个体解码也就是小波神经网络优化的参数：连接权值和伸缩平移因子。通过小波神经网络对样本进行训练，最终获得优化模型。

4.5.2 *K* 最近邻预测模型及其局部改进

K 最近邻算法是一种对历史数据集学习的非参数预测方法，具有建模简单、运算高效的特点。*K* 最近邻算法设定历史数据中蕴涵了各种因素的相互联系，能够从历史数据直接获得信息，而不需要建立某个近似模型。*K* 最近邻算法通过搜索历史数据库中与预测值的特征向量最相似的 *K* 个记录来进行预测。

K 最近邻算法包括构建历史数据集、选择特征向量、标定 *K* 值、距离测量、局部加权估计 5 个步骤：

步骤 1：构建历史数据库。

步骤 2：定义描述数据状态特征的状态向量。

步骤 3：选择衡量状态向量之间相似程度的距离度量准则。

步骤 4：在历史数据库中搜索当前特征向量的 K 个近邻。

步骤 5：根据步骤四中选取的 K 个近邻计算预测结果。

本章对以上 5 个步骤进行算法局部改进，最终形成一个完整的改进模型作为 KNN 非参数回归预测算法。

1) 构建历史数据集

完备的历史数据库能够表征系统的各种状态，有利于获得最合理的近邻。同时，历史数据库的创建方式将会影响近邻匹配过程的查询效率。

在高速公路短时行程时间预测过程中，根据空间维度、时间维度和车型维度对历史数据集进行分类。选择分析时段为 7：00~00：00(次日)，考虑工作日与节假日，以 15min 为间隔，将历史数据集分为 2×17×4×6=816 组。

2) 选择特征向量

特征向量是数据特征的表现。在进行搜索近邻时，需要通过这些特征来匹配历史数据，直接关系到预测精度。特征向量的选取尚未有统一的标准。影响行程时间的因素众多，不同因素之间可能相互关联，影响权重也不尽相同。将尽可能多的特征因素考虑到特征向量中，有可能提高预测的精度，但是臃肿的特征向量导致较长的运算时间。为了避免选取特征向量的主观性，同时考虑到算法的时间复杂度，选择主成分分析法来确定特征向量。

步骤 1：数据标准化。

对历史数据样本进行统计量描述，包括三均值、均值、方差、标准差、中位数、众数、变异系数、偏度系数、峰度系数、分位数(10%、25%、75%和 90%)等 13 个特征。其中三均值为 25%、50% 和 75%分位数的加权和，权值分别为 0. 25、0. 5 和 0. 25。

创建历史数据矩阵，见式(4-22)：

$$\boldsymbol{X}_{nm} = [\boldsymbol{X}_1, \boldsymbol{X}_2, \cdots, \boldsymbol{X}_m] = \begin{bmatrix} x_{1,1} & x_{1,2} & \cdots & x_{1,m-1} & x_{1,m} \\ x_{2,1} & x_{2,2} & \cdots & x_{2,m-1} & x_{2,m} \\ \vdots & \vdots & \ddots & \vdots & \vdots \\ x_{n-1,1} & x_{n-1,2} & \cdots & x_{n-1,m-1} & x_{n-1,m} \\ x_{n,1} & x_{n,2} & \cdots & x_{n,m-1} & x_{n,m} \end{bmatrix} \tag{4-22}$$

对数据进行标准化，以消除各个数据特征之间在量纲和数量级上的差别。

标准化矩阵为 $\boldsymbol{Z}_{nm}$，标准化过程如式(4-23)所示：

$$z_{ij} = \frac{x_{ij} - \bar{x}_j}{s_j}, i = 1 \sim n, j = 1 \sim m \tag{4-23}$$

式中，$\bar{x}_j = \frac{1}{n}\sum_{i=1}^{n} x_{ij}$；$s_j = \frac{1}{n-1}\sum_{i=1}^{n} (x_{ij} - \bar{x}_j)^2$。

步骤 2：确定相关系数矩阵。

令 r_{jq} 表示特征 j 和特征 q 的相关系数，$j, q \in [1, m]$，得到相关系数矩阵 R_{mm}。r_{jq} 的计算公式如式(4-24)所示：

$$r_{jq} = \frac{1}{n-1}\sum_{i=1}^{n}\left[\frac{(x_{ij} - \bar{x}_j)^2}{s_j}\right]\left[\frac{(x_{iq} - \bar{x}_q)^2}{s_q}\right] \tag{4-24}$$

r_{jq} 越大，特征 j 和特征 q 之间的相关关系密切程度越大，需要消除两者带来的重叠影响。

步骤 3：确定相关系数矩阵的特征向量。

根据相关系数矩阵 $\boldsymbol{R}_{mm}$ 和特征方程公式 $|R - \lambda E| = 0$，采用雅可比法求出 m 个特征向量 $L_g(g = 1, 2, \cdots, m)$ 和对应的 m 个特征值 $\lambda_1 \geqslant \lambda_2 \geqslant \cdots \geqslant \lambda_m \geqslant 0$。因为 $\boldsymbol{R}_{mm}$ 是正定矩阵，所以特征值都为正数。

F_g 表示第 g 个主成分，$g = 1, 2, \cdots, m$，则：

$$F_g = L_g Z_1 + L_g Z_2 + \cdots + L_g Z_m \tag{4-25}$$

步骤四：确定主成分数量和影响因子。

特征值用于表征各个主成分的影响程度。令 w_g 为主成分 F_g 的贡献率，则有：

$$w_g = \frac{\lambda_g}{\sum_{i=1}^{m} \lambda_i} \tag{4-26}$$

计算累计贡献率，如式(4-27)所示：

$$W_g = \frac{\sum_{i=1}^{g} \lambda_i}{\sum_{i=1}^{m} \lambda_i} \tag{4-27}$$

通常，选取特征值大于 1，累计贡献率达到 90%以上的特征值 $\lambda_1, \lambda_2, \cdots, \lambda_p$ 所对应的第 1，2，…，p 个主成分，$p \leqslant m$。

各主成分贡献率与累计贡献率见表 4-2。从图 4-7 可以看出，前 3 个变量的累计贡献率到达了 96%。因此，可以选取前 3 个主成分作为特征向量的最终因素。

此外，行程时间具有时间序列自相关性，通常将当前时段的特征参数与前几期进行相关性分析，选择相关系数较高的前几期特征参数作为当前时段行程时间的特征向量。将当前时期特征向量与其前 10 期的特征向量进行相关性分析，如

图 4-8 所示。由图 4-8 可知，当期时段行程时间特征值与前 3 期行程时间的相关系数较高，故选择前 3 期行程时间特征值作为特征向量。

表 4-2　各主成分贡献率与累计贡献率

序号	主成分	贡献率	累计贡献率
F1	三均值	0. 6233	0. 6233
F2	均值	0. 2097	0. 8329
F3	标准差	0. 1296	0. 9626
F4	方差	0. 0265	0. 9891
F5	中位数	0. 0056	0. 9947
F6	众数	0. 0017	0. 9964
F7	变异系数	0. 0014	0. 9979
F8	偏度系数	0. 0010	0. 9989
F9	峰度系数	0. 0005	0. 9994
F10	10%分位数	0. 0004	0. 9998
F11	25%分位数	0. 0001	1. 0000
F12	75%分位数	0. 0000	1. 0000
F13	90%分位数	0. 0000	1. 0000

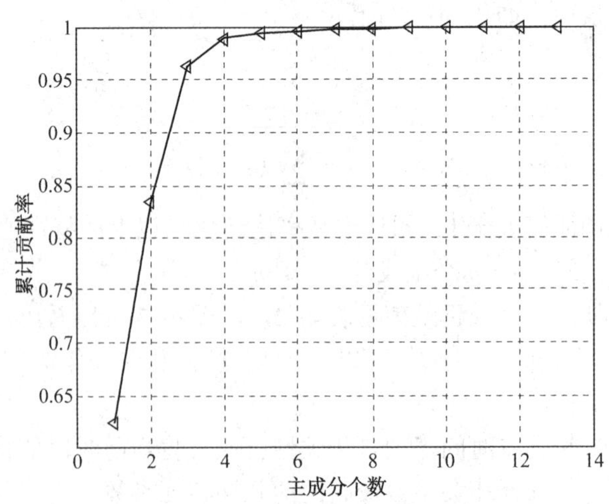

图 4-7　主成分个数对应的累计贡献率

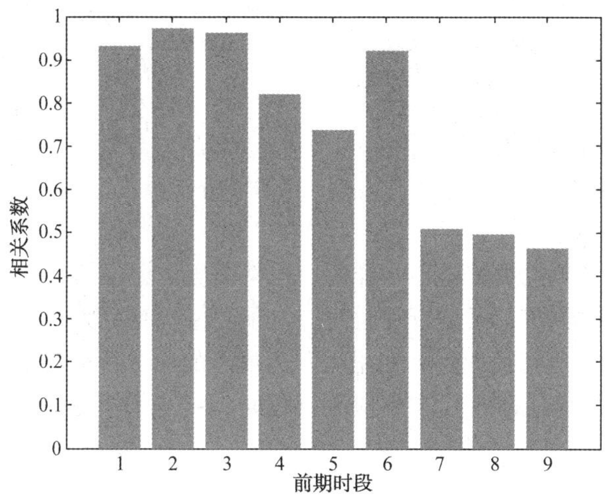

图 4-8　当前时期与前期时段的相关性分析

3)标定 K 值

K 作为唯一参数，其取值直接影响模型预测结果。采用恒定 K 值可能会造成误判，加大预测误差。采用交叉验证法确定各历史数据集中的预测效果最好的 K 值。具体步骤如下：

假设 K 的最小值与最大值分别为 K_{min} 和 K_{max} 。将各历史数据集分别随机平均分为 E 份，各份数据集为 D_1，D_2，…，D_E 。依次将 $D_e(e=1, 2, \cdots, E)$ 作为测试数据集，其他的 $E-1$ 份数据集合并为新历史数据集。

令 $K=K_0, K_0 \in [K_{min}, K_{max}]$ ，计算测试数据集的平均绝对误差百分比，如式(4-28)所示：

$$M_{(K_0, D_e)}=\frac{1}{n_e}\sum_{i=1}^{n_e}\left|\frac{A_i-P_i}{A_i}\right|\times 100\% \tag{4-28}$$

式中，n_e 为测试数据集 D_e 的样本数量；A_i 为测试数据集 D_e 第 i 个样本的真实值；P_i 为 $K=K_0$ 时测试数据集 D_e 第 i 个样本运用 KNN 算法的预测值。

计算不同 K 值的误差均值 $\bar{M}_{(K_0)}$ ，如式(4-29)所示：

$$\bar{M}_{(K_0)}=\frac{1}{E}\sum_{e=1}^{E}M_{(K_0, D_e)} \tag{4-29}$$

当 $\bar{M}_{(K_0)}$ 取得最小值时，所对应的 K_0 即该数据集的最优 K 值。

4)距离测量

距离度量的表示法有很多种，采用欧几里得距离来表征两个特征向量之间的相似程度。计算预测时刻特征向量与各历史记录特征向量之间的欧几里得距离，如式(4-30)所示：

$$d = \sqrt{\sum_{f=1}^{F} \vartheta_f \cdot (F_{P,f} - F_{A,f})^2} \tag{4-30}$$

式中，F 为特征向量个数，$f \in [1, F]$；$F_{P,f}$ 和 $F_{A,f}$ 分别为预测时刻和历史记录的特征向量第 f 个属性；ϑ_f 为第 f 个属性的主成分贡献率。

5)加权预测算法

不同近邻对预测的贡献是不一样的，当某个历史记录的特征向量与预测值的特征向量更接近时，该记录的行程时间应对预测值具有更大的影响。在历史数据集中寻找 K 个与预测特征向量欧几里得距离最近的历史特征向量，并将所对应的 K 个历史值通过加权估计的方法来预测行程时间 t_p，计算公式如式(4-31)和式(4-32)所示：

$$t_p = \sum_{k=1}^{K_0} \tau_k t_a(k) \tag{4-31}$$

$$\tau_k = \frac{\exp(-d_k)}{\sum_{j=1}^{K_0} \exp(-d_j)} \tag{4-32}$$

式中，K_0 为交叉验证法确定的最优 K 值；$t_a(k)$ 为第 k 个近邻的实际行程时间，$k = 1, 2, \cdots, K$；τ_k 为第 k 个近邻的权重；d_k 为预测值的特征向量与第 k 个近邻的特征向量之间的距离。

4.5.3 预测模型精度比较

采用 2015 年某热点 OD 工作日 07：45～14：00 作为历史数据集，分析间隔为 15min，每个时段随机选取 50 组样本作为测试数据集，其余作为训练数据集。通过 KNN、WNN 和 GAWNN 三种模型进行各个时段的行程时间预测，选取平均绝对误差和平均相对误差作为预测误差衡量指标，比较每个时段测试数据集的预测误差大小。

平均绝对误差 E_{MAE} 和平均相对误差 E_{MAPE} 计算公式如式(4-33)和式(4-34)所示：

$$E_{MAE} = \frac{1}{N} \sum_{i=1}^{N} |t_p(i) - t_a(i)| \tag{4-33}$$

$$E_{MAPE} = \frac{1}{N} \sum_{i=1}^{N} \left| \frac{t_p(i) - t_a(i)}{t_a(i)} \right| \times 100\% \tag{4-34}$$

式中，N 为样本数量；$t_p(i)$ 为第 i 个样本的预测值；$t_a(i)$ 为第 i 个样本的实际值，$i = 1, 2, \cdots, 50$。

3 种模型使用相同的训练数据集、测试数据集和输入参数。输入参数为预测时段前三期的三均值、均值和标准差，以训练数据集当前时段的三均值为样本实际值。预测误差指标计算结果见表 4-3，不同时段指标比较如图 4-9 和图 4-10 所示。

表 4-3　3 种预测模型的预测误差指标

指标		E_{MAE}/(s/km)			E_{MAPE}/%		
序号	时段	KNN	WNN	GAWNN	KNN	WNN	GAWNN
1	07：45~08：00	1. 8187	3. 8923	1. 9076	4. 4521	9. 4919	4. 8317
2	08：00~08：15	1. 2078	1. 3301	1. 3719	3. 0936	3. 3864	3. 5268
3	08：15~08：30	1. 3583	1. 2482	1. 8420	3. 4759	3. 1959	4. 8022
4	08：30~08：45	1. 1563	1. 4274	2. 5040	3. 0071	3. 7458	6. 6490
5	08：45~09：00	0. 9942	1. 0782	1. 4573	2. 5905	2. 8138	3. 7715
6	09：00~09：15	1. 1774	2. 1168	1. 1765	3. 0143	5. 4388	3. 0394
7	09：15~09：30	1. 0185	1. 2807	1. 2671	2. 5612	3. 1875	3. 1335
8	09：30~09：45	1. 3033	1. 3139	2. 0389	2. 9904	3. 0296	4. 8800
9	09：45~10：00	1. 5645	1. 3396	6. 2058	3. 6046	3. 0408	15. 1471
10	10：00~10：15	1. 6804	1. 5939	5. 7351	3. 8431	3. 6786	13. 9166
11	10：15~10：30	2. 0796	2. 0401	2. 2549	4. 7939	4. 7465	5. 0228
12	10：30~10：45	2. 5091	2. 7750	2. 4349	5. 7256	6. 2323	5. 5133
13	10：45~11：00	3. 0037	33. 9941	3. 0309	6. 6416	79. 4472	6. 9557
14	11：00~11：15	5. 4279	5. 6112	4. 8771	12. 0821	13. 0379	11. 0966
15	11：15~11：30	5. 0572	7. 7141	5. 6156	11. 6951	17. 8161	12. 8372
16	11：30~11：45	5. 8963	7. 2389	8. 0238	10. 0013	12. 6895	14. 8460
17	11：45~12：00	6. 5591	47. 3071	6. 8671	12. 7671	109. 3470	13. 0468
18	12：00~12：15	5. 6627	9. 2024	7. 9694	10. 3792	18. 2091	14. 1486
19	12：15~12：30	5. 2538	22. 3426	7. 4700	12. 0060	51. 0883	16. 4708
20	12：30~12：45	3. 9846	33. 4393	8. 0329	5. 4591	76. 1455	14. 9506
21	12：45~13：00	2. 3796	7. 0307	8. 2860	5. 2447	12. 0296	15. 1662
22	13：00~13：15	2. 2439	3. 3876	5. 3593	5. 4880	8. 3268	13. 3414
23	13：15~13：30	2. 0292	5. 0819	5. 3978	4. 9842	12. 2215	13. 4987
24	13：30~13：45	1. 9678	1. 9932	3. 7518	4. 0744	4. 5959	8. 5932
25	13：45~14：00	2. 1148	6. 2975	1. 6291	5. 1243	15. 7723	3. 9329
合计		69. 4488	212. 0770	106. 5068	149. 0995	482. 7145	233. 1185
均值		2. 7780	8. 4831	4. 2603	5. 9640	19. 3086	9. 3247

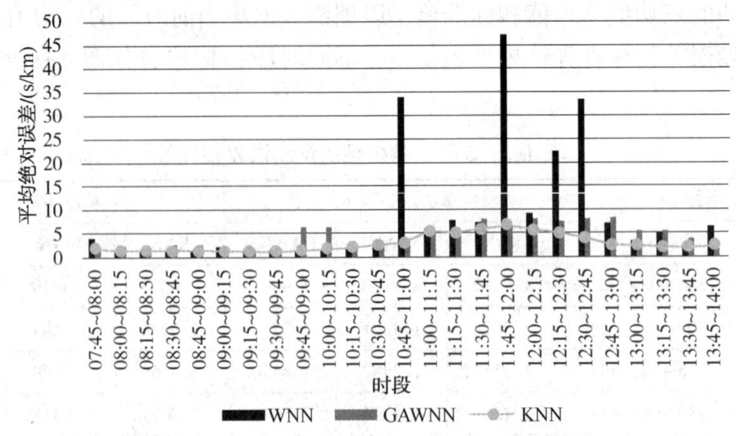

图 4-9　预测模型不同时段平均绝对误差比较

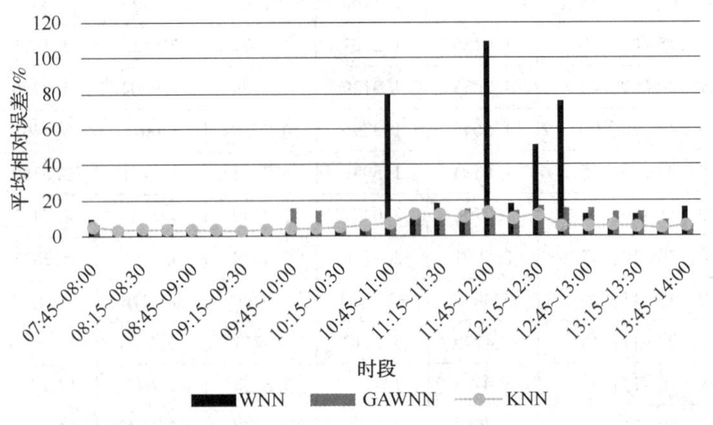

图 4-10　预测模型不同时段平均相对误差比较

由图 4-9 和图 4-10 可知，改进后的 GAWNN 相较于 WNN，在预测误差方面有较大的提升，并且在不同时段的预测误差波动性不大。结果表明，遗传算法能够改进小波神经网络局部最优的缺陷。KNN 和 WNN 在预测精度均能够有较好的效果，E_{MAE}都小于 5s/km，能够满足实际出行决策的误差要求。同时，KNN 的预测精度在三种模型中最佳，具有最小的 E_{MAE}和 E_{MAPE}，并且不论是高峰还是平峰，均能保持较小的变化。可见，KNN 是一种用于高速公路短时行程时间预测的有效方法。

4.6　案例分析

以陕西省 2015 年收费数据为原始数据，15min 为间隔，将工作日 8：00～

12：00的历史数据集进行数据预处理。将其分为训练样本数据集(Train Data)和测试样本数据集(Test Data)。通过训练样本数据集建立预测区间模型，再用测试样本数据集进行模型测试。Bootstrap 过程中涉及了 Bootstrap 样本容量 m 和抽样次数 B 两种参数，一般取 $B=1000$，$m=n$。

4.6.1 不同 Bootstrap 策略的区间预测性能指标分析

为了衡量不同 Bootstrap 策略的区间预测性能，采用相同的测试样本，通过 Bootstrap-KNN 作为预测模型，计算 4 种 Bootstrap 方法的范围概率 PICP、区间宽度 MPIW 和综合指标 CWC，进行高速公路行程时间区间预测模型的性能对比。计算各时段样本的区间预测性能指标的均值，结果如表 4-4 所示。结果表明，在相同的置信水平 95%下，BCa 方法的 MPIW 最小，百分位数区间估计(Percentile Bootstrap，PB)的 PICP 最高，PB 方法的 CWC 最小，即 PB 优于其他的 Bootstrap 方法，估计的行程时间置信区间更为可靠。

表 4-4　不同 Bootstrap 方法的区间预测性能指标均值

指标均值	SE	PB	B-t	BCa
PICP	0.4344	0.5296	0.4160	0.2832
MPIW	62.8840	4.7387	48.5067	2.8699
CWC	7.95×10^{14}	3.97×10^{12}	1.82×10^{15}	1.00×10^{17}

4.6.2 Bootstrap 策略后预测模型误差分析

为了衡量区间预测的有效性，采用相同的测试样本，对比单一预测模型和采用 Bootstrap 策略后预测模型的精度，Bootstrap-KNN 的预测值由预测区间均值作为行程时间的估计。计算两种模型预测值与实际值的平均误差平方和 MSE/n，结果如表 4-5、图 4-11 所示。

表 4-5　各时段不同 Bootstrap 方法的 MSE/n 值比较

序号	时段	KNN	Bootstrap-KNN			
			SE	PB	B-t	BCa
1	07：45~08：00	1.8618	1.3249	1.3411	1.3289	1.726
2	08：00~08：15	2.2419	1.831	1.778	1.7993	2.1375
3	08：15~08：30	2.0324	1.8554	1.8352	1.824	2.0337
4	08：30~08：45	0.9637	1.024	1.0912	1.0552	1.2472
5	08：45~09：00	1.2921	1.156	1.0542	1.0804	1.2601
6	09：00~09：15	1.0559	0.9399	0.919	0.9254	1.1689
7	09：15~09：30	0.8751	0.7602	0.7694	0.7577	0.8403

续表

序号	时段	KNN	Bootstrap-KNN			
			SE	PB	B-t	BCa
8	09：30~09：45	1. 3922	1. 2803	1. 3057	1. 2845	1. 4298
9	09：45~10：00	2. 1759	1. 971	1. 866	1. 9294	1. 8753
10	10：00~10：15	1. 8375	1. 7775	1. 8147	1. 794	1. 8042
11	10：15~10：30	3. 376	3. 0172	2. 9922	2. 9947	3. 391
12	10：30~10：45	11. 4235	10. 1319	8. 8948	8. 0831	10. 43
13	10：45~11：00	3. 7748	4. 3642	17. 1204	530. 0064	12. 3134
14	11：00~11：15	13. 7095	14. 5448	38. 4951	1217. 1063	32. 1258
15	11：15~11：30	32. 7809	34. 5621	103. 8353	31632. 3261	101. 1854
16	11：30~11：45	188. 8543	181. 2751	198. 908	18396. 4024	162. 5396
17	11：45~12：00	171. 0348	162. 6458	193. 1418	12115. 8178	199. 2476
18	12：00~12：15	927. 5338	513. 3501	388. 3601	179519. 8715	595. 2155
19	12：15~12：30	19. 5766	20. 3217	182. 6228	62773. 1145	86. 8733
20	12：30~12：45	409. 7517	389. 8338	397. 664	410. 2844	388. 1158
21	12：45~13：00	519. 8794	512. 9767	535. 7456	679. 0277	518. 0779
22	13：00~13：15	2. 3434	2. 3201	2. 9952	3. 1566	3. 0712
23	13：15~13：30	4. 3867	4. 1818	4. 2745	4. 5479	6. 7025
24	13：30~13：45	50. 0142	55. 1622	59. 3226	71. 2759	57. 7388
25	13：45~14：00	1. 2836	1. 1725	1. 1504	1. 1145	1. 3933
均值		95. 0181	76. 9512	85. 9719	12295. 1563	87. 7578

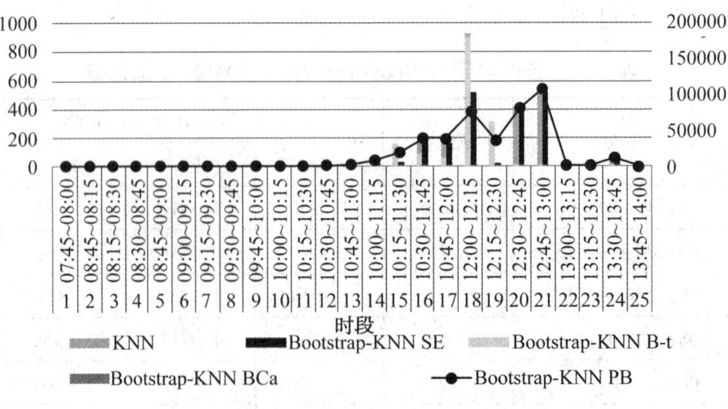

图 4-11　各时段不同预测方法的平均误差平方和

由表 4-5 和图 4-11 可得，采用 Percentile Bootstrap-KNN 区间预测模型预测误差均值最小，且与单一的 KNN 相比能够降低预测误差。

4.6.3 基于 Percentile Bootstrap-KNN 的行程时间区间预测

选取其中某一时段，采用 Percentile Bootstrap-KNN 模型进行行程时间的区间预测，结果如图 4-12 所示。

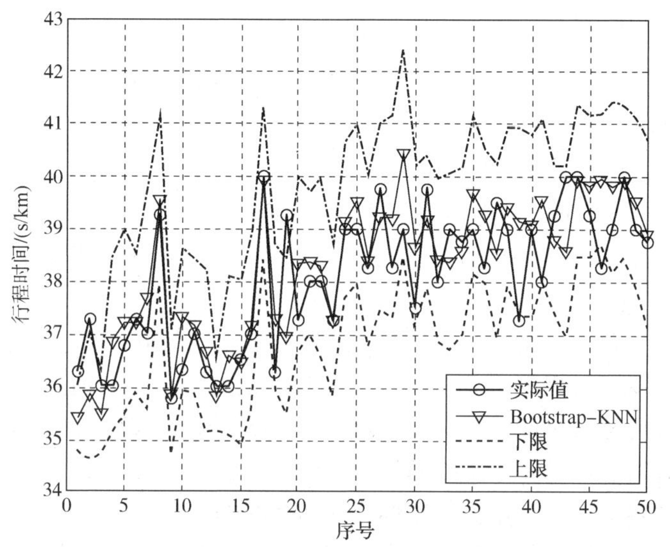

图 4-12　基于 Percentile Bootstrap-KNN 的行程时间区间预测

由图 4-12 可知，基于 Percentile Bootstrap-KNN 的行程时间区间预测模型能够对行程时间趋势进行有效的跟踪和预测，保持与实际值相同的变化趋势。在行程时间剧烈变化的情况下，预测区间明显变宽，说明此时预测值的可信度相较于平稳时期较低。

5 高速公路交通运行状态估计方法

交通运行状态是决策过程实践者的一个重要实用指标，容易被道路使用者理解并帮助他们选择路线快速到达目的地。现有的研究基于交通流密度的衍生参数，通过绝对标准或者模糊聚类反映高速公路交通运行状态。传统的交通运行状态估计尚未考虑波动性因素。随着可靠性已成为现代的一个重要概念，交通运行状态已经延伸至交通运行水平和交通运行稳定性两个方面的内涵。

高速公路包含基本路段、匝道及其交织区等组成部分，一次完整的高速公路交通行程必然要经过这些特定的设施，并且可能经过隧道、桥梁等特殊构造物，车道数或设计时速有可能不是保持恒定的。传统的交通状态识别是建立在特定的车道数、设计时速等道路因素的基础上。受断面检测设备数量和精度的限制，基于当前方法很难描述一次出行的整体交通运行状态。同时，在现有的相关研究成果对交通状态等级中，绝对标准受到道路、交通、天气等各种因素影响，适应性存在一定缺陷，模糊聚类估计结果存在可比性差的缺陷。

本章主要目标是将可靠性因素纳入交通运行状态估计之中，替代交通流密度及其衍生参数，根据基于行程时间的可靠性指标作为高速公路交通运行状态估计方法，以供道路使用者和运营管理者使用；结合高速公路交通状态等级划分标准获得交通运行状态可靠性指标，并对特征参数贡献度和样本容量的差异改进模糊聚类方法，描述道路使用者在交通出行的服务质量。

5.1 高速公路交通运行状态评价的构成要素

1)评价目标

从运营管理者的角度，充分利用运行评价指标体系形成业务监管闭环，以提升高速公路运行管理水平。从社会公众的角度，利用交通运行评价指标辅助出行决策。

2)评价对象

在一定时间范围内高速公路交通运行水平和交通运行稳定性。

3)评价尺度

包括车型尺度、时间尺度以及空间尺度。车型尺度的划分确保评价结果具有针对性和准确性；通过不同时间尺度的比较，获得不同时段的交通运行状态，辅助出行时间决策；通过不同空间尺度的比较，获得不同路径的交通运行状态，辅助出行路径决策。

4)评价标准

评价标准用于判断评价对象质量的好坏。为了确保估计结果的一致性和可比性，根据《公路网运行监测与服务暂行技术要求》将高速公路交通运行状态分为5类，依次是“畅通”“基本畅通”“轻度拥堵”“中度拥堵”“严重拥堵”。

5)评价指标

在结合“可靠度”和“交通运行状态”概念的基础上，提出交通运行状态可靠性指标——“畅通可靠度”“基本畅通可靠度”“轻度拥堵可靠度”和“中度拥堵可靠度”，对交通流状态动态可靠程度的描述。

“畅通可靠度”：在一定的时间和区域内，道路交通状态能达到畅通状态的概率，即车辆行驶速度大于等于相应阈值的概率。

“基本畅通可靠度”：在一定的时间和区域内，道路交通状态能达到基本畅通状态的概率。

“轻度拥堵可靠度”：在一定的时间和区域内，道路交通状态能达到畅通状态、基本畅通状态或轻度拥堵状态的概率。

“中度拥堵可靠度”：在一定的时间和区域内，道路交通状态能达到畅通状态、基本畅通状态、轻度拥堵状态或中度拥堵状态的概率。

为了保证结果的一致性和可比性，针对不同设计时段的道路，根据表1-4中不同交通运行状态的速度阈值，确定交通运行状态可靠性指标计算中单位距离的行程时间阈值，如表5-1所示。

表5-1　不同设计速度的交通运行状态可靠性指标的阈值

交通运行状态	设计速度					
	120km/h		100km/h		80km/h	
	速度	阈值/(s/km)	速度	阈值/(s/km)	速度	阈值/(s/km)
畅通可靠度	90	40	80	45	60	60
基本畅通可靠度	70	52	60	60	50	72
轻度拥堵可靠度	50	72	40	90	35	120
中度拥堵可靠度	30	120	20	180	20	144

5.2 模糊 C 均值聚类(FCM)算法原理及其改进策略

5.2.1 模糊聚类方法的研究基础

聚类分析是将样本进行分类的过程，其中要求相同类别的样本保证高相似性，而不同类别的样本之间保证低相似性。传统的聚类分析算法严格按照划分标准对对象进行分类，如系统聚类法、K 均值聚类法等，是一种类别界限分明的硬划分，划分结果非此即彼。然而在现实问题中，这种硬划分标准存在一定的不合理性，实际上大多数对象之间没有明确的界限或者严格的属性区别。

针对研究对象具有模糊特性，Lotfi. A. Zadeh 于 1965 年提出模糊数学理论，并被应用于自动控制和模式识别等多个领域之中。1966 年，Bellman 等将模糊数学原理引入到聚类问题的应用，处理、分析不确定性的问题，更合理地表示事物之间存在的中介性。1974 年，Dunn 结合传统的硬 C 均值聚类(Hard C-Means，HCM)算法和模糊数学，提出模糊 C 均值聚类(Fuzzy C-Means，FCM)算法，成为聚类分析领域理论发展最为典型的算法。随后，Bezdek 提出了 FCM 算法经典求解方式，即利用目标函数的梯度信息对聚类中心与隶属度矩阵进行交替优化。众多学者在目标函数求解过程中，从多个角度、不同性能对 FCM 算法进行尝试和优化。Cannon、谢维信和 Kamel 分别提出近似模糊 C 均值聚类算法、双层模糊 C 均值算法和松弛型模糊 C 均值算法，针对 FCM 算法的收敛速度进行了优化。Dave 和 Krishnapuram 分别提出了有噪声型模糊 C 均值算法和可能性 C 均值算法，针对 FCM 算法的抗躁性能进行了改进。2014 年，汪庆淼采用粒子群算法优化，避免 FCM 算法易陷入局部最优解的问题。范九伦和文传军考虑了数据集类容量差异显著的因素，分别采用加权模糊 C 均值聚类算法和广义均衡模糊 C 均值聚类算法(GEFCM)进行 FCM 算法的改进。Yager 和裴继红分别采用爬山法和密度函数法改进 FCM 算法聚类中心初始化问题。张莉、Girolami 和严巍提出核模糊 C 均值聚类(Kernel Fuzzy C-Means，KFCM)算法解决原始数据集线性不可分的问题。总之，众多学者在 FCM 算法参数寻求和寻优性能提升方面不断改进，理论体系发展和实际应用都成效显著。

可见，在此之后不断有学者将各种新出现的寻优算法与 FCM 算法相互结合以增强算法的实用性，这也成为改进 FCM 算法的研究热点。目标函数被一般化推广至今，各个参数对聚类结果的影响都已有相关的研究与优化尝试，因此算法的理论体系已发展为庞然大物。

5.2.2 模糊 C 均值聚类的基本原理

模糊聚类是指根据研究对象自身的属性来客观量化聚类关系的分析方法。模糊 C 均值聚类(*Fuzzy C*-Means，FCM)是一种常用的典型方法。基本思想是促使隶属于同一类别的对象之间的相似度最大，且隶属于不同类别的对象之间的相似度最小，在聚类的过程中用[0，1]之间的数值表示每个对象属于某一类的程度。模糊 C 均值聚类方法是在无监督的情况下，根据数据自身分布特征，将数据划分到不同的集合中。

给定样本观测数据矩阵，如式(5-1)所示：

$$\boldsymbol{X}=\begin{bmatrix}\boldsymbol{X}_1\\ \boldsymbol{X}_2\\ \vdots\\ \boldsymbol{X}_n\end{bmatrix}=\begin{bmatrix}x_{11} & x_{12} & \cdots & x_{1p}\\ x_{21} & x_{22} & \cdots & x_{2p}\\ \vdots & \vdots & \ddots & \vdots\\ x_{n1} & x_{n2} & \cdots & x_{np}\end{bmatrix} \tag{5-1}$$

式中，$\{\boldsymbol{X}_1, \boldsymbol{X}_2, \cdots, \boldsymbol{X}_n\}$ 为具有 p 个变量的 n 个观测样本；$\{x_{i1}, x_{i2}, \cdots, x_{ip}\}$ 为第 i 个样本对应的变量观测值。

将样本数据 $\{\boldsymbol{X}_1, \boldsymbol{X}_2, \cdots, \boldsymbol{X}_n\}$ 划分为 c 类，$n \geqslant c \geqslant 2$。定义 $C=\{C_1, C_2, \cdots, C_c\}$ 为 c 个聚类中心，且 $C_i=[c_{i1}, c_{i2}, \cdots, c_{ip}]$，$i=1, 2, \cdots, c$。

定义算法目标函数，见式(5-2)：

$$J(\boldsymbol{U}, C)=\sum_{i=1}^{c} J_i=\sum_{i=1}^{c}\sum_{j=1}^{n} u_{ij}^{m} d_{ij}^{2} \tag{5-2}$$

式中，$\boldsymbol{U}=(u_{ik})_{c\times n}$ 为隶属度矩阵，u_{ik} 为第 k 个样本属于第 i 类的隶属度，$0\leqslant u_{ik}\leqslant 1$，$\sum_{i=1}^{c} u_{ik}=1$；$d_{ij}=\| x_j-c_i \|$ 为第 i 个聚类中心 c_i 与第 j 个样本点 x_j 之间的距离；m 为模糊加权指数，表征隶属度矩阵的模糊程度。$m\in[1, +\infty]$，m 的取值与隶属度矩阵的模糊程度呈正比，值越大则模糊程度越高。当模糊加权指数 m 取 1 时，则 FCM 算法也就是 HCM 算法。

模糊 C 均值聚类算法的准则或最终目标就是求 $\boldsymbol{U}$ 和 C，使得目标函数 $J(\boldsymbol{U}, C)$ 取得最小值。定义 $\lambda_j (j=1, 2, \cdots, n)$ 为 n 个拉格朗日乘子，构造新的目标函数，见式(5-3)：

$$\begin{aligned}\bar{J}(\boldsymbol{U}, C, \lambda_1, \cdots, \lambda_n) &= J(\boldsymbol{U}, c_1, \cdots, c_c)+\sum\nolimits_{j=1}^{n}\lambda_j\left(\sum_{i=1}^{c} u_{ij}-1\right)\\ &=\sum_{i=1}^{c}\sum_{j}^{n} u_{ij}^{m} d_{ij}^{2}+\sum_{j=1}^{n}\lambda_j\left(\sum_{i=1}^{c} u_{ij}-1\right)\end{aligned} \tag{5-3}$$

采用拉格朗日乘法求解达到最小值的必要条件，见式(5-4)和式(5-5)：

$$c_i = \frac{\sum_{j=1}^{n} u_{ij}^m x_j}{\sum_{j=1}^{n} u_{ij}^m} \tag{5-4}$$

$$u_{ij} = \frac{1}{\sum_{k=1}^{c} \left(\frac{d_{ij}}{d_{kj}}\right)^{\frac{2}{m-1}}} \tag{5-5}$$

其中，$\begin{cases} 0 \leqslant u_{ij} \leqslant 1, \ \forall i = 1, \cdots, c; \ j = 1, \cdots, n \\ \sum_{i=1}^{c} u_{ij} = 1, \ \forall j = 1, \cdots, n \\ 0 \leqslant \sum_{i=1}^{c} u_{ij} \leqslant n, \ \forall i = 1, \cdots, c \end{cases}$

根据这两个必要条件，通过迭代确定聚类中心 C 和隶属矩阵 $\boldsymbol{U}$。迭代过程为：

步骤 1：给定聚类类别 C 和模糊加权指数 m，初始化隶属度矩阵 $\boldsymbol{U}$。一般设置 $m=2$，确定迭代的停止阈值和最大迭代次数，即 ε 和 $N_{\max}$。

步骤 2：根据隶属度矩阵 $\boldsymbol{U}$ 和公式(5-4)计算 c 个聚类中心 $C^{(b)}$。

步骤 3：根据公式(5-5)得到新的模糊聚类隶属矩阵 $\boldsymbol{U}^{(b+1)}$。

步骤 4：比较 $\| \boldsymbol{U}^{(b+1)} - \boldsymbol{U}^{(b)} \| \leqslant \varepsilon$，若成立则说明系统达到稳定，终止迭代，输出样本的最优模糊聚类中心 C；否则，令 $b=b+l$ 返回步骤 2 继续执行。

在 FCM 聚类分析中待确定的参数为 c 和 m。只有选取正确了才能得到好的聚类效果，所以说怎样选取好的参数是关键所在。

对 c 的选取可以结合应用需要给定，也可以采用评价指标函数 $L(c)$ 确定。$L(c)$ 表示类间距离之和与类内间距之和的比值，值越大越好。$L(c)$ 计算公式为：

$$L(c) = \frac{\dfrac{\sum_{i=1}^{c} \sum_{j}^{n} u_{ij}^m \| C_i - \bar{X} \|^2}{(c-1)}}{\dfrac{\sum_{i=1}^{c} \sum_{j}^{n} u_{ij}^m \| C_i - X_j \|^2}{(n-c)}} \tag{5-6}$$

5.2.3 FCM 算法在交通运行状态估计应用中的改进

由于交通状态具有一定的模糊性，很难用确切的数字来量化。采用

FCM 算法对交通流状态进行聚类处理，运用连续划分的隶属度模型更准确地表现道路交通状态的空间渐变和过渡特征，能更客观地反映真实交通流状况。将 FCM 算法引入交通运行状态估计时，需要结合交通流特性进行一些改进。

1)交通参数对相似性度量函数贡献的改进策略

表征交通运行状态的参数多种多样，单一的交通参数并不能反映交通状态的全部特征。不同的交通参数对于交通状态的表征程度是不一样的，也就是说，不同的交通参数对于分类结果的影响也是不同的。传统的相似性度量在进行距离计算时，没考虑不同参数之间的差异性。因此，在进行相似性度量函数的计算时，应该对于不同的交通参数赋予相应的权重。

采用欧式距离作为相似性度量函数，则改进后的距离函数如式(5-7)所示：

$$d_{ij} = \| \omega(x_j - c_i) \|^2 = \sum_{k=1}^{p} \omega_k^2 (x_{jk} - c_{ik})^2 \tag{5-7}$$

式中，$\omega = \{\omega_1, \omega_2, \cdots, \omega_p\}$；$\omega_k \in [0, 1]$，$k = 1, 2, \cdots, p$；$\omega_k$ 为第 k 个交通参数在 FCM 算法中的权重；p 为交通参数的个数。

2)样本量不均衡性问题的改进策略

传统的 FCM 算法主要依靠样本与聚类中心距离的远近进行类别的判断，没有考虑不同类别之间样本数量的差异。根据观测可知，实际的交通状态是不均衡的，即拥堵状态的时段明显少于其他交通状态。如果不考虑样本容量，仅仅采用距离判断时，那么样本容量大的交通状态数据在样本空间中分布得更为广泛，该类样本的边缘样本有可能被分为其他类，从而导致对交通状态的误判。

针对不同状态数据样本的不均衡性，相关文献引入广义均衡模糊 C 均值聚类算法。通过增加类别容量差异性因素以改进函数 $J(U, C)$，从而弱化样本量的差异对聚类结果的影响。广义均衡模糊 C 均值聚类算法改进的目标函数，如式(5-8)所示：

$$J(U, C) = \sum_{i=1}^{c} J_i = \sum_{i=1}^{c} \sum_{j=1}^{n} \frac{u_{ij}^m}{\sum_{s=1}^{n} u_{is}^m} d_{ij}^2 \tag{5-8}$$

式中，$m > 1$；$\sum_{i=1}^{c} u_{ij} = 1$，$j = 1, \cdots, n$，$\sum_{i=1}^{c} \sum_{j=1}^{n} u_{ij} = \sum_{j=1}^{n} \sum_{i=1}^{c} u_{ij} = n$；$\sum_{s=1}^{n} u_{is}^m$ 用于表征第 i 类的容量属性，u_{is} 为第 s 个样本属于第 i 类的隶属度；当第 i 类聚簇的样本容量较大时，在目标函数中除以 $\sum_{s=1}^{n} u_{is}^m$ 以降低算法的误判可能性。

3)改进后的模糊 C 均值聚类算法

结合参数权重和样本量不均衡性两方面的改进后目标函数，如式(5-9)所示：

$$J(U,\ C,\ \omega)=\sum_{i=1}^{c}J_i=\sum_{i=1}^{c}\sum_{j=1}^{n}\frac{u_{ij}^{m}}{\sum_{s=1}^{n}u_{is}^{m}}d_{ij}^{2}=\sum_{i=1}^{c}\sum_{j=1}^{n}\frac{u_{ij}^{m}}{\sum_{s=1}^{n}u_{is}^{m}}\sum_{k=1}^{p}\omega_k^2\,(x_{jk}-c_{ik})^2 \tag{5-9}$$

构造拉格朗日函数，如式(5-10)所示：

$$L(U,\ C,\ \omega,\ \lambda)=\sum_{i=1}^{c}\sum_{j=1}^{n}\frac{u_{ij}^{m}}{\sum_{s=1}^{n}u_{is}^{m}}\sum_{k=1}^{p}\omega_k^2\,(x_{jk}-c_{ik})^2-\sum_{j=1}^{n}\lambda_j\left(\sum_{i=1}^{c}u_{ij}-1\right) \tag{5-10}$$

分别对 c_i 和 u_{ij} 求偏导，并令其为零。则有：

$$c_i=\frac{\sum_{j=1}^{n}u_{ij}^{m}x_j}{\sum_{s=1}^{n}u_{is}^{m}} \tag{5-11}$$

$$u_{ij}=\left[\frac{\lambda_j\left(\sum_{s=1}^{n}u_{is}^{m}\right)^2}{m\left(\sum_{s=1}^{n}u_{is}^{m}-u_{ij}^{m}\right)\sum_{k=1}^{p}\omega_k^2\,(x_{jk}-c_{ik})^2}\right]^{\frac{1}{m-1}} \tag{5-12}$$

由于 $\sum_{i=1}^{c}u_{ij}=1,\ j=1,\ \cdots,\ n$，则有：

$$\sum_{r=1}^{c}u_{rj}=\sum_{r=1}^{c}\left[\frac{\lambda_j\left(\sum_{s=1}^{n}u_{rs}^{m}\right)^2}{m\left(\sum_{s=1}^{n}u_{rs}^{m}-u_{rj}^{m}\right)\sum_{k=1}^{p}\omega_k^2\,(x_{jk}-c_{rk})^2}\right]^{\frac{1}{m-1}}=1 \tag{5-13}$$

对上式进行变换 ，则有：

$$(\lambda_j)^{\frac{1}{m-1}}=\left\{\sum_{r=1}^{c}\left[\frac{\lambda_j\left(\sum_{s=1}^{n}u_{rs}^{m}\right)^2}{m\left(\sum_{s=1}^{n}u_{rs}^{m}-u_{rj}^{m}\right)\sum_{k=1}^{p}\omega_k^2\,(x_{jk}-c_{rk})^2}\right]^{\frac{1}{m-1}}\right\}^{-1} \tag{5-14}$$

联立公式(5-11)和公式(5-13)可得：

$$u_{ij}=\frac{\left[\frac{\left(\sum_{s=1}^{n}u_{is}^{m}\right)^{2}}{\left(\sum_{s=1}^{n}u_{is}^{m}-u_{ij}^{m}\right)\sum_{k=1}^{p}\omega_{k}^{2}\left(x_{jk}-c_{ik}\right)^{2}}\right]^{\frac{1}{m-1}}}{\sum_{r=1}^{c}\left[\frac{\left(\sum_{s=1}^{n}u_{rs}^{m}\right)^{2}}{\left(\sum_{s=1}^{n}u_{rs}^{m}-u_{rj}^{m}\right)\sum_{k=1}^{p}\omega_{k}^{2}\left(x_{jk}-c_{rk}\right)^{2}}\right]^{\frac{1}{m-1}}} \tag{5-15}$$

通过迭代算法迭代计算，即可得到聚类中心 c_i 和隶属度 u_{ij} 。

5.2.4 聚类效果评价

相关文献采用交叉试验法估计误判率来评价聚类算法的效果。算法步骤如下：

步骤 1：对完整的历史数据集 $X=\{X_1, X_2, \cdots, X_n\}$ 进行聚类，确定 n 个观测样本的类别属性 $M=\{M_1, M_2, \cdots, M_n\}$ ，其中 M_i 为第 i 个样本的类别属性，$i=1, 2, \cdots, c$ 。误判个数 n^* 初始化为零。

步骤 2：依次删除历史数据集中的样本点 X_i（$i=1, 2, \cdots, n$），对新的数据集 $X_{-i}=\{X_1, X_2, \cdots, X_{i-1}, X_{i+1}, \cdots, X_n\}$ 进行聚类，计算新的隶属度函数和聚类中心，判断样本点 X_i 所属类别 M_i^* 。如果 M_i^* 与 M_i 不一致，则认为误判，令误判个数为 n^*+1。

步骤 3：误判率估计值的数学表达式如式(5-16)所示：

$$P=\frac{n^*}{n}\times 100\% \tag{5-16}$$

式中，P 为聚类算法的误判率，误判率小则表明该交通状态判别算法的聚类分析性能较好；n^* 为误判个数。

5.3 基于可靠性的高速公路交通运行状态估计算法实现

算法的步骤为：

步骤 1：数据准备。主要为聚类历史数据的准备、数据的预处理和特征参数的获取等。

步骤 2：特征参数权重的确定。根据主成分分析法确定不同特征参数在聚类分析时的权重。

步骤 3：历史数据的聚类。通过改进的特征参数加权广义均衡模糊 C 均值聚类算法(简称改进的 FCM 算法)，对历史数据集进行聚类分析，确定代表不同交通运行状态类别的聚类中心。

步骤4：实时交通状态的估计。通过比较实时数据样本与各状态类中心的距离，基于最短距离的原则确定交通运行状态。

5.3.1 数据准备与预处理

数据来源为陕西省高速公路2015年7月1日至7月31日的历史收费数据。选取小型客车(7座及以下)为特征车型，以一小时为间隔，选择6：00～0：00(次日)为研究时段，将历史数据分为31(天)×18(个时段)=558组数据。

对每组数据进行数据清洗和行程时间分布拟合，考虑行程时间及其波动程度，计算交通运行状态可靠性指标：畅通可靠度、基本畅通可靠度、轻度拥堵可靠度、中度拥堵可靠度。

5.3.2 确定交通流特征参数及其权重

采用第四章中的主成分分析法(PCA)计算各主成分的贡献率、累积贡献率如表5-2所示。由表5-2分析可知，F_1、F_2和F_3的主成分累积贡献率大于99%，可以选择畅通可靠度、基本畅通可靠度和轻度拥堵可靠度作为主成分来表示交通流特征，同时将F_1、F_2和F_3的贡献率作为特征参数的权重值。

表5-2 主成分贡献率结果表

序号	主成分	贡献率	累计贡献率
F_1	畅通可靠度	0.7441	0.7441
F_2	基本畅通可靠度	0.1575	0.9016
F_3	轻度拥堵可靠度	0.0900	0.9916
F_4	中度拥堵可靠度	0.0084	1.0000

5.3.3 聚类算法性能比较与分析

设置聚类算法中，分类个数$c=5$，模糊指数选择$m=2$，阈值$\varepsilon=10^{-6}$，最大迭代次数$N_{max}=100$。

选取2015年7月1日至2015年7月31日的交通数据作为研究样本，以7座以下小客车为研究对象，即车型字段vehicletype=“1”且vehicleclass=“1”。实验数据样本情况如表5-3所示。

表5-3 小客车行程时间样本情况

路径	距离/km	样本容量
西高新—长安	5.0	703669条

分别采用FCM算法和改进的FCM算法进行交通运行状态模糊聚类，两种算

法不同迭代次数的目标函数值如图 5-1 所示。由图 5-1 可得，传统的 FCM 算法在经过 35 次迭代计算之后收敛且目标函数值变化小于 ε，而改进后的 FCM 算法则在经过 10 次迭代之后满足收敛条件。

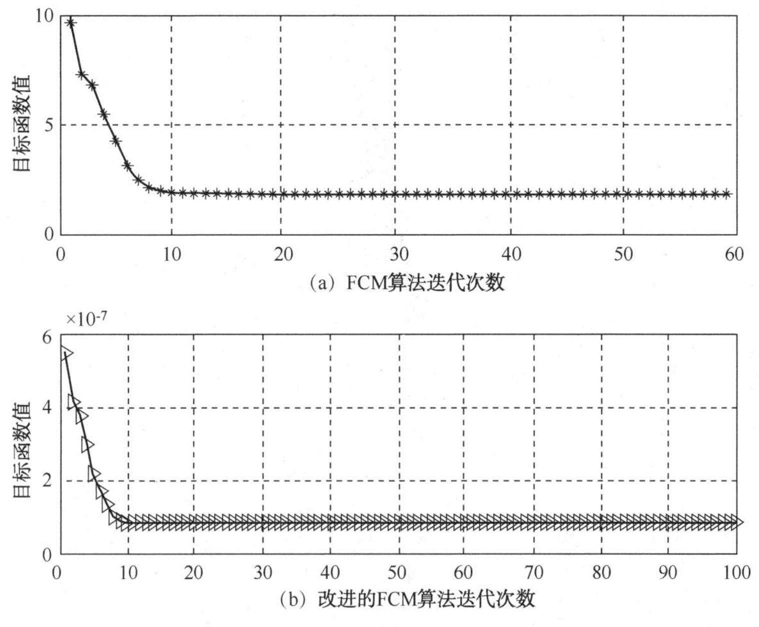

图 5-1　不同迭代次数的目标函数值比较

根据各个聚类中心与参考点(1，1，1)的加权距离，判断各个聚类中心对应的交通运行状态。与参考点(1，1，1)距离最近的聚类中心对应的交通运行状态为“畅通”，与其距离最远的聚类中心对应的交通运行状态为“严重拥堵”。可得不同交通运行状态对应的聚类中心如表 5-4 所示，样本聚类分析结果如图 5-2 所示。

表 5-4　改进的 FCM 算法的聚类中心

交通状态	畅通可靠度	基本畅通可靠度	轻度拥堵可靠度
畅通	0. 6874	0. 7379	0. 7387
基本畅通	0. 5678	0. 5966	0. 5981
轻度拥堵	0. 4660	0. 4906	0. 4930
中度拥堵	0. 3580	0. 3891	0. 3921
严重拥堵	0. 2023	0. 2537	0. 2551

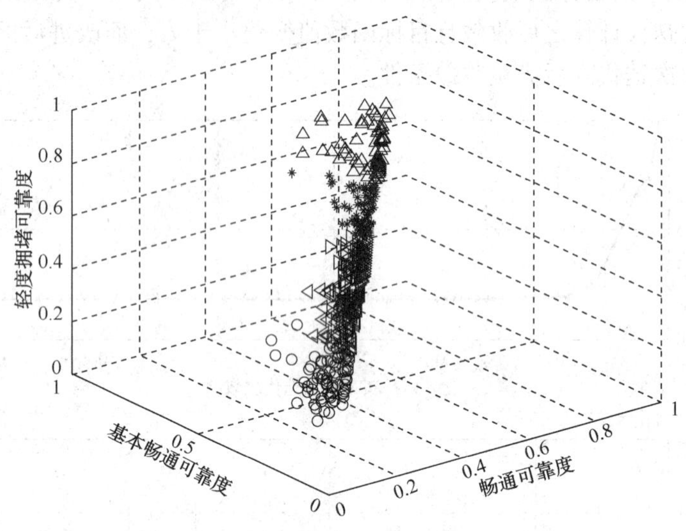

图 5-2　改进的 FCM 算法结果

○—判别为“严重拥堵”状态的样本点；◁—判别为“中度拥堵”状态的样本点；
▷—判别为“轻度拥堵”状态的样本点；∗—判别为“基本畅通”状态的样本点；
△—判别为“畅通”状态的样本点

针对传统的 FCM 算法和改进的 FCM 算法，不同交通运行状态分类样本及采用误判率交叉估计方法估计的误判率见表 5-5。改进前后的 FCM 算法误判个数比较如图 5-3 所示。由表 5-5 可知，传统的 FCM 算法误判率约为 25.08%，改进后的 FCM 算法误判率约为 5.55%，算法的误判率得到有效降低。

表 5-5　两种 FCM 算法的误判率比较

方法	交通状态	畅通	基本畅通	轻度拥堵	中度拥堵	严重拥堵	误判率
FCM	分类样本数	63	134	136	141	84	25.08%
	误判个数	0	104	0	2	34	
改进的 FCM	分类样本数	58	122	147	145	86	5.55%
	误判个数	3	6	9	10	3	

综上所述，改进后的 FCM 算法聚类效果更好，在收敛速度方面有一定的提高，误判率有所降低，能满足实际运行的要求。根据所得的聚类中心，结合采集到的小客车行程时间数据，可以进行该路径上交通运行状态的估计。

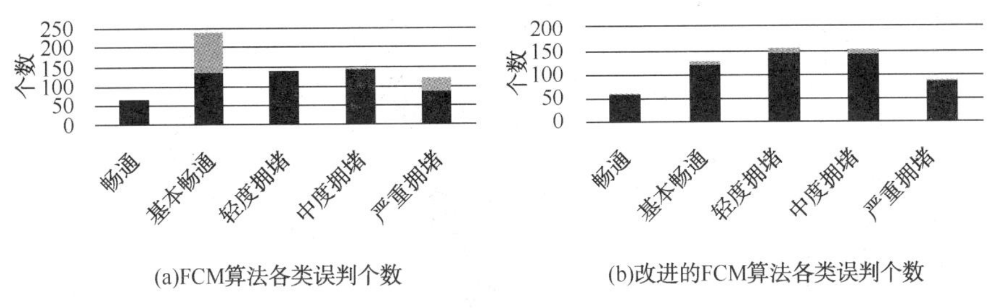

图 5-3 两种 FCM 算法误判个数比较

5.3.4 交通运行状态估计

对西高新—长安方向 2015 年 8 月 1 日至 2015 年 8 月 30 日的高速公路收费数据，以一小时为间隔，统计各个时段小客车的行程时间及其可靠性指标，采用改进的 FCM 算法进行交通运行状态估计。模糊聚类中心如表 5-6 所示，改进的 FCM 算法结果见图 5-4。

表 5-6 模糊聚类中心

交通状态	畅通可靠度	基本畅通可靠度	轻度拥堵可靠度
畅通	0.5819	0.7296	0.7313
基本畅通	0.5145	0.5746	0.5768
轻度拥堵	0.4293	0.4821	0.4850
中度拥堵	0.3146	0.3736	0.3771
严重拥堵	0.1931	0.2492	0.2523

根据聚类结果，计算 2015 年 8 月 31 日各个时段的交通流特征参数与各个聚类中心的加权距离，得到该研究路径不同时段的交通运行状态判别结果，如图 5-5 所示。图中的数值 1、2、3 、4、5 分别代表“畅通状态”“基本畅通状态”“轻度拥堵状态”“中度拥堵状态”以及“严重拥堵状态”的不同模式。从图 5-5 可以看出，07：00～10：00、13：00～14：00、19：00～20：00 和 23：00～00：00(次日)时段属于严重拥堵状态，小型客车在出行时应避开这些时段。

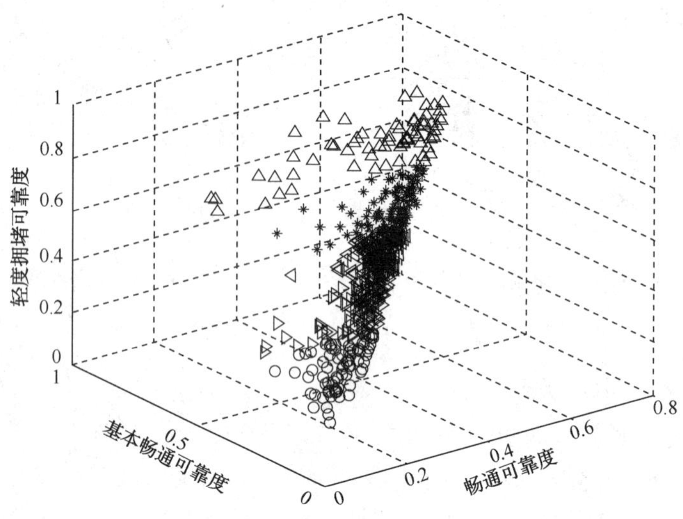

图 5-4　改进的 FCM 算法结果

○—判别为“严重拥堵”状态的样本点；▷—判别为“中度拥堵”状态的样本点；
◁—判别为“轻度拥堵”状态的样本点；*—判别为“基本畅通”状态的样本点；
△—判别为“畅通”状态的样本点

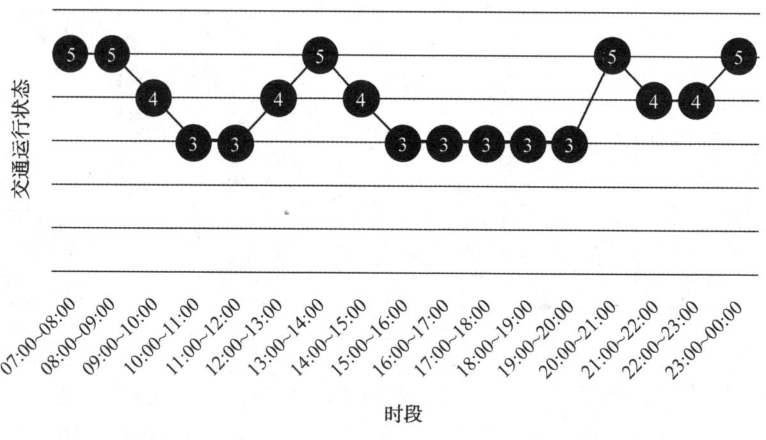

图 5-5　交通运行状态估计结果

6 陕西省高速公路交通运行状态评价与分析

目前的交通可靠性理论研究，主要是采用宏观—中观—微观层面对路网、OD或路径、路段进行评价与分析。随着数据采集技术的不断完善，多种数据源被用于可靠性评价指标定量计算。然而，计算获得的可靠性数值究竟代表何种含义尚未得到深入研究。本章在历史数据的基础上，采用非参数检验分析行程时间可靠性的分布特性，提出行程时间可靠性指标的等级划分阈值，定性描述可靠性的质量好坏，便于交通参与者的直观理解。

陕西省高速公路具有重要的地域、经济和战略意义，高速公路网运行态势监测系统已初步建成，为交通诱导和管理决策提供了良好的系统支持。现有的交通信息查询系统中，出行决策常常使用最短路径作为优先原则，然而，并不能反映交通系统的时变性和波动性。将研究成果与方法应用于道路使用者的出行决策场景，建立一个基于可靠性指标和交通运行状态估计的决策过程，可以让司机来决定最好的出发时间和路线选择，具有重要的意义和价值。

6.1 陕西省高速公路网运行态势监测概述

陕西省高速公路是国家高速公路网的重要交通枢纽和过境通道，具有重要的经济与战略意义。截至2015年年底，陕西省高速公路通车总里程达5094km。鉴于陕西省高速公路重要的经济与战略地位，对路网交通运行状况的监测具有十分重要的意义。

目前，陕西省高速公路网运行态势监测主要指标有路网路况指标、路网事件指标、路网通信指标、外场设备状态指标，系统界面展现如图6-1所示。每项指标可以进行历史态势查看，如图6-2所示。也可以按照指标类别，查看不同等级相应的路段，如图6-3所示。陕西省高速公路网运行态势监测已经初具效果，形成系统层的软件支持和功能支持，为后续奠定了良好的基础。然而，指标单一，不能反映路网运行的波动性或者不确定性，不便于出行者理解和辅助决策。

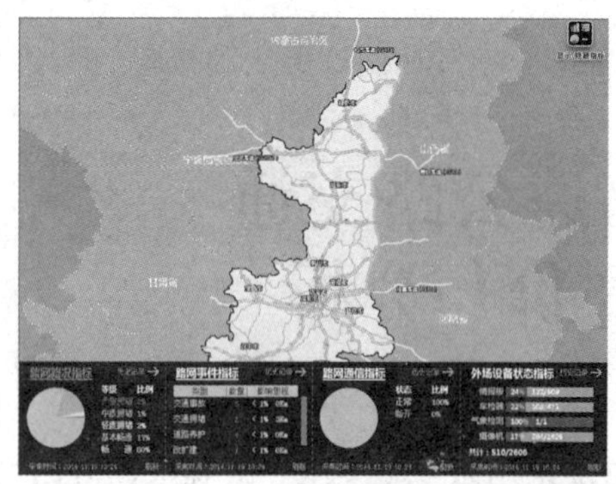

图 6-1 陕西省高速公路网运行态势监测系统

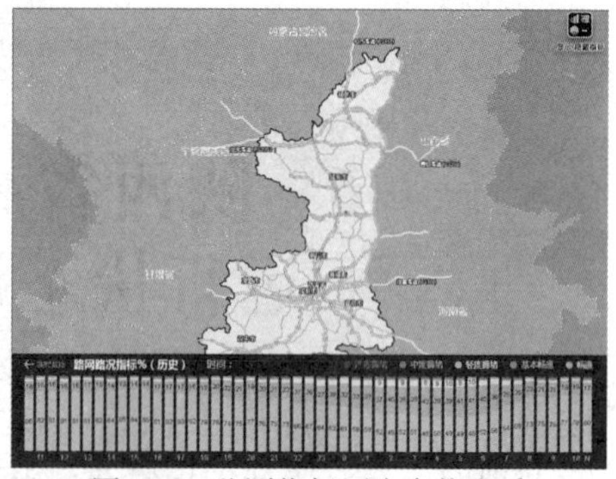

图 6-2 监测指标历史态势查看

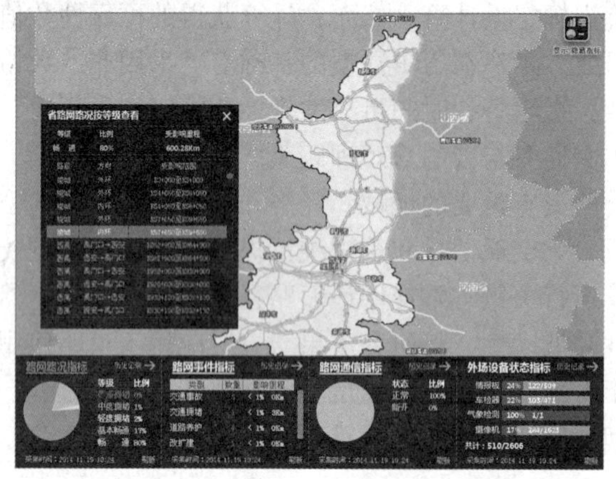

图 6-3 监测指标按类别查看路段

6.2 陕西省高速公路网现状

根据 2015 年陕西省高速公路收费系统数据，我们从路网交通量、拥挤度、收费站出入口流量三个角度进行统计分析，描述路网状况。

6.2.1 高速公路网交通量统计分析

2015 年陕西省高速公路自然量统计结果如表 6-1 所示。由表 6-1 可知，2015 年陕西省高速公路网交通量自然量为 353.83 万辆/年，较上一年降低 5.81%。其中，路网客车交通量自然量为 222.00 万辆/年，较上一年降低 1.83%，占路网总流量的 62.74%；路网货车交通量自然量为 131.83 万辆/年，较去年降低 11.84%，占路网总流量的 37.26%。2013~2015 年陕西省高速公路自然量月对比如图 6-4 所示。

表 6-1　2015 年陕西省高速公路自然量统计对比分析表

月份	2015 年货车自然量/万辆	2015 年客车自然量/万辆	2015 年自然量合计/万辆	与 2014 年货车自然量对比	与 2014 年客车自然量对比	与 2014 年总自然量对比	与 2013 年货车自然量对比	与 2013 年客车自然量对比	与 2013 年总自然量对比
1	10.50	16.41	26.92	2.56%	-18.36%	-11.30%	-6.57%	36.13%	17.94%
2	6.00	22.31	28.30	-9.34%	15.70%	9.31%	39.49%	-6.03%	2.51%
3	10.83	21.40	32.23	-18.12%	22.71%	5.09%	13.03%	13.88%	13.51%
4	12.06	19.87	31.94	-6.10%	6.74%	1.50%	9.32%	27.62%	19.46%
5	12.45	17.11	29.57	-19.57%	-16.19%	-17.65%	16.74%	22.56%	19.98%
6	11.56	17.82	29.38	-6.22%	5.77%	0.70%	-1.42%	3.44%	1.33%
7	11.84	21.71	33.55	-8.33%	8.01%	1.61%	4.84%	10.38%	8.14%
8	13.13	22.30	35.44	-6.27%	2.67%	-0.84%	11.08%	10.62%	10.80%
9	11.77	18.58	30.34	-11.08%	11.04%	1.27%	-10.20%	-5.82%	-7.81%
10	11.11	14.07	25.18	-21.36%	-38.17%	-31.73%	0.13%	11.55%	6.88%
11	10.36	15.81	26.17	-18.16%	-3.04%	-9.65%	-8.34%	5.72%	-0.92%
12	10.21	14.61	24.82	-13.76%	-7.60%	-10.24%	34.90%	65.62%	50.90%
全年	131.83	222.00	353.83	-11.84%	-1.83%	-5.81%	5.83%	13.57%	10.35%

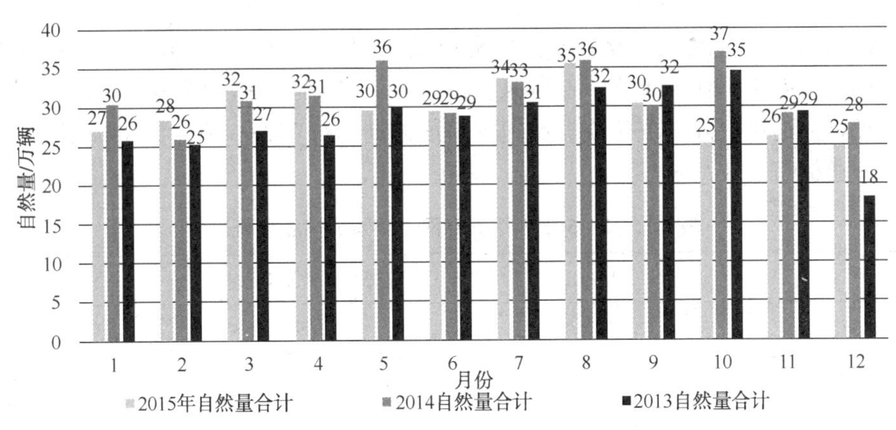

图 6-4　2013~2015 年陕西省高速公路自然量月对比图

2015 年陕西省高速公路自然量月变化见图 6-5。由图 6-5 可知，2015 年陕西省高速公路网交通量最大的月份分别是 8 月份 35.44 万辆，12 月份总交通量最小，为 24.82 万辆，其中路网货车交通量最大的是 8 月份 13.13 万辆，2 月份货车交通量最小，为 6.00 万辆；客车交通量最大的是 2 月份 22.31 万辆，8 月份 22.30 万辆，12 月份客车交通量最小，为 14.16 万辆。

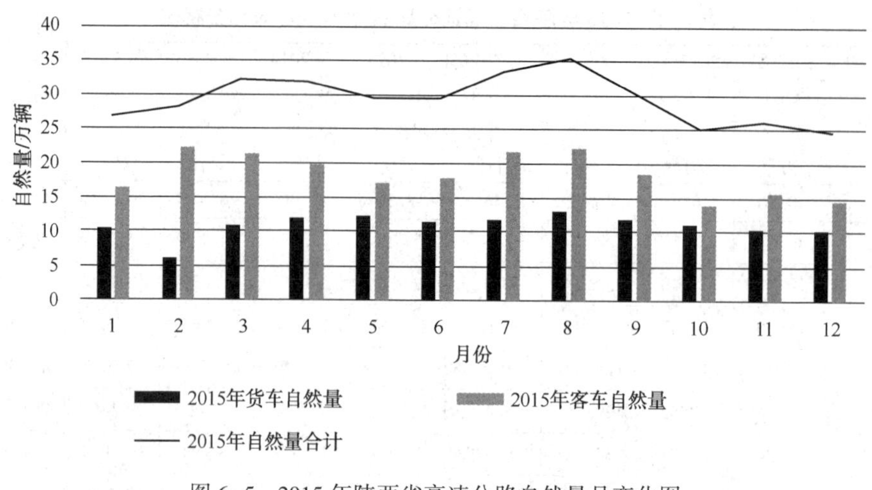

图 6-5　2015 年陕西省高速公路自然量月变化图

6.2.2　全省高速公路拥堵度

参考交通运输部制定的《公路交通情况调查统计报表制度》中计算方法，定义交通拥挤度为路段总当量数与路段适应交通量之比，依次进行路网、路线、路段和区间的拥挤度计算。其中，路段车道情况来源于《2015 年度陕西省高速公路网运行分析报告白皮书》。

1)路网及路线拥挤度

2015 年陕西省路网、路线拥挤度分析结果如表 6-2、图 6-6 所示。由表 6-2、图 6-6 可知，2015 年陕西省高速公路网年平均交通拥挤度为 0.2848，路线拥挤程度整体适中，除西安市绕城高速拥挤度偏高为 0.7498，京昆线、福银线、包茂线交通拥挤度较高。

表 6-2　2015 年陕西省路网、路线拥挤度分析表

路线名称	当量数/(万 PCU①/年)	适应交通量/(万 PCU/年)	拥挤度
绕城高速	2189.48	2920	0.7498
京昆线	940.79	2008	0.4686
福银线	1006.61	2200	0.4576
包茂线	686.19	2008	0.3418
连霍线	1042.19	3106	0.3356
青银线	671.08	2008	0.3343
新机场线	985.93	3650	0.2701

续表

路线名称	当量数/(万 PCU①/年)	适应交通量/(万 PCU/年)	拥挤度
沧榆线	571.15	2325	0.2456
包茂高速复线	453.68	2204	0.2058
沪陕线	525.55	3317	0.1584
榆佳线	238.12	2008	0.1186
榆蓝线	185.78	1639	0.1133
银百线	214.30	2008	0.1068
十天线	184.19	2008	0.0917
银昆线	104.27	1514	0.0689
长延线	50.91	1044	0.0488
青兰线	97.18	2008	0.0484
路网	577.76	2029	0.2848

注：①PCU 为当量交通量。

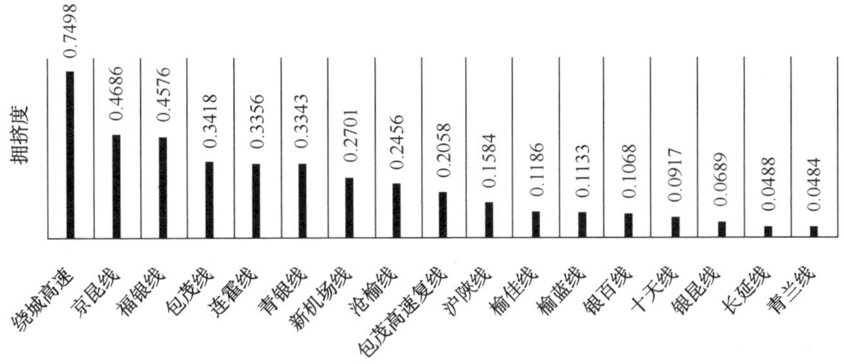

图 6-6　2015 年陕西省高速公路各路线拥挤度

2)路段拥挤度

2015 年陕西省高速公路拥挤度排名前 10 的路段及其相应的拥挤度依次如表 6-3 所示。

表 6-3　2015 年陕西省路段拥挤度前 10 名

路段名称	当量数/(万 PCU/年)	适应交通量/(万 PCU/年)	拥挤度
绕城高速	2189.48	2920	0.7498
蓝商高速	1162.00	2008	0.5788

续表

路段名称	当量数/(万 PCU/年)	适应交通量/(万 PCU/年)	拥挤度
西长高速	1291. 35	2424	0. 5327
西临高速	1025. 84	2008	0. 5110
西汉高速	992. 30	2008	0. 4943
汉宁高速	944. 49	2008	0. 4705
西禹高速	897. 74	2008	0. 4472
西延高速	870. 59	2008	0. 4337
延靖高速	808. 20	2008	0. 4026
西蓝高速	700. 48	2008	0. 3489

3)区间拥挤度

2015 年陕西省高速公路拥挤度排名前十的区间及其相应的拥挤度依次如表 6-4 所示。

表 6-4　2015 年陕西省区间拥挤度前 10 名

区间名称	所属路线	所属路段	当量数/(万 PCU/年)	适应交通量/(万 PCU/年)	拥挤度
咸阳→帽耳刘立交	连霍线	西宝分公司	2108. 03	2008	1. 0501
吕小寨立交→汉城立交	绕城高速	绕城分公司	2952. 12	2920	1. 0110
渭城→六村堡互通	福银线	西长分公司	2898. 08	2920	0. 9925
高新区→长安	绕城高速	绕城分公司	2864. 25	2920	0. 9809
六村堡互通→汉城立交	绕城高速	绕城分公司	2829. 40	2920	0. 9690
长安→曲江立交	绕城高速	绕城分公司	2630. 45	2920	0. 9008
杏园→谢王立交	绕城高速	绕城分公司	2621. 39	2920	0. 8977
杏园→吕小寨立交	绕城高速	绕城分公司	2621. 39	2920	0. 8977
渭城→马渭互通	福银线	西长分公司	2613. 64	2920	0. 8951
三星互通→西户互通	京昆线	西汉分公司	1723. 68	2008	0. 8586

6. 2. 3　收费站出入口交通量

2015 年高速公路出入口总流量排名前 10 的收费站及其相应的出入口自然量依次如表 6-5、图 6-7 所示。

表 6-5　2015 年高速公路出入口总流量排名前 10 的收费站

收费站名称	出口自然量/（万 PCU/年）	占路网比例	入口自然量/（万 PCU/年）	占路网比例	总自然量/（万 PCU/年）	占路网比例
西长高速六村堡站	941.66	3.85%	934.85	4.15%	1876.51	3.99%
绕城高速高新区站	686.87	2.81%	658.45	2.92%	1345.32	2.86%
绕城高速曲江站	659.51	2.70%	625.44	2.78%	1284.95	2.73%
绕城高速新筑站	583.66	2.39%	599.80	2.66%	1183.46	2.52%
绕城高速长安站	588.84	2.41%	585.06	2.60%	1173.90	2.50%
西长高速机场西站	558.52	2.28%	561.48	2.49%	1120.00	2.38%
机场高速汉城站	566.46	2.32%	553.21	2.45%	1119.67	2.38%
西宝高速三桥站	554.55	2.27%	552.15	2.45%	1106.70	2.35%
机场专线机场站	482.00	1.97%	444.13	1.97%	926.13	1.97%
绕城高速河池寨站	455.12	1.86%	424.96	1.89%	880.08	1.87%
小计	6077.19	24.85%	5939.53	26.35%	12016.72	25.57%

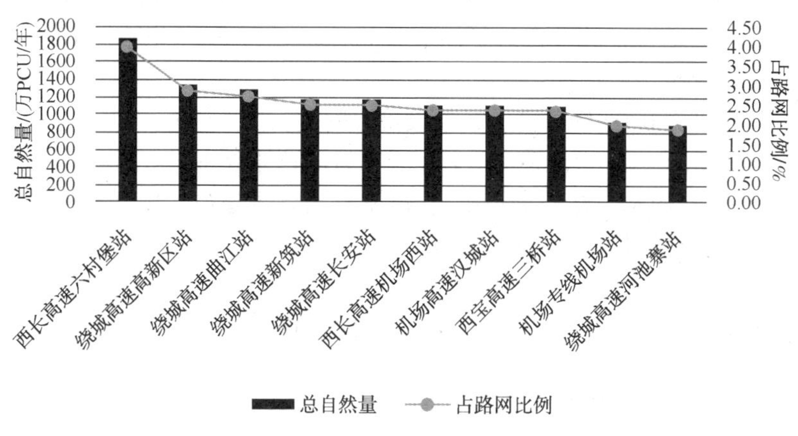

图 6-7　2015 年出入口总流量排名前 10 的收费站

6.3　高速公路行程时间可靠性等级划分阈值的标定

6.3.1　数据来源

结合陕西省高速公路网现状分析，选取区间拥挤度较高的“高新—长安”为热点 OD，选择 2015 年 7 月 07：00~00：00（次日）为分析时段，以 1h 为时间间隔，小型客车为研究车型，共计 558 组数据。采用小波密度估计计算不同组样本数据的行程时间可靠性，各个时段行程时间可靠性估计结果及其相应的频数统计如图 6-8 所示。

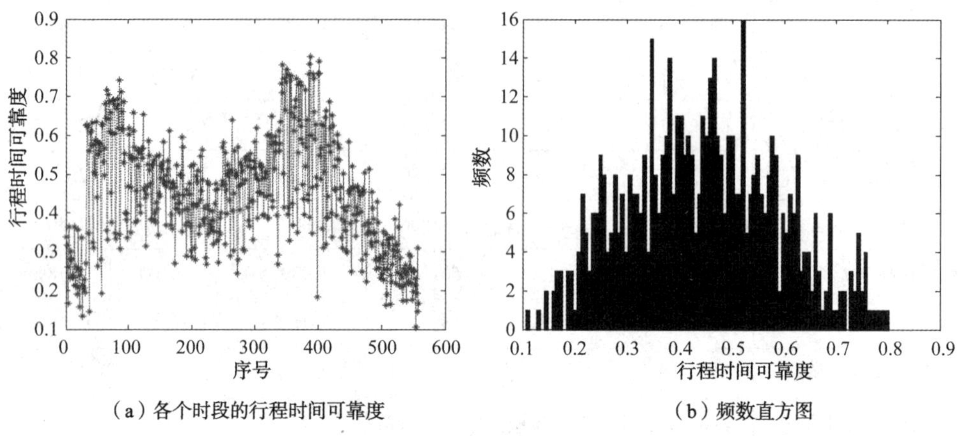

（a）各个时段的行程时间可靠度　　（b）频数直方图

图 6-8　各个时段的行程时间可靠度及频数直方图

6.3.2　行程时间可靠性的非参数检验

以 558 组样本数据估计的行程时间可靠性组成新的测试数据 $R=\{R_1, R_2, \cdots, R_{558}\}$，对 R 进行单样本 Kolmogorov-Smirnov 检验，推断 R 是否服从某种特定的分布。

在置信水平为 0.05 的条件下，假设检验问题：

H_0：样本 $R=\{R_1, R_2, \cdots, R_{558}\}$ 所来自的总体分布服从正态分布；

H_1：样本 $R=\{R_1, R_2, \cdots, R_{558}\}$ 所来自的总体分布不服从正态分布。

计算其检验统计量：

$$D=0.0261$$

计算置信水平 0.05 下 $D(n, \alpha)$ 的拒绝临界值为：

$$D(n, \alpha)=\frac{1.36}{\sqrt{n}}=\frac{1.36}{\sqrt{558}}\approx 0.0576$$

由于 $D<D(n, \alpha)$，则接受 H_0 假设，也就是样本 $R=\{R_1, R_2, \cdots, R_{558}\}$ 所来自的总体分布服从正态分布。

6.3.3　评价等级划分阈值的标定

对于服从正态分布的行程时间可靠性 $R=\{R_1, R_2, \cdots, R_{558}\}$ 进行正态分布拟合，均值 μ 与方差 Σ 的拟合结果为：$\mu=0.4752$，$\Sigma=0.1499$。

将可靠性等级分为“非常可靠”“基本可靠”“不可靠”三类。对于符合正态分布的行程时间可靠性，计算正态分布 $N(\mu, \Sigma)$ 的四分位数作为划分阈值，即

25%与 75%分位数分别为 0. 3741 和 0. 5762。

对历史数据集 $R=\{R_1, R_2, \cdots, R_{558}\}$ 进行模糊聚类，得到聚类结果如图 6-9 所示，比较聚类分析结果与采用正态分布拟合分位数划分结果。由图 6-9 可见，两种方法的划分结果基本一致。结果表明，采用正态分布分位数作为高速公路行程时间可靠性等级划分阈值是合理且可接受的。此外，对于不同的研究对象，比如不同路段、不同时段、不同车型，应该根据正态分布拟合结果确定适当的分位数结果。

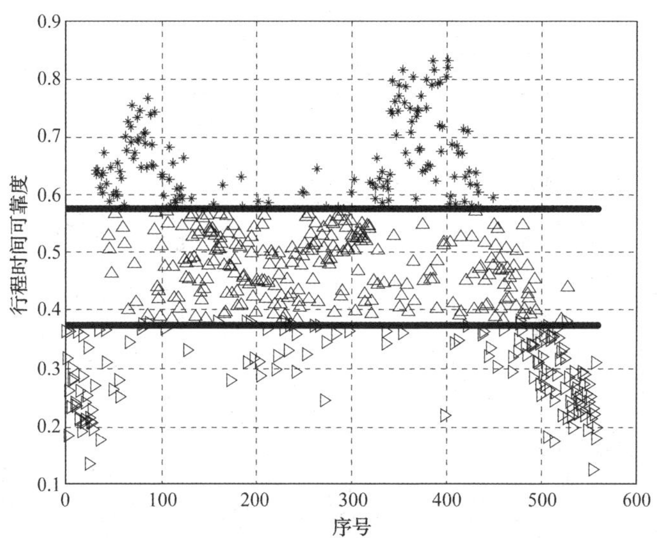

图 6-9　行程时间可靠度聚类分析

▷—判别为“不可靠”的样本点；△—判别为“基本可靠”的样本点；

*—判别为“非常可靠”的样本点

6.4　面向道路使用者的出行场景决策

六村堡收费站、机场西收费站、汉城收费站和机场收费站是连接西安市和咸阳机场的重要出入口，比较 2015 年区间拥挤度和高速公路收费站出入口流量排名可知，西安市往返咸阳机场是较为活跃的出行场景，且对于小型客车而言出行需求更甚。

6.4.1　决策场景描述

以小型客车从西安市至咸阳机场的出行路径和出发时刻的选择为决策场景，建立基于交通运行状态可靠性指标的出行决策过程，确保道路使用者获得较为满意的出行服务质量。

目前，西安市至咸阳机场有两条路径可供选择，路径信息见表 6-6，路径抽象里程示意图如图 6-10 所示。根据节路网交通量统计分析结果，选取 2015 年 8 月 07：00~00：00(次日)作为研究时段，以 1h 为决策的时间间隔，以 7 座以下小型客车为分析车型。

表 6-6 两条路径信息

序号	路径	距离/km
路径 1	汉城—北环路—马家堡—机场	21.08
路径 2	六村堡-渭城-机场西	18.20

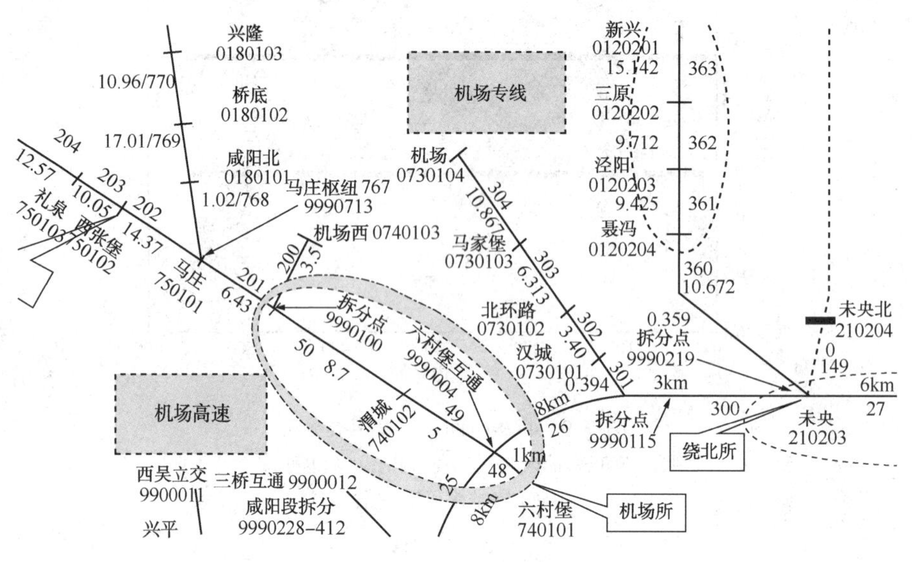

图 6-10 陕西省高速公路抽象里程示意图

6.4.2 出行路径的选取

计算不同时段的“畅通可靠度”“基本畅通可靠度”和“轻度拥堵可靠度”指标，分别对两条路径的可靠性指标进行改进的 FCM 聚类并计算不同交通运行状态的聚类中心。统计和比较两条路径不同交通运行状态样本的比例，选择畅通和基本畅通状态比例较大的路径作为推荐路径。

路径 1 和路径 2 的聚类结果如图 6-11 和图 6-12 所示，聚类中心及交通运行状态比例如表 6-7 所示。

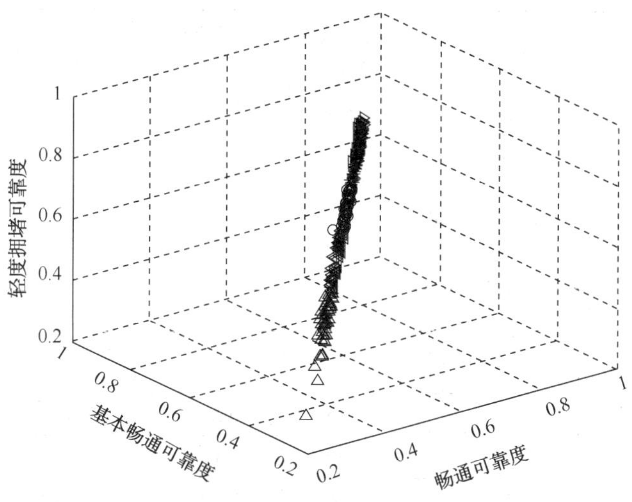

图 6-11　路径 1 交通运行状态聚类结果

△—判别为“严重拥堵”状态的样本点；◁—判别为“中度拥堵”状态的样本点；○—判别为“轻度拥堵”状态的样本点；∗—判别为“基本畅通”状态的样本点；▷—判别为“畅通”状态的样本点

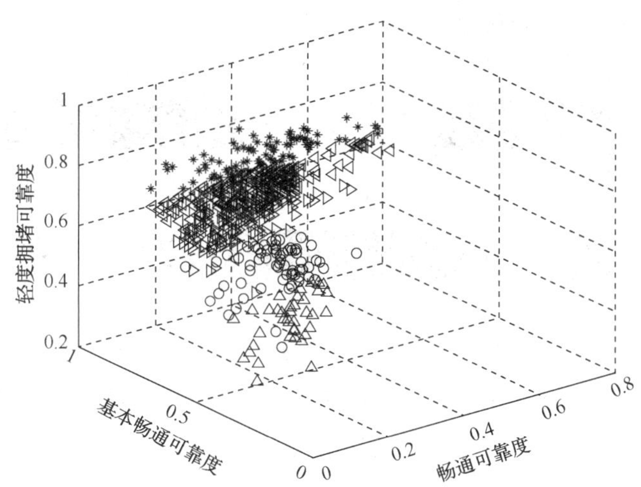

图 6-12　路径 2 交通运行状态聚类结果

△—判别为“严重拥堵”状态的样本点；○—判别为“中度拥堵”状态的样本点；▷—判别为“轻度拥堵”状态的样本点；◁—判别为“基本畅通”状态的样本点；∗—判别为“畅通”状态的样本点

表 6-7 聚类中心及交通运行状态比例

序号	交通状态	畅通可靠度	基本畅通可靠度	轻度拥堵可靠度	分类样本数	比例/%
路径 1	畅通	0.7530	0.7553	0.7556	101	19.1651
	基本畅通	0.7041	0.7071	0.7080	207	39.2789
	轻度拥堵	0.6500	0.6546	0.6557	117	22.2011
	中度拥堵	0.5446	0.5536	0.5555	56	10.6262
	严重拥堵	0.4222	0.4340	0.4370	46	8.7287
路径 2	畅通	0.3568	0.7885	0.7956	82	15.5598
	基本畅通	0.2785	0.7215	0.7346	202	12.7135
	轻度拥堵	0.2352	0.5265	0.5551	67	25.9962
	中度拥堵	0.2179	0.6514	0.6727	137	7.4004
	严重拥堵	0.1833	0.4040	0.4386	39	38.3302

如图 6-13 所示，比较路径 1 和路径 2 处于“畅通”和“基本畅通”状态的样本比例，路径 1 均比路径 2 的比例大。也就是说，路径 1 比路径 2 遭遇交通拥堵的概率较小，且路径 2 有 38.3302%的比例处于严重拥堵状态。由表 6-7 可知，路径 2 比路径 1 距离较短，然而在考虑交通运行状态的条件下，为了让道路使用者获得满意的出行体验，建议路径 1 为推荐路线。

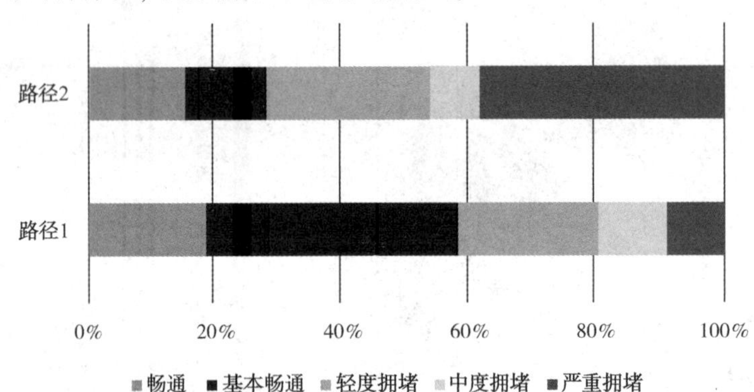

图 6-13 各交通运行状态比例

6.4.3 出发时段的选取

根据交通运行状态聚类中心，对某一天不同时段的两条路径的交通运行状态进行估计，结果如图 6-14 所示，图中的 1、2、3 、4、5 分别代表“畅通”“基本畅通”“轻度拥挤”“中度拥挤”“严重拥挤”。通过估计不同路径不同时段的交通运行状态，可以获得在考虑出发时段的条件下的推荐路径。

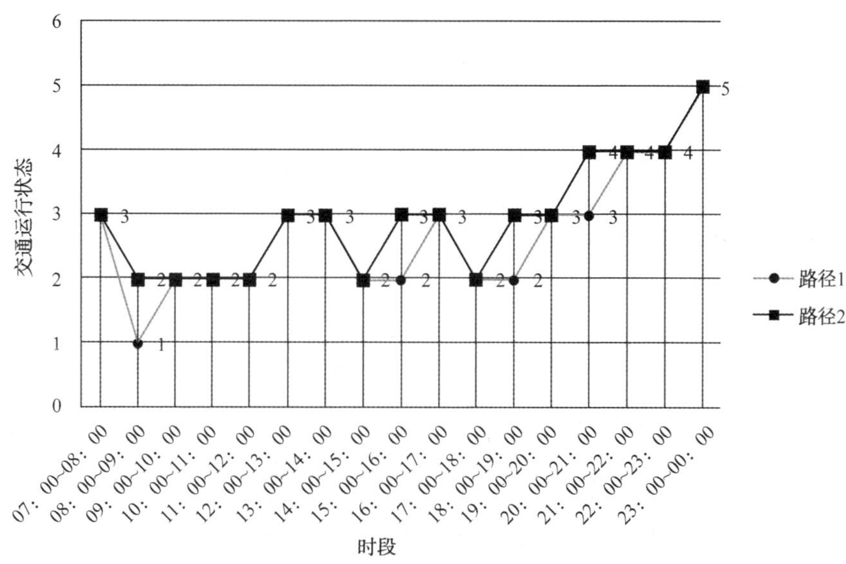

图 6-14　某一天两条路径不同时段交通运行状态估计

由图 6-14 可知，以出发时段 18：00~19：00 为例，路径 1 处于“基本畅通”状态，路径 2 处于“轻度拥堵”状态。为获得在该时段内出行较满意的出行体验，建议路径 1 为推荐路线。同时，当路径 1 为出行路径时，建议选择 8：00~9：00 时段出发，此时段内交通运行状态为“畅通”。

7　案例：面向管理决策的省域高速公路网运行分析

经过多年的建设和发展，我国高速公路已经趋近成熟，且信息化程度逐渐提升，基本完成对我国主要经济区域、交通枢纽的覆盖。高速公路运输具有机动、灵活、快捷、便利的优势，是综合运输体系中唯一“门到门”的运输方式。高速公路运输具有“深、通、达”的显著特点，服务于国民经济建设的各个层面和各个环节。在各种交通运输方式中，通达性最强、服务范围最广、承担运量最大，是综合运输体系中最基本的运输方式。交通行为是经济行为的衍生物，道路上不同路线、不同车型的数量都与该路线城际间的经济活动息息相关。例如，货车组成的比例反映了区域动力组成；起讫点之间的交通量反映了区域之间经济、文化的交互和依赖关系；交通量不同时段的差异反映了交互与时间、季节的关系。交通运输信息成为观察区域经济活动的重要窗口，能为交通运输行业及区域经济的科学决策提供翔实可靠的数据支撑。

收费数据是高速公路的重要数据来源，并且全面记录了各个通道、路线、路段的车辆行驶信息，是高速公路运营管理部门的重要参考和核心依据。尽管一些交通运行评价和数据挖掘的算法不断更新，统计数据依旧在交通运行决策中占有重要地位。统计数据是一种客观的量化描述，能够表征路网中交通量的分布，能帮助高速公路管理部门认识管理中存在的问题和缺陷，进而采取针对性的措施改善现状。因此，基于收费数据进行省域高速公路网的运行分析显得十分必要。然而，交通量统计指标种类繁多，数据体量庞大，分析对象各式各样，如何运用高速公路收费数据获得运营管理水平的定量比较和综合分析，是高速公路运营管理评价工作的一部分重要内容，也是加强高速公路运营管理和提高其经济效益的主要手段。

本章根据陕西省高速公路网 2013～2015 年收费数据，计算省域高速公路网客车、货车流量(包括自然量和当量数据)，从重要通道、各公司管辖路段、各区间路段、省界出入口、主要城市、重要收费站等方面，对交通量的特征和空间变化情况综合分析，反映路网承载交通状况。本章以陕西省高速公路网为研究案例，给出面向运营管理部门决策的分析方法，阐述省域路网运行评价涵盖的内容和指标，指导省域高速公路运行评价的科学化和规范化，为进一步提高管理效能和服务水平提供借鉴。

7.1 省域高速公路运营与服务评价指标体系

高速公路网运行指标种类繁多，业务内容涵盖面广，需要建立一套完备的省域高速公路网运营与服务评价指标体系，加强对路网运营的全过程跟踪管理；针对实际效果所反映出来的从决策、实施到运营各阶段存在的问题，提出相应的改进措施，促进路网运营和服务的质量和效率。

2012 年《公路网运行监测与服务暂行技术要求》正式施行，提出建立部、省两级公路网运行状态监测与服务指标层级，设计了中断率、拥挤度、环境指数、节点通阻度、突发事件等级、设施健康状况、服务区质量等级等 7 个单项指标和通道运行指数、公路网综合运行指数 2 个综合指标，并按照路段、通道、路网不同层次建立了相应的逻辑算法并进行定级定性分析。在选取评价指标时，遵循的原则如下：科学性、系统性、可行性，同时考虑有效性、可比性以及定量与定性相结合。通过对省域高速公路运营与服务评价指标的范围进行研究，以《公路网运行监测与服务暂行技术要求》中设计的 7 个单项指标和 2 个综合指标作为导向，我们对省域高速公路交通运行、收费站服务水平、机电设施和人员管理效能方面进行评价，为高速公路运营管理各部门提供决策支持，强化高速公路管理水平。

基于可获取的、标准化的路网运行数据，建立客观、可靠、数据链统一的省域高速公路运营与服务评价指标体系，如图 7-1 所示，可以动态反映路网整体或局部的运行状况，并用于评估路网在一定时期内的可靠性和服务水平。

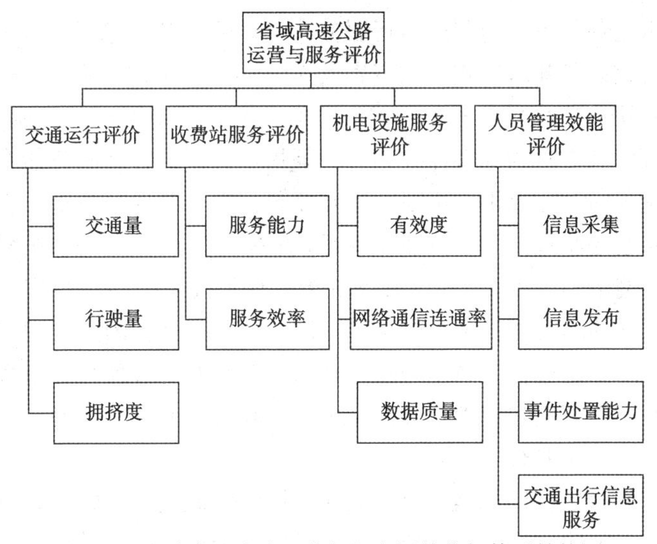

图 7-1 省域高速公路运营与服务评价指标体系结构图

省域高速公路运营与服务评价指标体系，体现了高速公路网规划、设计、建设、管理的综合效果，可为高速公路以及地方道路的规划部门、设计部门、运营管理部门、社会公众的出行提供重要的决策依据。

1）路网规划决策

通过对评价指标体系的分析，规划部门可以评估路网规模对地区经济发展的支持能力，发现区域路网服务的短板，结合经济变化的趋势和地区经济发展目标，规划路网的规模、服务能力及建设方案，论证多路网的新增线路，改建、扩建方案，收费站、服务区的设置及建设规模。通过对本研究成果的分析；规划部门可以加强对高速公路运行全过程跟踪管理，促使运行状态正常化，避免因决策失误造成资金浪费。同时，对省域高速公路网运行指标进行敏感性分析，能够发现路网运行中存在的关键问题，并针对性、系统性地进行解决，为全省的经济发展奠定良好的交通基础，促进区域经济活动往来，有利于推动全省经济快速发展。

2）高速公路设计

设计部门（设计院、规划院）可根据路网运行服务能力与道路线性、隧道桥梁的特点之间的关系，评估各类交通设施的类型、规模、等级的实际服务能力，对设计方案进行后评估，吸取前期设计的经验和教训，在后期大修、改造等工程项目中优化设计，结合当地实际特点，充分利用桥梁、隧道、道路线形的特点和优势，取得综合优化的效果。

3）高速公路的运营管理

高速公路运营服务部门利用运行服务评价指标可以合理调度资源，配置收费站的车道开启数量和开启模式，在节省人力、资源的同时，减少车辆在收费站出入口的等待时间；针对突发事件的响应能力，评估道路管理部门通过延误时间、延误车次、事件响应时间、事件处理时间等指标，评估管理服务能力，评估管理制度、业务流程的实际效果，不断改进和完善，提高管理服务水平。

高速公路运营监管部门或行业主管部门（高速公路管理局、路网调度指挥中心、交通部路网中心等）可根据运行评价指标评估高速公路运行服务的能力，制定行业管理指导性的管理制度、标准、规范，从服务社会的角度把行业监管的职责落到实处，对于促进省域高速公路的高效运营和科学管理具有重大意义，有利于公路交通的管理模式和管理水准向高标准、高效率的方向发展。

4）高速公路安全管理

公安交警部门根据路网运行服务指标可评估高速公路安全管理措施的有效性，如限速值，限速空间区域、限速时段设置的合理性、科学性，高速公路安全防护方案的有效性等。

5)高速公路直接用户

发布司乘人员关注的关键指标(如通行时间可靠性、延误率、拥堵率等),可以为客运服务、物流运输、旅游客运及社会公众提供出行指南,大范围调节对高速公路的使用需求,提高区域高速公路网的总体效率。

7.2 基于收费数据的省域高速公路网交通运行评价

高速公路收费系统最基本的运作方式是入口写卡发卡、出口读卡收卡。这种简单的操作每天因大量过往车辆而产生数以万计的车流数据。运用现代网络通信技术和数据库技术,通过计算机将这些最原始的收费数据文件进行加工处理,可以得到各种各样切实可用的数据信息。例如:通过对这些数据的统计分析可以掌握路段每月的车流情况;通过对历史数据按月、按年进行统计分析,从而判断本路段车流的变化趋势;通过路段公司每日生成的合计数,可以知道原始数据是否上传完整、是否存在异常数据;在路段公司实行封路大修的时候,通过对所封路段以往和当前车流、收入的分析,可以预测路段公司的收费损失。

在省域高速公路运营与服务评价指标体系中,运用收费数据能够很好地反映交通运行和收费站服务水平。高速公路收费数据挖掘是路网运营服务的量化表征,可以描述高速路网的宏观特征,掌握高速公路网内交通流的运行特征以及高速公路网的适应程度,为评价省域路网、路线、路段的运营管理能力提供数据支持。联网收费数据的挖掘和分析处理得到的形式多样有价值的数据,为路段各职能部门决策管理提供可靠的数据支持,为企业领导决策者从数据的角度来评估各种量化管理方法提供依据。

7.2.1 省域高速公路网交通运行分析

高速公路联网收费数据进行挖掘和分析,可以为高速公路规划建设、路网运行管理、交通应急处置、科研及社会公众提供高速公路交通信息,对高速公路的综合监控与行业管理有着重要意义。

采用高速公路收费数据为基础数据来源,以运营管理需要关注的交通运行指标为导向,省域路网运行分析主要包括以下内容。

1)各主要通道(路线)流量分析

对全省高速公路的主要运输通道(路线)流量进行分析。选取几条重要路线作为主要运输通道交通量分析对象,计算客车自然量、货车自然量、自然量合计、当量合计、客货流量比、主方向分布系数、交通拥挤度、行驶量、通道占全路网行驶量比例等指标,并分析主要运输通道行驶量逐月变化情况、自然量或当量连续三年变化情况。通过图表说明全省高速公路主要运输通道的流量特征和变化趋势。

2）各公司管辖路段流量分析

对全省高速公路中各公司管辖路段流量进行分析。统计高速公路各公司管辖路段交通量、分车种车型交通流量、客货比例、主方向分布系数、拥挤度等指标，分析与上一年自然量或当量的变化趋势、各路段占路线行驶量比例、路段行驶量客货比例的月变化，说明路段对路网结构以及路线的作用和意义。

3）主要城市流量分析

对全省各个城市收费站出入口流量进行分析。统计主要城市出入口交通量、客车交通量和货车交通量，计算城市出市和入市的交通量比例，分析各主要城市对交通流吸引和发生的特点。

4）省际交通流量分析

对省界出入口流量、跨省、省内、入省、省界出入口流量进行分析。统计省际出口年平均日交通量、省际入口年平均日交通量、省界主线站出入口年平均日交通量、主要通道省界出入口收费站交通量等，了解省际交通活动的流向特性和变化规律。

5）重要收费站交通流量分析

以省界收费站、主线站作为重要收费站，计算收费站出入口车道平均压力，并统计出入口交通量排名前 10 的收费站，分析其交通流特性。

6）新开通路段影响分析

考虑新开路段对路网交通流的吸引和分流作用，对当年新开路段的交通流量进行分析，计算新开路段对连接路段、并行路段的交通流量影响。

7.2.2 计算思路和方法

由于高速公路收费数据只记录车辆进入和驶出收费站的信息，在计算路段、路线的交通流量时，需要进行 OD——行驶路径的推导。

假设所有司机均按照最优路径行驶，结合陕西省高速公路网拓扑结构和图论相关知识，建立陕西省高速公路网收费站邻接表。以路网邻接表为基本数据表，选择 Dijkstra 算法寻找高速路网中任意两收费站间的最优路径。

1）相邻收费站间货车流量、客车流量和总车流量计算方法

第一步，生成任意两收费站间最优路径。

第二步，寻找经过两相邻收费站 TollStation[i]和 TollStation[i+1]的所有最优路径集合 OptimalPathSet[n]。

第三步，按客车、货车分别叠加所有 OptimalPathSet[n]中的车流量，分别表征相邻收费站 TollStation[i]和 TollStation[i+1]间的货车流量和客车流量 flow(i，i+1)。

第四步，计算相邻收费站间总的车流量。相邻收费站间总的车流量等于相邻收费站间货车流量与相邻收费站间客车流量之和。

2)各公司管辖路段的货车流量、客车流量和总车流量计算方法

第一步，确定陕西省域路网内所有公司所管辖的路段。

第二步，叠加各个公司所管辖的所有邻接路段的货车流量、客车流量和总的车流量，即为各公司管辖路段的货车流量、客车流量和总的车流量。

3)各路线的货车流量、客车流量和总的车流量计算方法

第一步，确定陕西省域路网内所有路线包含的公司。

第二步，叠加各个路线包含的所有公司管辖路段的货车流量、客车流量和总的车流量，即为各路线的货车流量、客车流量和总的车流量。

需要说明的是，在2020年初全国高速公路取消省界收费站之后，全网一体化运行，意味着全国高速公路运营模式和收费技术路线的一次变革，计费方式、车型划分标准进行修订和完善。收费系统能够直接记录车辆的实际行驶路径，不需要再通过邻接表进行推导，统计分析结果将更加真实精确。

7.2.3 交通量指标的定义

省域路网运行分析年度报告中，会涉及不同交通量指标的计算。为了便于理解，先对常用的名词、术语、指标计算方法进行说明。

年度报告中常用的统计指标包括交通量、行驶量、货运周转量、PCU(Passenger Car Unit)、PCU/日、PCU/年等。

交通量：单位时间内通过道路某断面的交通流量，即单位时间通过道路某断面的车辆数目。

行驶量：车辆数与行驶里程的乘积，单位为万车公里。

货运周转量：运输货物的数量(吨)与运输距离(公里)的乘积。

PCU：当量小客车，也称当量交通量，是将实际的各种机动车和非机动车交通量按一定的折算系数换算成某种标准车型的当量交通量。

PCU/日：当量小客车/天，即每天的标准当量小客车交通量。

PCU/年：当量小客车/年，即每年的标准当量小客车交通量。

参照交通运输部制定、国家统计局备案的《公路交通情况调查统计报表制度》中各交通量的计算方法，现对路网交通量指标的定义和计算方法进行说明。

1)路线月交通量

路线月交通量 Q_{ml} 为路线内各邻接路段月流量与其距离的加权平均值，计算如式(7-1)所示：

$$Q_{ml}=\frac{\sum_{i=1}^{n}Q_{msi}l_i}{\sum_{i=1}^{n}l_i} \tag{7-1}$$

式中，Q_{msi} 为某邻接路段的月交通量；l_i 为某邻接路段的距离；n 为某路线内包含的邻接路段数。

2）路线年交通量

路线年交通量 Q_{yl} 为路线内各邻接路段年流量与其距离的加权平均值，计算如式(7-2)所示：

$$Q_{yl}=\frac{\sum_{i=1}^{n}Q_{ysi}l_i}{\sum_{i=1}^{n}l_i} \tag{7-2}$$

式中，Q_{ysi} 为某邻接路段的年交通量；l_i 为某邻接路段的距离；n 为某路线内包含的邻接路段数。

3）路线年平均日交通量

路线年平均日交通量 $\bar{Q}_{yl}$ 为简单算术平均数，计算如式(7-3)所示：

$$\bar{Q}_{yl}=\frac{Q_{yl}}{n} \tag{7-3}$$

式中，Q_{yl} 为某路线的年交通量；$\bar{Q}_{yl}$ 为该路线年平均日交通量，辆/天；n 为一年的天数。

4）路网月交通量

路网月交通量 Q_{ml} 为所有邻接路段月流量与其距离的加权平均值，计算如式(7-4)所示：

$$Q_{ml}=\frac{\sum_{i=1}^{n}Q_{msi}l_i}{\sum_{i=1}^{n}l_i} \tag{7-4}$$

式中，Q_{msi} 为某邻接路段的月交通量；l_i 为某邻接路段的距离；n 为某路网内包含的邻接路段数量。

5）路线年行驶量

路线年行驶量为路线内各邻接路段年流量与其距离的加权值，计算如式(7-5)所示：

$$Q_{yl}=\sum_{i=1}^{n}Q_{ysi}l_i \tag{7-5}$$

式中，Q_{ysi} 为某邻接路段的年交通量，辆；l_i 为某邻接路段的距离，km；n 为某路线内包含的邻接路段数。

6）交通拥挤度

交通拥挤度=路段总当量数/路段适应交通量。

7）方向分布系数

主方向分布系数=主行驶方向当量数/双向总当量数。

7.3 陕西省高速公路网年度交通运行分析实例

7.3.1 陕西省高速公路网总交通量分析

2015 年陕西省高速公路自然量统计结果如表 6-1 所示。2015 年各月份当量如表 7-1 所示，各月份行驶量如表 7-2 所示。通过观测当年各月份分车型的交通当量数并同 2014 年进行对比，能够获知路网交通压力的时间变化趋势。

表 7-1 2015 年陕西省高速公路当量统计对比分析表

月份	2015 年当量数/万 PCU			与 2014 年货车当量对比	与 2014 年客车当量对比	与 2014 年总当量对比
	货车	客车	合计			
1	33.65	16.80	50.45	4.11%	-18.78%	-4.82%
2	17.87	22.78	40.65	-15.31%	14.69%	-0.76%
3	34.17	22.02	56.18	-20.19%	22.45%	-7.58%
4	38.38	20.33	58.71	-7.65%	6.29%	-3.26%
5	39.63	17.57	57.20	-22.00%	-16.08%	-20.27%
6	36.59	18.23	54.83	-7.48%	5.26%	-3.60%
7	37.40	22.19	59.59	-9.93%	7.45%	-4.16%
8	41.17	22.77	63.94	-9.28%	2.29%	-5.47%
9	36.84	19.00	55.84	-14.67%	10.71%	-7.45%
10	34.50	14.49	49.00	-24.66%	-37.59%	-29.01%
11	32.01	16.16	48.18	-21.28%	-3.28%	-16.04%
12	32.03	14.93	46.95	-16.09%	-7.83%	-13.63%
全年	414.25	227.27	641.52	-14.21%	-2.08%	-10.28%

表 7-2 2015 年陕西省高速公路行驶量统计对比分析表

月份	2015 年行驶量/万车公里			与 2014 年货车行驶量对比	与 2014 年客车行驶量对比	与 2014 年总行驶量对比
	货车	客车	合计			
1	150061	74916	224979	6.38%	-17.01%	-2.75%
2	79672	101603	181278	-13.47%	17.19%	1.40%
3	152368	98176	250547	-18.45%	25.12%	-5.56%
4	171154	90646	261803	-5.64%	8.61%	-1.15%
5	176739	78330	255072	-20.30%	-14.25%	-18.54%
6	163178	81312	244492	-5.47%	7.56%	-1.50%
7	166782	98941	265726	-7.77%	10.02%	-1.86%
8	183589	101552	285144	-7.11%	4.74%	-3.21%
9	164279	84738	249019	-12.81%	13.13%	-5.43%
10	162703	68345	231048	-18.59%	-32.56%	-23.30%
11	156323	78925	235249	-11.92%	8.23%	-6.06%
12	164513	76673	241185	-3.35%	6.17%	-0.52%
全年	1891361	1034156	2925543	-10.37%	1.97%	-6.36%

绘制 2015 年陕西省高速公路网交通当量数各月份变化趋势，如图 7-2 所示。由图 7-2 可知，2015 年陕西省高速公路网中 2 月交通当量最小，8 月最高。其中，4~7 月的交通当量略高于 10~12 月，陕西省高速公路网交通当量受季节性因素影响显著。

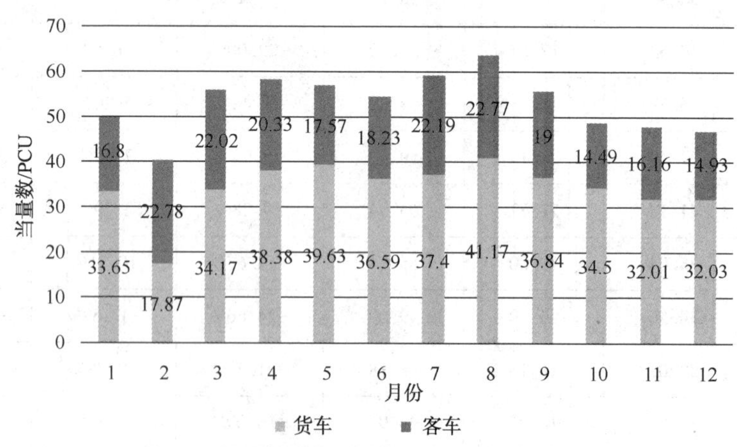

图 7-2 2015 年陕西省高速公路网各月份交通当量数

绘制 2015 年陕西省高速公路网各月份分车型当量比例，如图 7-3 所示。由图 7-3 可知，2015 年陕西省高速公路网中 2 月份客车比例明显高于其他月份，这是由于春节假期影响，2 月份客车出行比例较全年其他月份明显偏高。

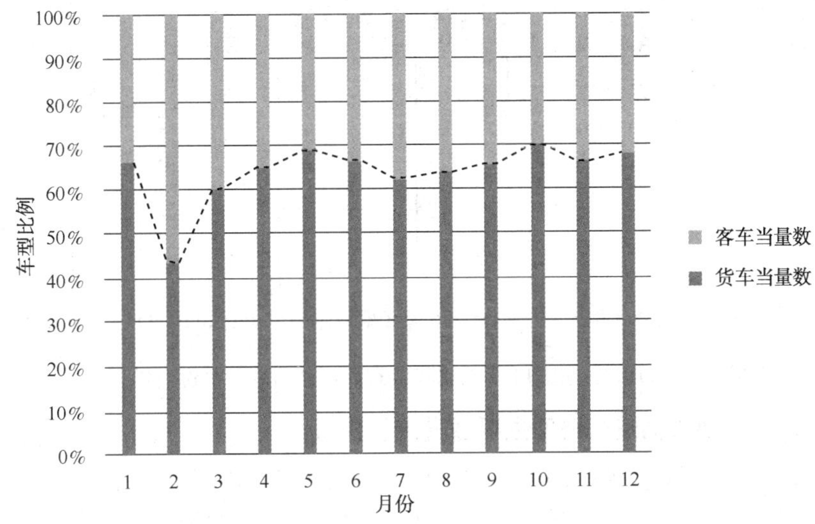

图 7-3　2015 年陕西省高速公路网各月份分车型当量比例

2015 年全省高速公路网当量数为 641.52 万 PCU/年，其中路网客车交通量当量数为 227.27 万 PCU/年，占路网当量的 35.43%；路网货车交通量当量数为 414.25 万 PCU/年，占路网总当量的 64.57%。由表 7-1 可知，2015 年货车当量较上年下降 14.21%，客车当量较上年下降 2.08%，整体当量较上年下降 10.28%。

绘制 2015 年较上年陕西省高速公路网各月份当量变化，如图 7-4 所示。由图 7-4 可知，2015 年陕西省高速公路网客车当量较上年各月份波动显著，其中，3 月份较上年增长幅度最高，达到 22.45%；10 月份较上年下降幅度最高，达到 37.59%。同时，2015 年陕西省高速公路网货车当量较上年基本每个月均呈现下降，10 月份下降幅度最高，达到 24.66%。

由于 2015 年陕西省高速公路网整体交通当量呈现下降状态，且货车当量基本每个月均为下降，由此可以推断全省高速公路网交通当量受到货车出行活动减少而降低。该现象是否与某项经济政策相关或者被其他交通出行方式替代，可以根据相关数据资源进一步探讨。

2015 年陕西省高速公路行驶量的分析与推断可以参照当量数据分析，获得高速公路行驶量的时间变化特征。

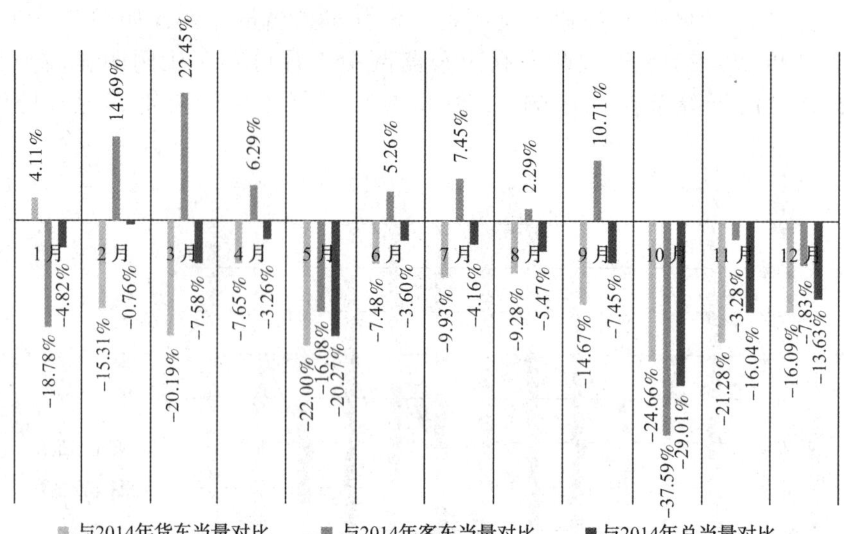

图 7-4　2015 年与 2014 年相比陕西省高速公路网各月份当量变化

7.3.2　陕西省高速公路网主要通道流量分析

通过计算陕西省高速公路网主要运输通道的客车自然量、货车自然量、自然量合计、当量合计、客货流量比、主方向分布系数、交通拥挤度、行驶量、通道占全路网行驶量比例等指标，获取主要通道交通流组成特征和时间变化趋势。根据各主要运输通道交通流特点，可以为路网规划、运营管理和应急处置提供决策支持。

截至 2015 年年底，陕西省已通车高速公路路线包括京昆高速陕西段(G5)、青银高速陕西段(G20)、青兰高速陕西段(G22)、连霍高速陕西段(G30)、沪陕高速陕西段(G40)、包茂高速陕西段(G65)、福银高速陕西段(G70)、十天高速陕西段(G7011)、西安绕城高速、神府高速公路、榆神高速公路、榆绥高速公路、宝汉高速公路、渭蒲高速公路、西耀高速公路、机场专用高速公路、延志吴高速公路、榆佳高速公路、银昆高速陕西段(G85)。选取几条重要路线作为主要运输通道交通量分析对象，2015 年陕西省高速公路网各主要运输通道包括包茂线、京昆线、连霍线、福银线、青银线、绕城高速、十天线以及银昆线。

主要运输通道基本信息如下：

包茂高速陕西段(G65)：起于陕蒙界蟒盖兔河，经榆林、靖边、安塞、延安、富县、黄陵、铜川、三原、西安、柞水、镇安、安康、紫阳，至陕川界镇巴县巴山隧道北口，与四川省万源至达州高速公路相接，全长 1024.5km。省境内路线纵贯陕北黄土高原、关中平原和陕南秦巴山区，穿毛乌素沙漠和白于、北山、秦岭、巴山等山脉，跨洛河、泾河、渭河、汉江等河流。沿线分别与榆商、榆神、青银、延志吴、青兰、西安绕城、十天等国家和省级高速公路相交，与国道包(头)南(宁)线(G210)陕西段大体平行。路线北段延安至洛川间与榆西铁路相向，南段西安至安康与西康铁路大体平行。其中，秦岭终南山公路隧道是亚洲第一、世界第二的特长隧道。

京昆高速陕西段(G5)：起于陕晋交界的禹门口，途经韩城市、合阳县、澄城县、蒲城县、周至县、佛坪县、洋县、城固县、勉县，止于宁强县棋盘关，全长 625km。

连霍高速陕西段(G30)：起于潼关，途经潼关县、华阴市、华县、渭南市、临潼区、咸阳市、兴平市、武功市、杨凌农业高新技术产业示范区、眉县、陈仓区及宝鸡市，止于陕甘交接的牛背村，全长 367.9km。

福银高速陕西段(G70)：起于商洛市漫川关，途经山阳县、商洛市、咸阳市、礼泉县、乾县、永寿县、彬县、长武县，止于陕甘交界的凤翔路口，全长 388km。

青银高速陕西段(G20)：起于陕晋界的吴堡，途经吴堡县、绥德县、子洲县、靖边县、定边县等市县，止于陕宁界的王圈梁，全长 323.3km。

西安绕城高速：陕西省高速公路主骨架的枢纽。途经西安市方家村立交、谢王立交、吕小寨立交、帽儿刘立交、河池寨立交、西高新立交、长安立交、曲江立交、纺织城立交、香王立交等 15 座立交，全长 80km。

十天高速陕西段(G7011)：起于陕甘界的略阳县，途经略阳县、勉县、城固县、南郑县、西乡县、石泉县、汉阴县、安康市、旬阳县，止于陕鄂界的白河县，全长 452km。

银昆高速陕西段(G85)：起于宝鸡市陇县陕甘交界的火烧寨镇大桥村，止于汉中市陕川交界的米仓山，全长 400km。

1)2015 年主要运输通道交通量统计

2015 年陕西省高速公路网各主要运输通道交通量指标结果见表 7-3，通过对表格数据的分析，可以获得 2015 年陕西省高速公路主要运输通道的交通流量状态和特征。

表 7-3　2015 年陕西省高速公路主要运输通道交通量统计表

路线名称	自然量/(万辆/年)			当量合计/(万PCU/年)	客货流量比	主方向分布系数	交通拥挤度	2015 年与 2014 年同比增长量		2014 年与 2013 年同比增长量	
	客车	货车	合计					自然量	当量	自然量	当量
包茂线	202.69	145.17	347.86	681.46	1.40	0.44	0.3418	-7.79%	-15.72%	8.23%	7.15%
京昆线	329.94	199.52	529.46	940.73	1.65	0.48	0.4686	-0.36%	-4.01%	18.98%	19.51%

续表

路线名称	自然量/(万辆/年)			当量合计/(万PCU/年)	客货流量比	主方向分布系数	交通拥挤度	2015年与2014年同比增长量		2014年与2013年同比增长量	
	客车	货车	合计					自然量	当量	自然量	当量
连霍线	468.65	193.12	661.77	1038.63	2.43	0.53	0.3356	-9.62%	-14.50%	8.59%	3.67%
福银线	321.02	214.40	535.42	1006.61	1.50	0.49	0.4576	3.22%	0.21%	17.78%	16.38%
青银线	96.71	156.77	253.49	671.08	0.62	0.51	0.3343	-10.84%	-15.15%	-3.11%	-6.78%
绕城高速	1156.70	384.27	1540.97	2189.48	3.01	0.49	0.7498	4.74%	-0.94%	28.78%	23.20%
十天线	72.56	39.32	111.88	182.52	1.85	0.51	0.0917	19.63%	23.75%	44.31%	60.64%
银昆线	45.15	21.76	66.90	107.52	2.08	0.50	0.0689	-23.53%	-26.42%	4.25%	-3.96%

2015年陕西省高速公路主要运输通道分车型自然量如图7-5所示。由图7-5可知，绕城高速自然量最高，连霍线次之，银昆线最小。需要说明的是，银昆线包括宝汉高速和汉川高速，其中汉川高速开通时间为2015年9月。因此，银昆线客车自然量、货车自然量、自然量合计和当量合计均为最小，与实际路网情况一致。

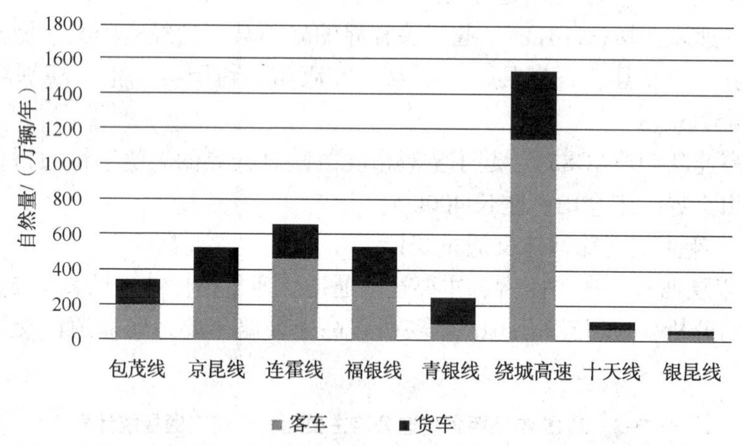

图7-5 2015年陕西省高速公路主要运输通道分车型自然量

2015年陕西省高速公路主要运输通道客货流量比如图7-6所示。由图7-6可知，各主要运输通道的客货流量比差异较为明显，青银线最小，为0.62；绕城高速最大，为3.01。说明青银线中货车对本通道交通流量贡献程度更强，绕城高速中客车对本通道交通流量贡献程度更强。

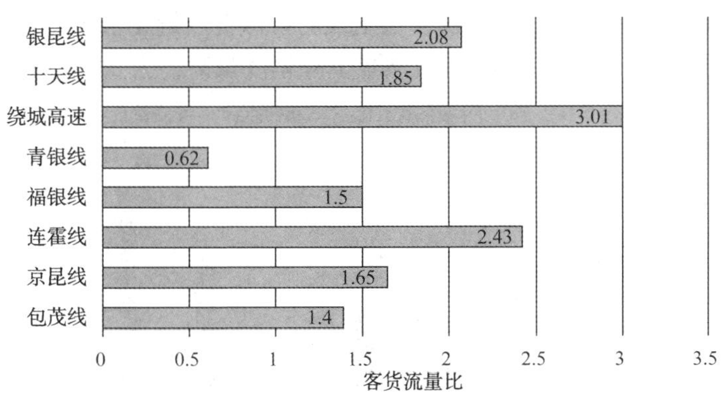

图 7-6　2015 年陕西省高速公路主要运输通道客货流量比

由表 7-3 可知，各主要运输通道的主方向分布系数均在 0.5 左右，说明各运输通道两个方向行驶的交通量基本均衡，且各主要运输通道之间差距不大。

2015 年陕西省高速公路主要运输通道的交通拥挤度如图 7-7 所示。由图 7-7 可知，各主要运输通道之间交通拥挤度差异显著，基本呈现三种拥挤度水平。其中，绕城高速最高，为 0.7498；包茂线、京昆线、连霍线、福银线、青银线次之，为 0.4 左右；十天线和银昆线最小，均小于 0.1。

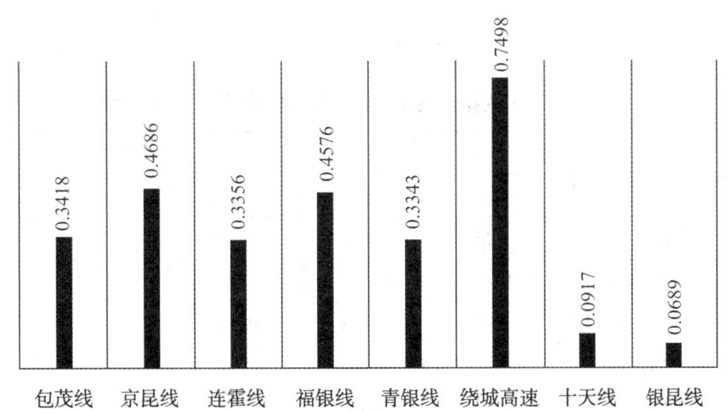

图 7-7　2015 年陕西省高速公路主要运输通道交通拥挤度

由表 7-3、图 7-7 可知，主要运输通道中绕城高速的自然量和当量合计最高，且客货比和交通拥挤度最高，分别为 3.01 和 0.7498。说明绕城高速是全省运输通道中重要路线，并且客车对通道交通流量的贡献程度显著。

绘制 2013 年、2014 年、2015 年自然量逐年变化幅度柱状图，如图 7-8 所示。由图 7-8 可知，福银线、绕城高速和十天线自然量逐年同比增加，2014 年度增加幅度较大，2015 年度增加幅度放缓。其中，十天线交通流量逐年增加趋势显著，说明该通道对连接区域之间出行活动的支持作用较强；青银线自然量逐年呈现下降趋势；包茂线、连霍线、银昆线的通道自然量先呈现增加，后呈现下降；尤其银昆线2015年与2014年自然量下降幅度最高，为23.53%。

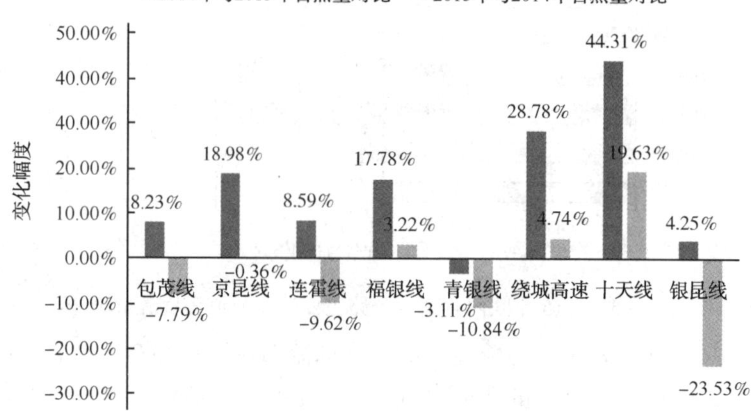

图7-8　2013年、2014年、2015年自然量逐年变化幅度

2)2013~2015年主要运输通道行驶量比较分析

分别计算2013年、2014年、2015年陕西省高速公路网中各主要运输通道的行驶量，并且计算各主要运输通道行驶量占整个路网的比例，统计结果如表7-4所示。

表7-4　2013~2015年主要运输通道行驶量占全路网行驶量比例情况统计表

路线名称	行驶量/万车公里			占全路网比例/%		
	2013年	2014年	2015年	2013年	2014年	2015年
包茂线	659890	707426	601081	24.25	22.65	20.52
京昆线	476905	574589	555737	17.52	18.40	18.97
连霍线	481146	497188	424933	17.68	15.92	14.51
福银线	338849	394362	395909	12.45	12.63	13.52
青银线	274264	255672	216940	10.08	8.19	7.41
绕城高速	151051	186098	185449	5.55	5.96	6.33
十天线	40013	69895	87688	1.47	2.24	2.99
银昆线	15977	15345	15973	0.59	0.49	0.55

绘制2013年、2014年和2015年主要运输通道行驶量如图7-9所示。由图7-9可知，各主要运输通道行驶量逐年略有浮动，但是基本维持一定水平。主要运输通道行驶量差异显著，其中，2015年包茂线行驶量最高，京昆线次之，银昆线最低。青银线行驶量呈现逐年下降趋势，十天线行驶量呈现逐年上升趋势，

银昆线行驶量基本稳定。

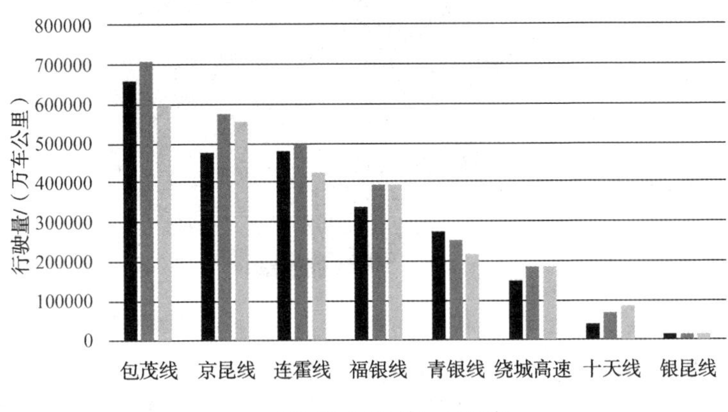

图 7-9 2013 年、2014 年和 2015 年主要运输通道行驶量

绘制 2013 年、2014 年和 2015 年主要运输通道行驶量占路网比例如图 7-10 所示。由图 7-10 可知，2013~2015 年主要运输通道行驶量占路网比例每年略微浮动，但连续 3 年比例大致接近。说明陕西省高速公路行驶量在各主要运输通道的分配基本稳定，在年度时间跨度上变化不大。

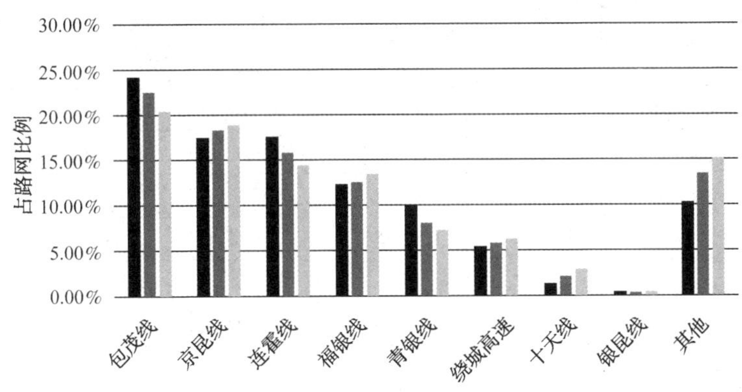

图 7-10 2013 年、2014 年和 2015 年主要运输通道行驶量占路网比例

绘制 2015 年陕西省高速公路网各主要运输通道行驶量占比如图 7-11 所示。由图 7-11 可知，2015 年包茂线行驶量占比最大，京昆线次之，银昆线最小。这 8 条主要运输通道行驶量占整体路网的比例约为 85%，主要运输通道行驶量变化对省域路网影响程度强烈。

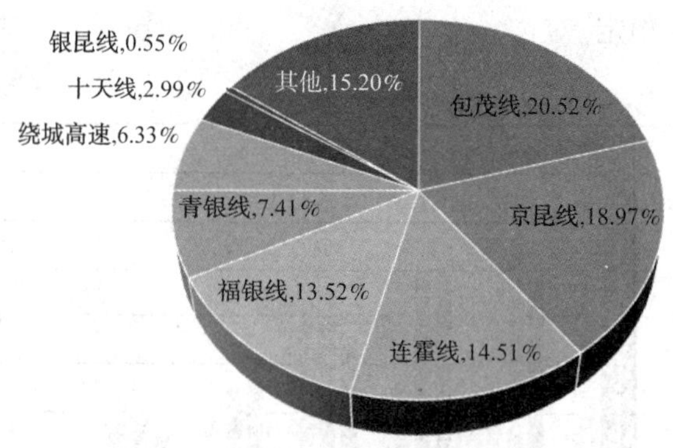

图 7-11　2015 年各主要运输通道行驶量占路网比例

分析各路线 2015 年与 2014 年行驶量变化占路网行驶量变化的比值，计算公式为(2014 年路线行驶量-2015 年路线行驶量)/(2014 年路网行驶量-2015 年路网行驶量)，统计结果如表 7-5 所示。根据定义，当该比值为正时，该路线行驶量变化趋势与路网行驶量变化趋势一致。

表 7-5　2015 年主要运输通道行驶量变化对比表

路线名称	2015 年行驶量/万车公里			与 2014 年路线行驶量变化与路网行驶量变化比值		
	合计	客车	货车	合计	客车	货车
包茂线	601081	183153	417928	54.80%	5.67%	47.68%
京昆线	555737	199916	355821	9.71%	13.64%	10.28%
连霍线	424933	195886	229047	37.23%	-34.69%	26.81%
福银线	395909	130297	265611	-0.80%	21.15%	2.38%
青银线	216940	31799	185141	19.96%	-0.47%	17.00%
绕城高速	185449	98740	86709	0.33%	27.29%	4.24%
十天线	87688	35913	51775	-9.17%	17.84%	-5.25%
银昆线	15973	6802	9171	-0.32%	2.38%	0.07%
路网	2929026	1046320	1882706	100.00%	100.00%	100.00%

由表 7-5 可得，2015 年陕西省路网总行驶量较 2014 年呈现出降低现象。绘制与 2014 年相比各路线行驶量变化与路网行驶量变化比值如图 7-12 所示。因此，在图 7-12 中数值为正，则代表路线行驶量变化与路网行驶量变化一致，均为降低。

由表 7-5、图 7-12 可知，8 条主要通道与 2014 年相比，包茂线、京昆线、连霍线、青银线、绕城高速行驶量呈现出减少的趋势，其余主要路线行驶量均呈现出增加的趋势。其中，包茂线和连霍线对路网行驶量减少的影响较大，其行驶量减少量分别占路网行驶量变化量的 54.80%、37.23%。福银线、十天线、银昆线 3 条主要通道行驶量的变化与路网行驶量变化相反。此外，在分车型行驶量较上年变化而言，连霍线和十天线分车型较上年行驶量变化比值波动性较大。

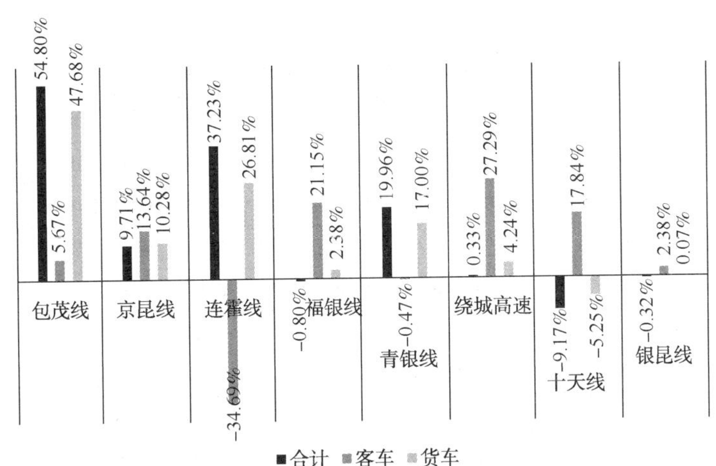

图 7-12　与 2014 年相比路线行驶量变化与路网行驶量变化的比值

3)2015 年陕西省高速公路主要运输通道行驶量月变化

对陕西省高速公路主要运输通道行驶量进行逐月统计，结果如表 7-6 所示。

表 7-6　2015 年主要运输通道行驶量月变化表

路线名称	1 月	2 月	3 月	4 月	5 月	6 月	7 月	8 月	9 月	10 月	11 月	12 月
包茂线	47350	34356	50283	53160	54075	54623	56485	58175	53592	49737	46021	43223
京昆线	45847	38493	50843	48952	45460	43879	48107	48641	47944	44917	45135	47520
连霍线	33158	29953	38151	38360	34334	34245	38732	41098	38243	23498	38700	36462
福银线	30565	24461	32154	34246	33903	32641	36167	39225	37023	32456	31329	31739
青银线	16076	10769	20148	20481	21761	15771	15981	19379	19285	19861	18254	19174
绕城高速	14473	11941	15752	16671	15210	14718	15977	16325	16465	15165	16350	16401
十天线	6869	7295	8300	7471	6604	6016	7078	8016	7450	7283	7829	7479
银昆线	1166	896	1165	1321	1350	1348	1624	1783	1452	1364	1448	1058

由表 7-6 可知，各主要通道行驶量最大的时间为 8 月份、3 月份、5 月份，其中包茂线行驶量在 8 月达到最大，京昆线行驶量在 3 月达到最大，青银线行驶量在 5 月达到最大；其中，全年行驶量最小的通道为银昆线，2 月份达到最小，7 月份达到最大。

计算各主要运输通道客车行驶量与货车行驶量之比，结果如表 7-7 所示。绘制各通道客货比的月变化曲线，如图7-13所示。由表7-7、图7-13可知，各主要通道客货行驶量比最大的时间为2月份，其中十天线客货行驶量比在2月达到最大，为2.15∶1；全年行驶量比最小的通道为青银线，其中在10月份达到最小，为0.11∶1。

表7-7　2015年主要运输通道客货行驶量比例月变化表

路线名称	1月	2月	3月	4月	5月	6月	7月	8月	9月	10月	11月	12月
包茂线	0.38	0.95	0.51	0.44	0.35	0.36	0.46	0.54	0.44	0.33	0.39	0.37
京昆线	0.44	1.29	0.70	0.54	0.47	0.51	0.62	0.73	0.54	0.42	0.46	0.41
连霍线	0.82	1.96	0.90	0.74	0.69	0.84	1.04	0.95	0.77	0.79	0.72	0.64
福银线	0.44	1.13	0.59	0.48	0.41	0.46	0.50	0.51	0.44	0.36	0.45	0.45
青银线	0.15	0.41	0.18	0.15	0.13	0.18	0.26	0.25	0.18	0.11	0.13	0.12
绕城高速	0.97	2.01	1.17	1.16	1.02	1.11	1.20	1.19	1.11	0.94	1.12	1.10
十天线	0.63	2.15	1.05	0.77	0.62	0.73	0.73	0.67	0.55	0.42	0.47	0.42
银昆线	0.55	1.16	0.72	0.67	0.60	0.70	0.96	1.09	0.78	0.58	0.66	0.58

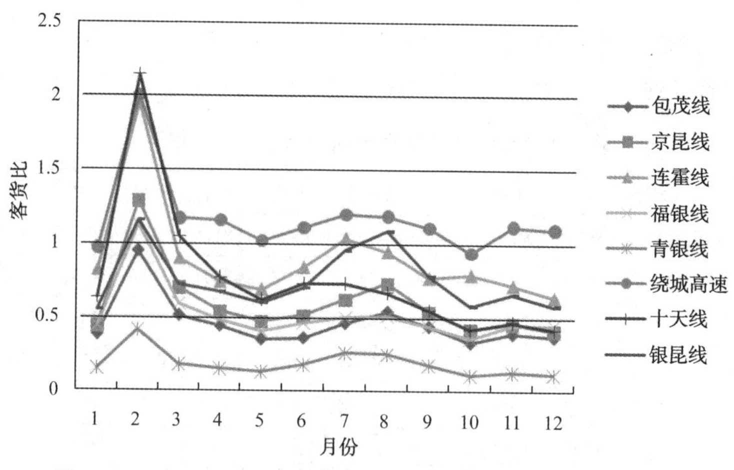

图7-13　2015年陕西省高速公路主要运输通道客货比月变化图

7.3.3　陕西省高速公路网路段流量分析

2015年陕西省高速公路网路段级管辖公司共有41个，其中隧道分公司交通流量合并在西镇高速路段中。分析各路段交通流量、交通流量结构特点、月变化趋势，进而可以探究对路网、路线作用显著的关键路段，以便于高速公路运营管理部门对其进行重点监测。

1)各路段交通量年度统计

分别计算各路段的全年交通量、客车全年交通量、货车全年交通量等指标，结果如表 7-8 所示。需要说明的是，汉川高速开通时间为 2015 年 9 月，延延高速开通时间为 2015 年 10 月，神佳米高速、安平高速开通时间为 2015 年 11 月，渭玉高速、黄延高速、西咸北环高速开通时间为 2015 年 12 月，因此交通量均较少，与实际路网情况一致。

表 7-8　2015 年陕西省高速公路各路段交通量年统计

路段名称	自然量/(万辆/年)			当量数/(万 PCU/年)	客货比	主方向分布系数	拥挤度	2015 年与 2014 年自然量增幅	2015 年与 2014 年当量增幅
	客车	货车	合计						
黄延高速	1.19	0.53	1.72	2.82	2.27	0.33	0.00004	—	—
西耀高速	291.50	108.32	399.82	627.91	2.69	0.48	0.008	-3.33%	-6.42%
安川高速	127.72	92.32	220.04	383.00	1.38	0.48	0.007	15.95%	16.23%
西铜高速	301.03	118.26	419.29	686.20	2.55	0.50	0.012	-11.42%	-18.79%
西延高速	239.65	183.64	423.29	870.59	1.31	0.43	0.016	-15.66%	-23.37%
西镇高速	253.18	117.53	370.70	566.81	2.15	0.48	0.01	10.25%	11.10%
延靖高速	213.21	173.62	386.83	808.20	1.23	0.41	0.015	-13.53%	-22.98%
榆靖高速	166.37	145.43	311.80	690.18	1.14	0.40	0.013	-11.25%	-18.29%
神府高速	83.59	182.42	266.01	789.73	0.46	0.53	0.01	-4.57%	-0.59%
榆神高速	168.95	82.99	251.94	454.42	2.04	0.47	0.008	-13.21%	-9.18%
延延高速	7.09	1.26	8.35	9.73	5.61	0.53	0.0002	—	—
延至吴高速	71.79	13.65	85.44	97.92	5.26	0.50	0.002	6.50%	4.91%
蓝商高速	234.36	272.75	507.12	1162.00	0.86	0.46	0.021	3.22%	-1.66%
商漫高速	97.69	92.41	190.10	383.81	1.06	0.47	0.007	-1.51%	-10.57%
西长高速	468.60	262.59	731.19	1291.35	1.79	0.51	0.019	3.51%	2.64%
西蓝高速	421.34	103.16	524.50	700.48	4.08	0.49	0.013	7.58%	4.97%
商界高速	107.54	193.75	301.29	813.86	0.56	0.46	0.008	8.67%	9.36%
西商高速	123.05	59.74	182.78	295.54	2.06	0.49	0.004	1.74%	-2.73%
汉宁高速	206.98	219.17	426.15	944.49	0.94	0.48	0.017	-1.17%	-3.05%
西汉高速	329.18	211.98	541.16	992.30	1.55	0.48	0.018	-0.86%	-6.04%
西禹高速	440.78	172.31	613.09	897.74	2.56	0.48	0.016	0.50%	-3.13%
西宝高速	481.49	171.39	652.88	939.90	2.81	0.52	0.012	3.14%	-1.30%
西临高速	566.63	141.68	708.31	1025.84	4.00	0.58	0.019	-51.29%	-50.58%
西潼高速	423.59	249.58	673.18	1256.91	1.70	0.54	0.013	-18.39%	-23.43%
安平高速	2.08	0.58	2.66	3.06	3.57	0.51	0.00006	—	—

续表

路段名称	自然量/(万辆/年)			当量数/(万PCU/年)	客货比	主方向分布系数	拥挤度	2015年与2014年自然量增幅	2015年与2014年当量增幅
	客车	货车	合计						
宜富高速	44.03	18.15	62.19	97.18	2.43	0.50	0.002	6.15%	-4.99%
靖王高速	143.53	156.83	300.36	694.13	0.92	0.52	0.013	-4.32%	-7.82%
吴靖高速	64.28	156.73	221.01	655.12	0.41	0.51	0.012	-16.22%	-19.83%
绕城高速	1156.70	384.27	1540.97	2189.48	3.01	0.49	0.027	4.74%	-0.94%
神佳米高速	0.51	0.81	1.31	3.45	0.63	0.45	0.00006	—	—
白泉高速	86.89	53.87	140.76	239.47	1.61	0.52	0.004	22.80%	27.57%
西略高速	59.36	25.91	85.27	130.05	2.29	0.50	0.002	15.10%	17.76%
西咸北环高速	7.59	5.38	12.96	22.50	1.41	0.52	0.0004	—	—
机场高速	972.90	0.42	973.32	985.93	2338.71	0.51	0.01	1.28%	1.06%
咸旬高速	119.65	38.16	157.82	214.30	3.14	0.50	0.004	—	—
宝汉高速	61.28	29.88	91.16	147.33	2.05	0.51	0.003	4.20%	0.82%
汉川高速	6.08	2.09	8.16	11.12	2.92	0.48	0.0002	—	—
榆佳高速	62.36	49.03	111.39	238.12	1.27	0.43	0.004	45.69%	70.80%
渭蒲高速	87.13	30.11	117.24	158.40	2.89	0.53	0.003	5.90%	11.11%
渭玉高速	1.57	0.98	2.55	3.99	1.60	0.55	0.00007	—	—
榆绥高速	102.55	45.31	147.86	259.98	2.26	0.53	0.005	-19.01%	-32.22%

绘制2015年陕西省高速公路各路段自然量对比图，如图7-14所示。由表7-8、图7-14可知，2015年各路段中绕城高速交通自然量最大，机场高速交通自然量次之，各路段自然量差异显著。

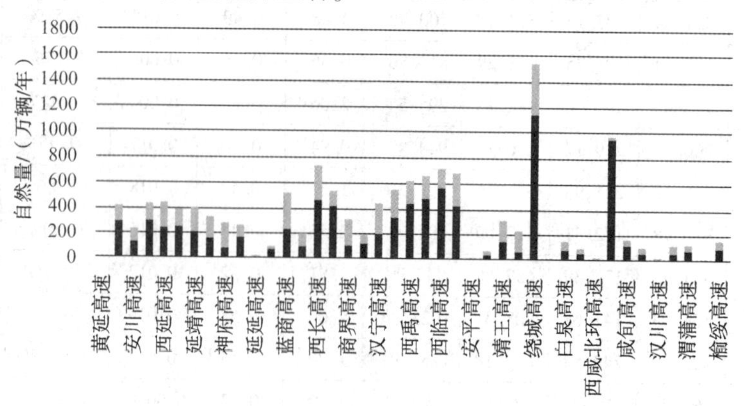

图7-14　2015年陕西省高速公路各路段自然量

2015 年陕西省高速公路各路段客货比如图 7-15 所示。由图 7-15 可知，2015 年陕西省高速公路各路段客货比差异显著。需要说明的是，由于机场高速限制货车通行，因此该路段客货比最高，达到 2338.71。此外，神府高速、商界高速和吴靖高速的货车自然量占比较大，客货比较小。

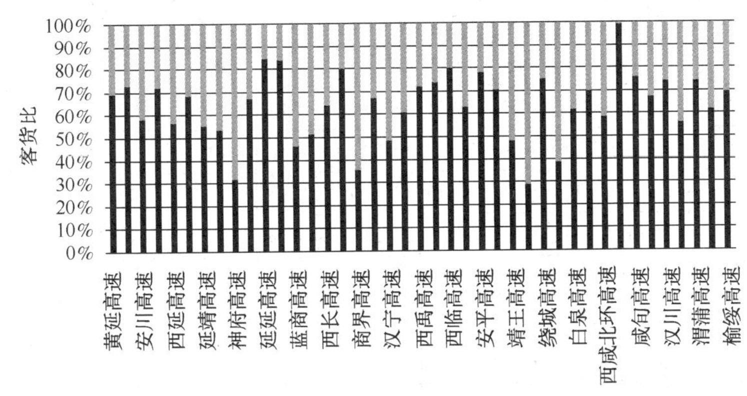

图 7-15　2015 年陕西省高速公路各路段客货比

由表 7-8 可知，2015 年陕西省高速公路各路段的主方向分布系数大致为 0.4~0.5，可见各路段交通流方向分布基本均衡。此外，绕城高速交通拥挤度最高，各路段较上年自然量变化幅度波动较大。

2) 各路段占路线行驶量比例情况

统计 2013~2015 年陕西省高速公路各路段占路线行驶量比例情况，分析结果见表 7-9。其中需要说明的是，榆佳高速开通时间为 2013 年 9 月，延至吴高速开通时间 2013 年 12 月，与 2014 年数据不具有可比性；咸旬高速开通时间为 2014 年 12 月，与 2013 年和 2015 年数据不具有可比性，不进行对比；汉川高速开通时间为 2015 年 9 月，延延高速开通时间为 2015 年 10 月、神佳米高速、安平高速开通时间为 2015 年 11 月，渭玉高速、黄延高速、西咸北环高速开通时间为 2015 年 12 月，与 2013 年和 2014 年数据不具有可比性。

表 7-9　2013~2015 年陕西省高速公路各路段占路线行驶量比例情况统计

路线名称	路段名称	行驶量/(万车公里)			占路线比例			2015 年行驶量与 2014 年行驶量增幅	2014 年行驶量与 2013 年行驶量增幅
		2015 年	2014 年	2013 年	2015 年	2014 年	2013 年		
包茂高速复线	黄延高速	176	0	0	0.23%	—	—	—	—
	西耀高速	77261	75340	19035	99.77%	100.00%	100.00%	2.55%	295.79%

续表

路线名称	路段名称	行驶量/(万车公里)			占路线比例			2015年行驶量与2014年行驶量增幅	2014年行驶量与2013年行驶量增幅
		2015年	2014年	2013年	2015年	2014年	2013年		
包茂线	安川高速	58231	50101	38272	9.69%	7.08%	5.80%	16.23%	30.91%
	西铜高速	16263	20026	29662	2.71%	2.83%	4.49%	-18.79%	-32.48%
	西延高速	194824	251433	232751	32.41%	35.54%	35.27%	-22.51%	8.03%
	西镇高速	77424	69688	58153	12.88%	9.85%	8.81%	11.10%	19.84%
	延靖高速	112914	143091	120816	18.79%	20.23%	18.31%	-21.09%	18.44%
	榆靖高速	141426	173086	180236	23.53%	24.47%	27.31%	-18.29%	-3.97%
沧榆线	神府高速	45469	45740	36894	48.14%	45.89%	40.29%	-0.59%	23.98%
	榆神高速	48992	53943	54676	51.86%	54.11%	59.71%	-9.18%	-1.34%
长延线	延延高速	989	0	0	8.40%	—	—	—	—
	延至吴高速	10781	10276	22	91.60%	100.00%	0.00%	4.91%	—
福银线	蓝商高速	108569	109557	92171	27.42%	27.78%	27.20%	-0.90%	18.86%
	商漫高速	36242	40526	34027	9.15%	10.28%	10.04%	-10.57%	19.10%
	西长高速	234251	228229	197773	59.17%	57.87%	58.37%	2.64%	15.40%
	西蓝高速	16847	16049	14877	4.26%	4.07%	4.39%	4.97%	7.87%
沪陕线	商界高速	98912	90984	63994	71.01%	68.88%	65.10%	8.71%	42.18%
	西商高速	40385	41101	34314	28.99%	31.12%	34.90%	-1.74%	19.78%
京昆线	汉宁高速	190491	192163	152867	34.28%	33.44%	32.05%	-0.87%	25.71%
	西汉高速	167744	178531	143474	30.18%	31.07%	30.08%	-6.04%	24.43%
	西禹高速	197503	203895	180564	35.54%	35.49%	37.86%	-3.13%	12.92%
连霍线	西宝高速	249945	253133	238956	58.82%	50.91%	49.66%	-1.26%	5.93%
	西临高速	21645	43799	46384	5.09%	8.81%	9.64%	-50.58%	-5.57%
	西潼高速	153343	200256	195806	36.09%	40.28%	40.70%	-23.43%	2.27%
麻安高速	安平高速	278	0	0	100.00%	—	—	—	—
青兰线	宜富高速	18800	19670	14528	100.00%	100.00%	100.00%	-4.43%	35.40%
青银线	靖王高速	91833	99620	105407	42.33%	38.96%	38.43%	-7.82%	-5.49%
	吴靖高速	125107	156052	168857	57.67%	61.04%	61.57%	-19.83%	-7.58%
绕城高速	绕城高速	185449	186098	151051	100.00%	100.00%	100.00%	-0.35%	23.20%
神佳线	神佳米高速	298	0	0	100.00%	—	—	—	—
十天线	白泉高速	55614	42658	24248	63.42%	61.03%	60.60%	30.37%	75.93%
	西略高速	32074	27237	15766	36.58%	38.97%	39.40%	17.76%	72.76%

续表

路线名称	路段名称	行驶量/(万车公里)			占路线比例			2015年行驶量与2014年行驶量增幅	2014年行驶量与2013年行驶量增幅
		2015年	2014年	2013年	2015年	2014年	2013年		
西咸北环线	西咸北环高速	2860	0	0	100.00%	—	—	—	—
新机场线	机场高速	20783	20565	16417	100.00%	100.00%	100.00%	1.06%	25.27%
银百线	咸旬高速	20395	1282	0	100.00%	100.00%	0.00%	—	—
银昆线	宝汉高速	15471	15345	15977	96.86%	100.00%	100.00%	0.82%	-3.96%
	汉川高速	501	0	0	3.14%	—	—	—	—
榆佳线	榆佳高速	18778	10994	15977	100.00%	100.00%	0.00%	70.80%	—
榆蓝线	渭蒲高速	8902	8011	6235	22.25%	14.86%	14.31%	11.11%	28.49%
	渭玉高速	158	0	0	0.39%	—	—	—	—
	榆绥高速	31102	45886	37337	77.75%	85.14%	85.69%	-32.22%	22.90%

由表7-9可知，陕西省境内主要通道中，各个路段占各主要通道的比例变化不大，整体趋势一致。其中2015年的包茂高速复线西耀高速、安川高速、西镇高速，青银线的吴靖高速、靖王高速，长延线的延志吴高速，福银线的西长高速、西蓝高速，沪陕线的商界高速，十天线的白泉高速、西略高速，新机场线的机场高速，银昆线的宝汉高速，榆蓝线的渭蒲高速，共14个路段的行驶量与2014年相比有所增加。其中，榆佳高速行驶量变化率最大，与2014年对比增加了70.80%。其余都呈现减少趋势。同时，十天线的西临高速、榆绥高速行驶量变化率较大，与2014年对比分别减少了50.58%、32.22%。

3)各路段行驶量月分布

分析2015年陕西省高速公路各路段行驶量月分布，统计结果见表7-10。由表7-10可知，1月、2月、3月、4月行驶量最大的为西宝高速，5月、6月行驶量最大的为西长高速，7月、8月、9月、10月、11月行驶量最大的为西宝高速和西延高速，12月行驶量最大的为西长高速。

表7-10　2015年路段行驶量月表(单位：万车公里)

路段名称	1月	2月	3月	4月	5月	6月	7月	8月	9月	10月	11月	12月
黄延高速	—	—	—	—	—	—	—	—	—	—	—	176
西耀高速	5688	4313	6048	6513	6208	5896	6541	7317	6967	6742	7101	7927
安川高速	5048	5020	5282	4627	4175	4126	4837	5347	5013	4643	5031	5081
西铜高速	1370	956	1396	1536	1736	1636	1634	1455	1315	1095	1051	1081

续表

路段名称	1月	2月	3月	4月	5月	6月	7月	8月	9月	10月	11月	12月
西延高速	15984	10624	17082	18616	18379	17332	18479	19438	18088	16741	13190	10870
西镇高速	6454	5866	6744	6392	5946	5940	6865	7433	6557	5928	6348	6949
延靖高速	8082	5375	8729	9950	11019	11465	10804	10696	10045	9247	8795	8707
榆靖高速	10412	6514	11050	12037	12820	14125	13865	13806	12574	12083	11606	10535
神府高速	2954	1780	3374	3300	3869	4328	5078	4941	5045	5740	2477	2584
榆神高速	2868	2173	3451	5665	6607	6595	6391	4739	4208	3163	855	2278
延延高速	—	—	—	—	—	—	—	—	—	200	393	396
延至吴高速	688	659	903	1028	955	955	1009	1032	948	824	918	861
蓝商高速	8583	6343	8915	8618	8251	7854	9497	10961	10584	9864	9370	9729
商漫高速	3093	2808	3231	3050	3012	2917	3096	3647	3455	2896	2483	2553
西长高速	17616	13975	18509	21083	21276	20565	22128	22947	21448	18421	18151	18132
西蓝高速	1273	1334	1500	1496	1364	1306	1446	1670	1535	1275	1324	1324
商界高速	7238	4772	8514	9164	8959	8361	9300	10188	9714	8258	6524	7919
西商高速	3169	2517	3297	3352	3198	3204	3643	3873	3781	3347	3393	3611
汉宁高速	16282	12480	17874	16577	15238	14213	16074	16385	16075	15882	16286	17124
西汉高速	14142	11507	16192	14630	13237	12822	14514	13997	14152	13418	13817	15316
西禹高速	15423	14505	16776	17744	16984	16844	17519	18259	17717	15617	15032	15081
西宝高速	18330	17589	21620	22329	19798	19719	22408	25909	22902	20446	20947	17948
西临高速	2064	1689	1942	1604	1209	1777	2042	902	1585	1105	2874	2853
西潼高速	12763	10675	14589	14427	13328	12750	14282	14287	13756	1947	14879	15661
安平高速	—	—	—	—	—	—	—	—	—	—	42	236
宜富高速	1049	925	1366	1597	1787	1794	2127	2448	1841	1597	1178	1091
靖王高速	5843	4241	7737	9006	9515	8377	8503	8969	8153	7462	6946	7080
吴靖高速	10232	6528	12411	11475	12246	7394	7479	10410	11132	12398	11308	12094
绕城高速	14473	11941	15752	16671	15210	14718	15977	16325	16465	15165	16350	16401
神佳米高速	—	—	—	—	—	—	—	—	—	—	—	298
白泉高速	4158	4797	5039	4310	3852	3604	4470	5189	5018	4862	5236	5079
西略高速	2711	2497	3262	3161	2752	2412	2608	2826	2432	2421	2593	2400
西咸北环高速	—	—	—	—	—	—	—	—	—	—	—	2860
机场高速	1577	1537	1692	1940	1660	1683	1861	1873	1788	1562	1802	1807
咸旬高速	1384	1312	1407	1591	1621	1527	1853	2042	1870	1804	1927	2059

续表

路段名称	1月	2月	3月	4月	5月	6月	7月	8月	9月	10月	11月	12月
宝汉高速	1166	896	1165	1321	1350	1348	1624	1783	1384	1258	1295	883
汉川高速	—	—	—	—	—	—	—	—	68	106	153	175
榆佳高速	957	848	1194	1346	1759	2881	2909	2029	1277	1080	1160	1338
渭蒲高速	630	589	698	784	745	780	767	896	849	839	654	671
渭玉高速	—	—	—	—	—	—	—	—	—	—	—	158
榆绥高速	1566	1691	1808	4860	5006	3247	4097	1853	1773	1613	1725	1863

4)2015 年路段客货行驶量占比月变化

分析 2015 年各路段每月客车行驶量与货车行驶量之比，结果如表 7-11 所示。由表 7-11 可知，2015 年陕西省高速公路全年客货比最大的路段为机场高速，其中在 3 月客货比达到最大，为 3010.44∶1；全年客货比最小的路段为吴靖高速，其中在 11 月份和 12 月份达到最小，为 0.07∶1。

表 7-11　2015 年路段客货行驶量占比月变化表

路段名称	1月	2月	3月	4月	5月	6月	7月	8月	9月	10月	11月	12月
黄延高速	—	—	—	—	—	—	—	—	—	—	—	0.74
西耀高速	0.71	1.52	0.89	0.95	0.83	0.95	1.00	1.05	0.90	0.74	0.79	0.62
安川高速	0.40	1.32	0.79	0.54	0.45	0.50	0.57	0.60	0.45	0.34	0.36	0.31
西铜高速	0.71	1.55	0.83	0.80	0.54	0.62	0.83	0.98	0.98	0.73	0.98	0.97
西延高速	0.32	0.76	0.41	0.39	0.32	0.35	0.42	0.50	0.41	0.32	0.38	0.32
西镇高速	0.69	1.61	1.07	0.94	0.80	0.88	0.96	0.99	0.79	0.63	0.68	0.59
延靖高速	0.34	0.81	0.43	0.37	0.28	0.27	0.37	0.46	0.38	0.29	0.36	0.35
榆靖高速	0.32	0.72	0.38	0.33	0.27	0.25	0.34	0.43	0.34	0.24	0.28	0.29
神府高速	0.15	0.30	0.15	0.16	0.12	0.11	0.11	0.13	0.10	0.06	0.11	0.11
榆神高速	1.23	2.36	1.07	0.52	0.34	0.34	0.39	0.68	0.64	0.67	1.40	1.19
延延高速	—	—	—	—	—	—	—	—	—	3.56	2.96	2.37
延至吴高速	5.42	6.60	3.16	2.88	2.28	2.53	2.85	2.94	2.86	2.22	3.09	3.38
蓝商高速	0.22	0.85	0.34	0.26	0.25	0.28	0.30	0.29	0.22	0.17	0.19	0.19
商漫高速	0.26	0.91	0.46	0.30	0.26	0.29	0.41	0.41	0.29	0.24	0.31	0.31
西长高速	0.57	1.22	0.71	0.58	0.46	0.52	0.57	0.61	0.57	0.49	0.60	0.61
西蓝高速	1.46	3.38	1.79	1.59	1.56	1.79	1.86	1.68	1.37	1.09	1.48	1.41
商界高速	0.14	0.73	0.21	0.13	0.11	0.13	0.16	0.16	0.12	0.11	0.15	0.12
西商高速	0.66	1.55	0.82	0.78	0.67	0.75	0.75	0.78	0.67	0.55	0.72	0.65

续表

路段名称	1月	2月	3月	4月	5月	6月	7月	8月	9月	10月	11月	12月
汉宁高速	0.21	0.86	0.42	0.26	0.22	0.25	0.34	0.43	0.27	0.21	0.20	0.17
西汉高速	0.37	1.21	0.69	0.50	0.43	0.48	0.63	0.80	0.51	0.40	0.40	0.34
西禹高速	0.91	1.98	1.17	0.99	0.84	0.85	0.97	1.07	0.96	0.75	1.03	1.00
西宝高速	1.09	2.36	1.16	1.00	0.97	1.08	1.33	1.31	1.00	0.76	0.98	0.88
西临高速	1.65	3.21	1.38	0.96	0.60	1.65	2.06	0.24	1.06	1.61	1.08	1.04
西潼高速	0.47	1.38	0.57	0.44	0.40	0.50	0.64	0.56	0.47	0.81	0.42	0.39
安平高速	—	—	—	—	—	—	—	—	—	—	3.29	2.14
宜富高速	0.80	1.55	0.82	0.83	0.59	0.62	1.05	1.41	1.02	0.74	0.63	0.65
靖王高速	0.26	0.67	0.29	0.21	0.19	0.22	0.34	0.37	0.29	0.20	0.23	0.22
吴靖高速	0.09	0.29	0.12	0.10	0.08	0.13	0.19	0.16	0.11	0.06	0.07	0.07
绕城高速	0.97	2.01	1.17	1.16	1.02	1.11	1.20	1.19	1.11	0.94	1.12	1.10
神佳米高速	—	—	—	—	—	—	—	—	—	—	—	0.17
白泉高速	0.54	2.19	0.94	0.62	0.53	0.64	0.63	0.58	0.46	0.35	0.39	0.33
西略高速	0.80	2.08	1.24	1.02	0.76	0.89	0.91	0.89	0.79	0.60	0.66	0.64
西咸北环高速	—	—	—	—	—	—	—	—	—	—	—	0.52
机场高速	2817.33	2580.01	3010.44	1951.02	1503.25	1843.31	1768.14	1937.30	2092.90	2562.93	2163.63	2264.07
咸旬高速	1.54	3.02	1.95	1.62	1.22	1.52	1.40	1.33	1.22	0.85	1.04	0.93
宝汉高速	0.55	1.16	0.72	0.67	0.60	0.70	0.96	1.09	0.75	0.53	0.61	0.54
汉川高速	—	—	—	—	—	—	—	—	1.90	1.75	1.34	0.81
榆佳高速	0.49	0.96	0.60	0.43	0.39	0.17	0.21	0.39	0.49	0.40	0.39	0.33
渭蒲高速	1.31	2.57	1.23	1.16	1.03	1.01	1.36	1.15	1.08	0.96	1.59	1.56
渭玉高速	—	—	—	—	—	—	—	—	—	—	—	0.66
榆绥高速	1.69	2.28	1.88	0.33	0.26	0.41	0.35	1.71	1.33	0.92	1.18	0.99

7.3.4 陕西省主要城市交通量分析

便利的交通运输能使一个地区的资源优势转变为经济优势。随着中国的经济发展，研究发现，地区交通设施的改善及人与货物的流动性对当地经济发展有着重要影响。高速公路是连接大中城市的动脉，主要经济作用是完成大、中城市之间的物资、人员运输交互。在实际的高速公路网中，交通流所呈现的规律往往与高速公路连接的城市的规模、经济特点、产业布局相关。

通过分析陕西省主要城市之间高速公路交通流量特征，可以了解城市之间经济、出行活动的强弱程度。

1) 主要城市出入口交通量分析

计算各个城市收费站出入口流量，分析 2015 年陕西省高速公路主要城市交通量，统计结果如表 7-12 所示。

表 7-12　2015 年陕西省高速公路主要城市交通量表

主要城市	收费站	出口		入口		出市		入市	
		自然量/(万辆/年)	当量/(万 PCU/年)	自然量/(万辆/年)	当量/(万 PCU/年)	自然量/(万辆/年)	当量/(万 PCU/年)	自然量/(万辆/年)	当量/(万 PCU/年)
西安市	灞桥	328	366.13	164	171.19	6713	7846.11	6375	7514.71
	三桥	555	608.21	552	611.24				
	新阿房宫	310	392.06	281	386.52				
	河池寨	455	562.69	425	519.67				
	西高新	687	701.30	658	669.98				
	长安	589	607.67	585	603.55				
	曲江	660	696.99	625	662.83				
	纺织城	190	207.53	192	208.43				
	香王	319	419.53	343	431.14				
	新筑	584	774.62	600	818.03				
	未央	347	379.21	327	354.54				
	未央北	181	336.20	135	232.81				
	汉城	566	571.99	553	559.65				
	六村堡	942	1221.99	935	1285.12				
铜川市	铜川新区	68	74.03	51	55.38	426	490.73	366	458.54
	黄堡匝道	30	65.78	33	78.42				
	耀州南	12	12.54	47	81.15				
	耀州北	131	132.37	62	63.21				
	川口	185	206.01	173	180.38				
宝鸡市	宝鸡	226	250.71	194	218.42	250	295.65	215	258.07
	宝鸡西	24	44.94	21	39.66				

续表

主要城市	收费站	出口		入口		出市		入市	
		自然量/（万辆/年）	当量/（万 PCU/年）	自然量/（万辆/年）	当量/（万 PCU/年）	自然量/（万辆/年）	当量/（万 PCU/年）	自然量/（万辆/年）	当量/（万 PCU/年）
咸阳市	咸阳	431	442.75	412	425.05	1072	1243.35	992	1165.63
	咸阳西	158	183.80	154	179.72				
	大王	93	127.49	72	98.55				
	渭城	221	275.34	206	263.78				
	咸阳北	169	213.96	148	198.53				
杨凌市	杨凌	160	189.90	144	171.93	181	216.08	161	192.07
	杨凌西	21	26.18	17	20.14				
渭南市	渭南西	170	184.46	196	206.65	349	407.59	365	408.78
	渭南东	103	106.19	106	113.82				
	渭南北	76	116.95	63	88.32				
延安市	延安南	160	218.65	143	207.61	388	526.71	364	510.12
	河庄坪（延安北）	228	308.06	221	302.51				
汉中市	汉中北	15	19.68	12	16.93	357.766	269.77	165.896	90.90
	汉中东	121	162.69	112	158.32				
	汉中	88	103.87	75	90.90				
榆林市	榆林南	89	113.66	76	102.24	349	441.37	312	400.22
	榆林	260	327.71	236	297.98				
安康市	安康西	154	173.14	139	159.94	223	260.06	205	243.38
	安康东	69	86.92	66	83.44				
商洛市	商洛	81	86.33	73	80.27	207	274.82	184	242.25
	商洛西	99	124.76	90	115.67				
	商洛东	27	63.74	21	46.31				

绘制 2015 年陕西省各城市出入口交通量图，见图 7-16。由表 7-12、图 7-16 可知，2015 年全省高速公路各重要城市出入口流量中，交通量总量西安市最大，咸阳市次之，汉中市最小。其中，西安市的城市出入口交通量与其他 11 个城市之间交通流量差异显著，说明西安市在陕西省高速公路网结构中占有举足轻重的地位，与实际情况相符。

计算各主要城市出市和入市的交通量比例，如图 7-17 所示。由图 7-17 可知，除了汉中市之外，其他 11 个城市的入市和出市交通流量基本相当。汉中市的出市交通流量比入市比例略大，说明在高速公路结构汉中市交通量以流向全省其他城市为主，这与实际地理位置、区域特性相符。

2）主要城市客车交通量分析

计算各个城市收费站客车出入口流量，分析 2015 年陕西省高速公路主要城市客车交通量，统计结果如表 7-13 所示。

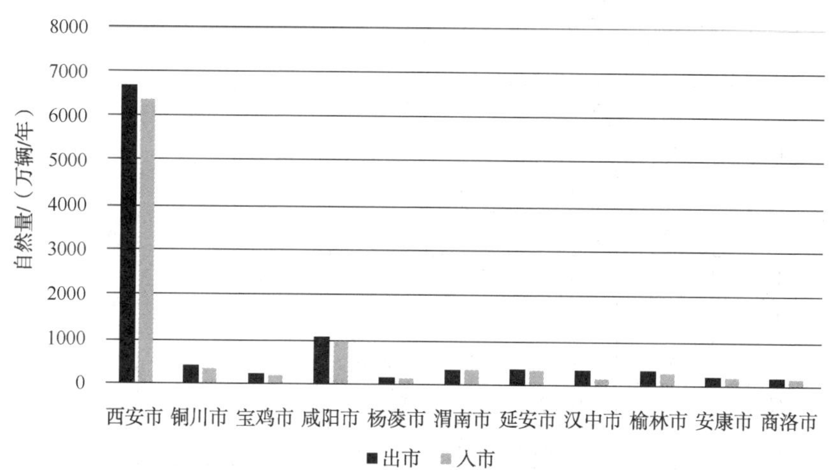

图 7-16　2015 年陕西省各城市出入口交通量图

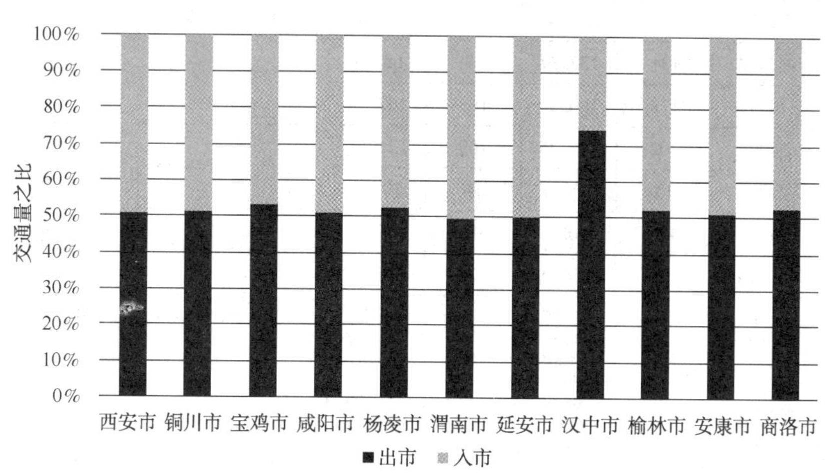

图 7-17　2015 年陕西省各主要城市出市和入市的交通量比例

表 7-13　2015 年陕西省高速公路主要城市客车交通量表

主要城市	收费站	出口		入口		出市		入市	
		自然量/（万辆/年）	当量/（万 PCU/年）	自然量/（万辆/年）	当量/（万 PCU/年）	自然量/（万辆/年）	当量/（万 PCU/年）	自然量/（万辆/年）	当量/（万 PCU/年）
西安市	灞桥	302	304.27	157	157.96	5760	5837.16	5412	5482.73
	三桥	502	513.57	496	507.16				
	新阿房宫	228	230.55	188	190.35				
	河池寨	354	358.95	328	332.44				
	西高新	663	665.39	636	637.50				
	长安	567	577.04	564	573.36				
	曲江	596	597.95	567	568.79				
	纺织城	170	170.36	170	171.32				
	香王	260	271.59	287	294.54				
	新筑	441	449.10	443	451.97				
	未央	303	304.55	285	286.87				
	未央北	94	94.14	73	73.02				
	汉城	566	571.82	552	558.43				
	六村堡	714	727.88	666	679.01				
铜川市	铜川新区	62	62.86	47	47.12	398	403.20	314	321.15
	黄堡匝道	15	14.98	14	14.51				
	耀州南	12	12.54	28	28.78				
	耀州北	131	132.37	62	63.17				
	川口	178	180.44	163	167.58				
宝鸡市	宝鸡	202	203.75	169	171.58	215	216.35	179	181.75
	宝鸡西	13	12.60	10	10.18				
咸阳市	咸阳	406	406.78	388	389.56	908	915.34	834	842.47
	咸阳西	129	129.68	126	126.90				
	大王	58	59.16	42	43.19				
	渭城	178	181.06	163	166.16				
	咸阳北	137	138.68	115	116.66				
杨凌市	杨凌	133	134.83	117	119.22	149	150.90	129	131.63
	杨凌西	16	16.06	12	12.41				

续表

主要城市	收费站	出口		入口		出市		入市	
		自然量/（万辆/年）	当量/（万 PCU/年）	自然量/（万辆/年）	当量/（万 PCU/年）	自然量/（万辆/年）	当量/（万 PCU/年）	自然量/（万辆/年）	当量/（万 PCU/年）
渭南市	渭南西	161	161.61	185	185.83	308	309.70	326	328.84
	渭南东	99	99.20	98	99.47				
	渭南北	48	48.89	43	43.53				
延安市	延安南	126	128.65	107	109.66	307	312.50	280	285.18
	河庄坪（延安北）	181	183.85	173	175.52				
汉中市	汉中北	12	12.19	8	8.60	183	189.00	154	161.14
	汉中东	95	98.99	84	88.02				
	汉中	76	77.82	62	64.52				
榆林市	榆林南	78	78.19	64	64.55	306	309.13	268	272.39
	榆林	228	230.94	204	207.84				
安康市	安康西	128	131.20	113	115.62	179	183.00	161	164.34
	安康东	51	51.80	48	48.73				
商洛市	商洛	71	72.07	63	63.59	161	164.65	144	147.00
	商洛西	79	81.31	71	73.24				
	商洛东	11	11.27	10	10.17				

绘制 2015 年陕西省各城市出入口交通量图，见图 7-18。由表 7-13、图 7-18 可知，2015 年全陕西省高速公路各重要城市客车出入口流量中，交通量总量西安市最大，咸阳市次之，杨凌市最小。其中，西安市的客车自然量与其他城市相比，差距显著。

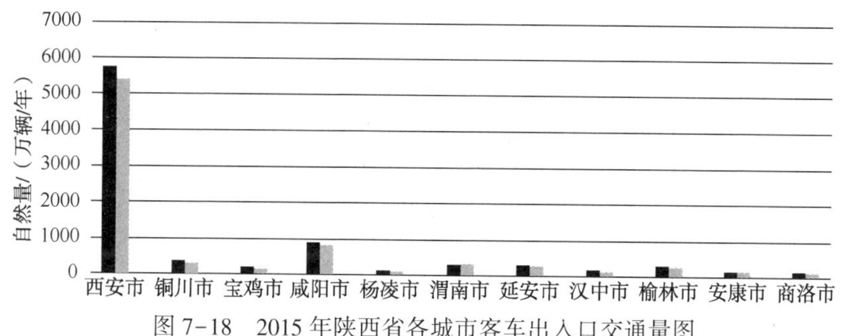

图 7-18　2015 年陕西省各城市客车出入口交通量图

计算各主要城市出市和入市的客车当量比例，如图 7-19 所示。由图 7-19 可知，陕西省主要城市客车当量的入市和出市数量基本相当，比例均在50%左右，说明陕西省各主要城市对客车交通流的吸引和发生基本均衡。

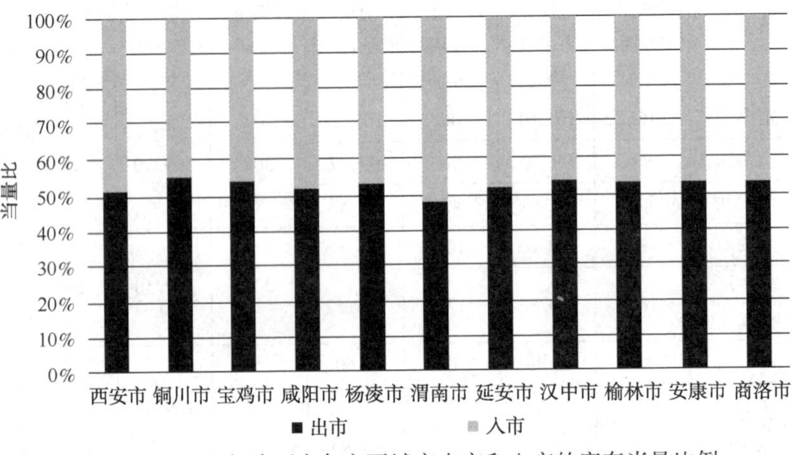

图 7-19　2015 年陕西省各主要城市出市和入市的客车当量比例

3)主要城市货车交通量分析

计算各个城市收费站货车出入口流量，分析 2015 年陕西省高速公路主要城市货车交通量，统计结果如表 7-14 所示。2015 年全省高速公路各重要城市货车出入口流量中，交通量总量西安市最大，咸阳市次之，杨凌市最小。

表 7-14　2015 年陕西省高速公路主要城市货车交通量表

主要城市	收费站	出口		入口		出市		入市	
		自然量/(万辆/年)	当量/(万 PCU/年)	自然量/(万辆/年)	当量/(万 PCU/年)	自然量/(万辆/年)	当量/(万 PCU/年)	自然量/(万辆/年)	当量/(万 PCU/年)
西安市	灞桥	26	61.87	7	13.23	953.13	2008.96	963	2031.98
	三桥	53	94.64	56	104.08				
	新阿房宫	82	161.50	93	196.17				
	河池寨	101	203.74	97	187.24				
	西高新	23	35.91	23	32.48				
	长安	21	30.63	21	30.18				
	曲江	64	99.04	59	94.04				
	纺织城	20	37.17	21	37.12				
	香王	59	147.94	56	136.60				
	新筑	143	325.52	157	366.06				
	未央	45	74.66	41	67.67				
	未央北	88	242.06	62	159.80				
	汉城	0.13	0.17	1	1.22				
	六村堡	228	494.12	269	606.11				

续表

主要城市	收费站	出口		入口		出市		入市	
		自然量/（万辆/年）	当量/（万 PCU/年）	自然量/（万辆/年）	当量/（万 PCU/年）	自然量/（万辆/年）	当量/（万 PCU/年）	自然量/（万辆/年）	当量/（万 PCU/年）
铜川市	铜川新区	5	11. 17	4	8. 27	27. 0011	87. 53	51. 04	137. 39
	黄堡匝道	15	50. 80	19	63. 91				
	耀州南	0. 0001	0. 0004	19	52. 37				
	耀州北	0. 001	0. 002	0. 04	0. 04				
	川口	7	25. 57	9	12. 80				
宝鸡市	宝鸡	24	46. 96	24	46. 84	36	79. 30	35	76. 32
	宝鸡西	12	32. 34	11	29. 48				
咸阳市	咸阳	25	35. 98	24	35. 50	165	328. 01	158	323. 16
	咸阳西	29	54. 12	28	52. 82				
	大王	35	68. 33	30	55. 36				
	渭城	43	94. 29	43	97. 61				
	咸阳北	33	75. 28	33	81. 87				
杨凌市	杨凌	27	55. 07	27	52. 71	32	65. 18	31	60. 44
	杨凌西	5	10. 12	4	7. 73				
渭南市	渭南西	9	14. 87	11	20. 81	41	89. 92	39	79. 94
	渭南东	4	6. 99	8	14. 34				
	渭南北	28	68. 06	20	44. 79				
延安市	延安南	34	89. 99	36	97. 95	81	214. 21	85	224. 94
	河庄坪（延安北）	47	124. 21	49	126. 99				
汉中市	汉中北	4	7. 49	4	8. 33	42	97. 24	45	105. 00
	汉中东	26	63. 70	28	70. 30				
	汉中	12	26. 05	13	26. 37				
榆林市	榆林南	12	35. 47	12	37. 69	45	132. 24	44	127. 83
	榆林	33	96. 77	32	90. 14				
安康市	安康西	25	41. 94	26	44. 33	43	77. 06	44	79. 04
	安康东	18	35. 12	18	34. 72				
商洛市	商洛	9	14. 26	10	16. 68	45	110. 18	40	95. 25
	商洛西	20	43. 45	19	42. 42				
	商洛东	16	52. 46	11	36. 15				

绘制 2015 年陕西省各城市货车出入口交通量图，见图 7–20。由图 7–20 可知，2015 年西安市的货车自然量与其他城市相比，差距显著。

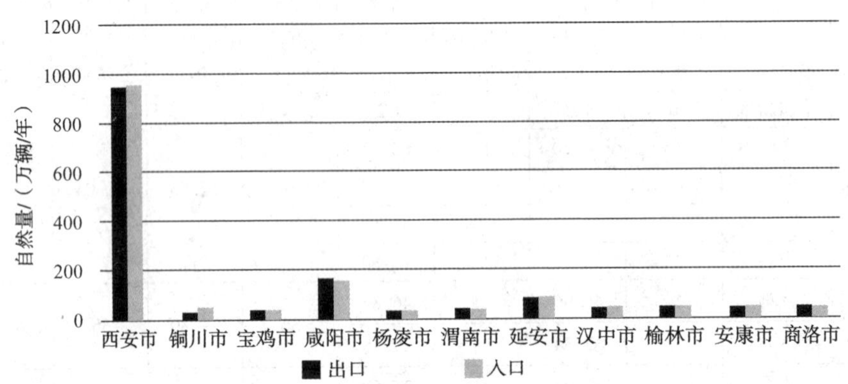

图 7–20 2015 年陕西省各城市货车出入口交通量图

计算各主要城市出市和入市的货车当量比例，如图 7–21 所示。由图 7–21 可知，陕西省主要城市客车当量的入市和出市数量基本相当，比例均在 50%左右。说明陕西省各主要城市对客车交通流的吸引和发生基本均衡。

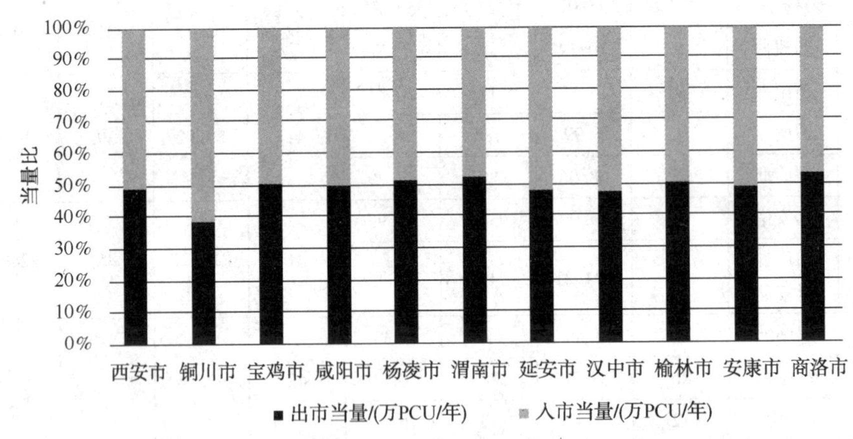

图 7–21 2015 年陕西省各主要城市出市和入市的货车当量比例

4）以西安市为例的城市收费站交通量分析

以西安市为例，进行各城市收费站交通量特征分析，说明各城市收费站对主要城市交通量的作用程度。根据表 7–14 绘制西安市高速公路网中各城市收费站的出口和入口自然量占比，分别如图 7–22 和图 7–23 所示。由图 7–22、图 7–23 可知，六村堡、西高新、曲江 3 个收费站对西安市出口和入口自然量贡献程度最强，对城市交通流的吸引和发生作用显著。

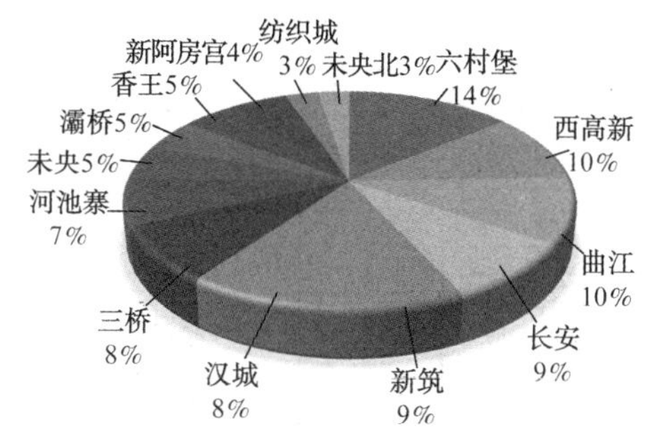

图 7-22　西安市各城市收费站出口自然量占比

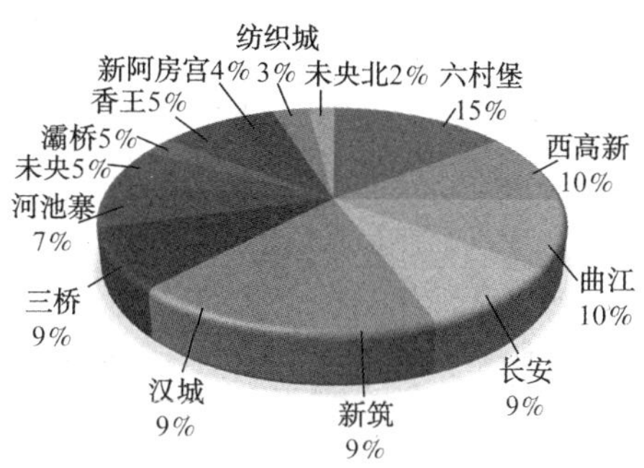

图 7-23　西安市各城市收费站入口自然量占比

7.3.5　省际出入交通流量分析

由陕西省地理区位可知，陕西省与山西省、河南省、甘肃省、四川省、宁夏回族自治区、湖北省、内蒙古自治区接壤。分析省界收费站出入口交通流量特征，能够进一步了解省域之间的交通活动强度和特性，为经济政策、交通管理提供决策支持。

此外，通过对主要通道上省界收费站进行交通量分析，可以掌握主要运输通道对省域之间交通活动的支撑、调节和吸引作用。

通过计算高速公路网省界收费站的出入口年日均交通流量，可以了解省际之间交通活动的特性、变化规律，掌握省界收费站交通压力，为路网规划、收费站改扩建提供决策依据。

1)省界出入口交通流量分析

(1)省际出口年平均日交通量分析。

分析 2015 年陕西省高速公路省际出口年平均日交通量，并与 2013 年、2014 年进行对比，统计结果如表 7-15 所示。由表 7-15 可知，2015 年从陕西驶出进入山西的交通量最大，进入内蒙古的交通量最小；与 2014 年对比，从陕西驶出进入湖北的交通量增幅最大，达到 7.92%，进入宁夏的交通量降幅最大，为 4.18%。

(2)省际入口年平均日交通量分析。

分析 2015 年陕西省高速公路省际出口年平均日交通量，并与 2013 年、2014 年进行对比，统计结果如表 7-16 所示。由表 7-16 可知，2015 年从山西进入陕西的交通量最大，从内蒙古进入陕西的交通量最小；从四川进入陕西的客车交通量增幅最大，达到 7.43%，从内蒙古进入陕西的客车交通量降幅最大，为 28.47%。

表 7-15　2015 年陕西省高速公路省际出口年平均日交通量表

相邻省份	收费站	出口		出省		2015 年与 2014 年对比		2014 年与 2013 年对比	
		自然量/（辆/日）	当量/（PCU/日）	自然量/（辆/日）	当量/（PCU/日）	出口当量变化比值	出省当量变化比值	出口当量变化比值	出省当量变化比值
山西省	府谷	5553	20307	18124	50643	47. 53%	-2. 52%	55. 59%	14. 23%
	陕西佳县	1261	3930			214. 07%		—	
	禹门口	5169	8520			-12. 17%		8. 75%	
	吴堡主线	4549	15069			-36. 62%		-3. 67%	
	陕西壶口	1592	2817			-18. 56%		14. 13%	
河南省	潼关	7813	18414	11336	28280	-10. 02%	5. 75%	2. 80%	3. 90%
	界牌	3523	9866			57. 15%		7. 64%	
甘肃省	陈仓	3817	7583	9194	18017	-7. 49%	-3. 97%	13. 87%	15. 10%
	陇关	416	710			1. 72%		0. 92%	
	陕西略阳	185	244			76. 40%		—	
	陕甘界	4516	9124			-2. 70%		11. 51%	
	陕西富县	260	356			1. 30%		—	
四川省	陕川界	2223	4052	8052	18264	24. 34%	6. 81%	50. 15%	27. 30%
	宁强	5829	14212			2. 69%		22. 89%	
宁夏	王圈梁	4801	11082	4801	11082	-4. 18%	-4. 18%	-5. 77%	-5. 77%
湖北省	陕西白河	1367	2583	3688	7748	59. 75%	7. 92%	—	62. 41%
	漫川关主线	2321	5165			-7. 15%		25. 83%	
内蒙古	陕蒙界	2128	4872	2128	4872	-1. 52%	-1. 52%	-39. 34%	-39. 34%

表 7-16　2015 年陕西省高速公路省际入口年平均日交通量表

相邻省份	收费站	入口		入省		2015 年与 2014 年对比		2014 年与 2013 年对比	
		自然量/（辆/日）	当量/（PCU/日）	自然量/（辆/日）	当量/（PCU/日）	出口当量变化比值	出省当量变化比值	出口当量变化比值	出省当量变化比值
山西省	府谷	7546	28393	18728	56910	4. 05%	-4. 87%	24. 67%	4. 50%
	陕西佳县	1480	4796			125. 94%		—	
	禹门口	4450	7680			-13. 45%		-1. 62%	
	吴堡主线	3841	12993			-26. 61%		-22. 05%	
	陕西壶口	1411	3048			-20. 56%		5. 77%	
河南省	潼关	8266	21997	11103	29841	-5. 41%	5. 33%	12. 91%	8. 29%
	界牌	2837	7844			54. 60%		-8. 80%	

续表

<table>
<tr><th rowspan="2">相邻省份</th><th rowspan="2">收费站</th><th colspan="2">入口</th><th colspan="2">入省</th><th colspan="2">2015 年与 2014 年对比</th><th colspan="2">2014 年与 2013 年对比</th></tr>
<tr><th>自然量/（辆/日）</th><th>当量/（PCU/日）</th><th>自然量/（辆/日）</th><th>当量/（PCU/日）</th><th>出口当量变化比值</th><th>出省当量变化比值</th><th>出口当量变化比值</th><th>出省当量变化比值</th></tr>
<tr><td rowspan="5">甘肃省</td><td>陈仓</td><td>3160</td><td>6380</td><td rowspan="5">7877</td><td rowspan="5">15696</td><td>4.00%</td><td rowspan="5">-0.22%</td><td>7.10%</td><td rowspan="5">19.01%</td></tr>
<tr><td>陇关</td><td>321</td><td>471</td><td>9.70%</td><td>-0.27%</td></tr>
<tr><td>陕西略阳</td><td>143</td><td>188</td><td>80.05%</td><td>—</td></tr>
<tr><td>陕甘界</td><td>4017</td><td>8283</td><td>-4.53%</td><td>22.92%</td></tr>
<tr><td>陕西富县</td><td>236</td><td>374</td><td>-2.91%</td><td>—</td></tr>
<tr><td rowspan="2">四川省</td><td>陕川界</td><td>2017</td><td>4169</td><td rowspan="2">7543</td><td rowspan="2">18648</td><td>24.48%</td><td rowspan="2">7.43%</td><td>44.75%</td><td rowspan="2">25.59%</td></tr>
<tr><td>宁强</td><td>5526</td><td>14479</td><td>3.36%</td><td>21.74%</td></tr>
<tr><td>宁夏</td><td>王圈梁</td><td>3974</td><td>9061</td><td>3974</td><td>9061</td><td>-8.90%</td><td>-8.90%</td><td>2.76%</td><td>2.76%</td></tr>
<tr><td rowspan="2">湖北省</td><td>陕西白河</td><td>1328</td><td>2708</td><td rowspan="2">3206</td><td rowspan="2">6990</td><td>53.51%</td><td rowspan="2">1.38%</td><td>—</td><td rowspan="2">52.17%</td></tr>
<tr><td>漫川关主线</td><td>1878</td><td>4282</td><td>-16.55%</td><td>13.24%</td></tr>
<tr><td>内蒙古</td><td>陕蒙界</td><td>1693</td><td>3654</td><td>1693</td><td>3654</td><td>-28.47%</td><td>-28.47%</td><td>-39.45%</td><td>-39.45%</td></tr>
</table>

（3）省际出入年平均日交通量分析。

根据表 7-15 和表 7-16，可得 2015 年陕西省高速公路省际出入年平均日交通量，如表 7-17 所示。绘制 2015 年陕西省高速公路省界出入口年平均日交通量图，见图 7-24。由表 7-17、图 7-24 可知，陕西省与山西省的省际交通活动强度最高，河南省次之，内蒙古自治区最小。相邻各省份的出省和入省交通流量基本均衡。

表 7-17　2015 年陕西省高速公路省际出入年平均日交通量

相邻省份	自然量/（辆/日）		当量/（PCU/日）	
	出省	入省	出省	入省
山西省	18124	18728	50643	56910
河南省	11336	11103	28280	29841
甘肃省	9194	7877	18017	15696
四川省	8052	7543	18264	18648
宁夏	4801	3974	11082	9061
湖北省	3688	3206	7748	6990
内蒙古	2128	1693	4872	3654

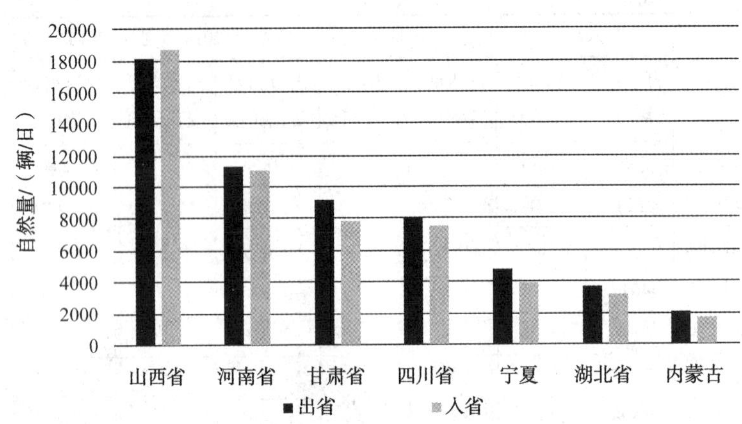

图 7-24　2015 年陕西省高速公路省界出入口年平均日交通量图

(4)省界收费站年平均日交通量分析。

绘制 2015 年陕西省高速公路省界收费站出入口年平均日交通量图，见图 7-25。由图 7-25 可知，从府谷进入陕西省的交通量最大，从陕西略阳驶入陕西省的交通量最小；通过府谷由陕西省进入山西省的交通量最大，从陕西略阳驶入甘肃省的交通量最小。省界收费站中，与山西省相连的府谷站、与河南相连的潼关站、与四川省相连的宁强站交通活动强度显著，出入省当量明显高于其他主线收费站。府谷、潼关与其他所有省界站相比具有明显的“出少入多”的特点，即入陕车辆数要明显高于出陕车辆数。

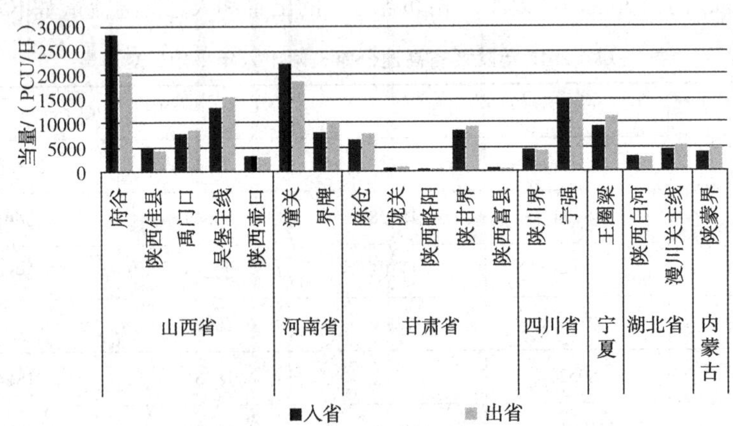

图 7-25　2015 年陕西省高速公路省界收费站出入口年平均日交通量图

2)省际出入口分车型年日均交通量分析

(1)省际客车年平均日交通量。

分析 2015 年陕西省高速公路省际出口和入口年平均日客车交通量，统计结果分别如表 7-18 和表 7-19 所示。

由表 7-18 可知，2015 年从陕西驶出进入山西的客车交通量最大，进入内蒙古的客车交通量最小；与 2014 年对比，从内蒙古驶出进入山西的客车交通量增幅最大，达到 35.39%，进入宁夏的客车交通量增幅最小，为 13.21%。

由表 7-19 可知，2015 年从山西进入陕西的客车交通量最大，从内蒙古进入陕西的客车交通量最小；与 2014 年对比，从湖北进入陕西的客车交通量增幅最大，达到 29.70%，从内蒙古进入陕西的客车交通量增幅最小，为 5.55%。

表 7-18　2015 年陕西省高速公路省际出口年平均日客车交通量表

相邻省份	收费站	出口		出省		与 2014 年当量变化比值	
		自然量/（辆/日）	当量/（PCU/日）	自然量/（辆/日）	当量/（PCU/日）	出口	出省
山西省	府谷	549	557	6252	6340	3.00%	35.07%
	陕西佳县	315	320			126.41%	
	禹门口	3461	3498			51.91%	
	吴堡主线	883	894			-0.55%	
	陕西壶口	1044	1071			32.22%	
河南省	潼关	3519	3601	4662	4787	20.12%	17.96%
	界牌	1143	1186			11.86%	
甘肃省	陈仓	2054	2091	5198	5284	13.65%	16.48%
	陇关	267	268			22.17%	
	陕西略阳	134	135			80.10%	
	陕甘界	2545	2588			15.66%	
	陕西富县	198	202			22.84%	
四川省	陕川界	1261	1278	3758	3841	37.26%	17.30%
	宁强	2497	2563			9.37%	
宁夏	王圈梁	2358	2397	2358	2397	13.21%	13.21%
湖北省	陕西白河	773	804	1792	1844	55.62%	31.51%
	漫川关主线	1019	1040			17.44%	
内蒙古	陕蒙界	1093	1117	1093	1117	35.39%	35.39%

表 7-19　2015 年陕西省高速公路省际入口年平均日客车交通量表

相邻省份	收费站	入口		入省		与 2014 年当量变化比值	
		自然量/（辆/日）	当量/（PCU/日）	自然量/（辆/日）	当量/（PCU/日）	入口	入省
山西省	府谷	506	512	5014	5095	4.09%	26.93%
	陕西佳县	312	318			163.28%	
	禹门口	2808	2846			39.51%	
	吴堡主线	640	649			-18.81%	
	陕西壶口	748	770			37.06%	
河南省	潼关	2865	2953	3804	3937	15.96%	12.90%
	界牌	939	984			4.62%	
甘肃省	陈仓	1642	1678	4329	4421	14.70%	17.62%
	陇关	224	225			18.67%	
	陕西略阳	96	97			81.39%	
	陕甘界	2207	2257			18.00%	
	陕西富县	160	164			17.25%	
四川省	陕川界	972	988	2931	3015	35.49%	15.70%
	宁强	1959	2027			8.01%	
宁夏	王圈梁	1930	1967	1930	1967	11.81%	11.81%
湖北省	陕西白河	639	668	1430	1480	55.01%	29.70%
	漫川关主线	791	812			14.33%	
内蒙古	陕蒙界	916	940	916	940	5.55%	5.55%

绘制 2015 年陕西省高速公路省际出入口年平均日客车交通量图，如图 7-26 所示。由图 7-26 可知，对于客车而言，2015 年陕西省与山西省、河南省、甘肃省、四川省之间省际交通活动强度明显高于其他相邻省份。此外，陕西省与相邻省份之间出省和入省客车交通量基本均衡。

绘制 2015 年陕西省高速公路省界主线站出入口年平均日客车交通量图，如图 7-27 所示。由图 7-27 可知，从潼关进入陕西省的客车交通量最大，从陕西略阳驶入陕西省的客车交通量最小；通过潼关由陕西省进入河南省的客车交通量最大，从陕西略阳驶入甘肃省的客车交通量最小。

(2)省际货车年平均日交通量。

分析 2015 年陕西省高速公路省际出口和入口年平均日货车交通量，统计结果分别如表 7-20 和表 7-21 所示。

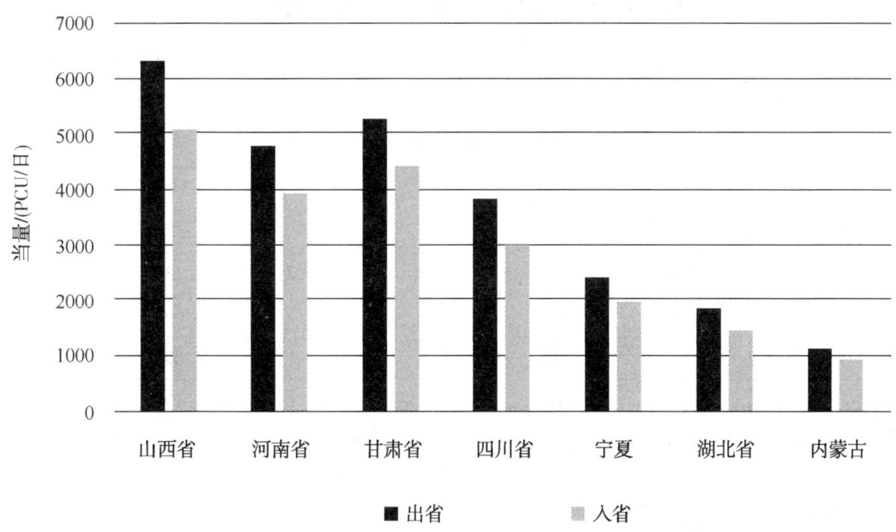

图 7-26　2015 年陕西省高速公路省界出入口年平均日客车交通量图

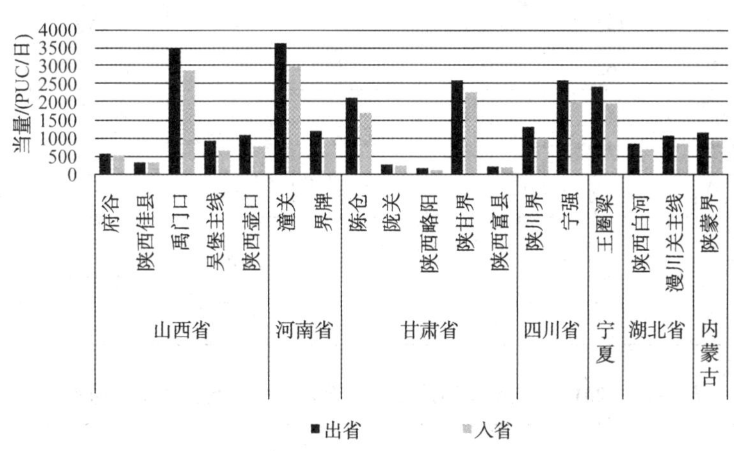

图 7-27　2015 年陕西省高速公路省界主线站出入口年平均日客车交通量图

由表 7-20 可知，2015 年从陕西驶出进入山西的货车交通量最大，进入内蒙古的货车交通量最小；与 2014 年对比，从陕西驶出进入四川的货车交通量增幅最大，达到 4.34%，进入甘肃的货车交通量降幅最大，为 10.48%。

由表 7-21 可知，2015 年从山西进入陕西的货车交通量最大，从内蒙古进入陕西的货车交通量最小；与 2014 年对比，从四川进入陕西的货车交通量增幅最大，达到 5.97%，从内蒙古进入陕西的货车交通量降幅最大，为 35.65%。

表 7-20　2015 年陕西省高速公路省际出口年平均日货车交通量表

相邻省份	收费站	出口		出省		与 2014 年当量变化比值	
		自然量/（辆/日）	当量/（PCU/日）	自然量/（辆/日）	当量/（PCU/日）	出口	出省
山西省	府谷	5004	19750	11874	44302	49. 35%	-6. 25%
	陕西佳县	947	3610			225. 23%	
	禹门口	1708	5021			-32. 13%	
	吴堡主线	3666	14175			-38. 04%	
	陕西壶口	549	1746			-34. 09%	
河南省	潼关	4295	14813	6675	23493	-15. 19%	3. 57%
	界牌	2380	8680			66. 36%	
甘肃省	陈仓	1763	5492	3996	12735	-13. 61%	-10. 48%
	陇关	149	443			-7. 44%	
	陕西略阳	51	109			72. 02%	
	陕甘界	1971	6537			-8. 45%	
	陕西富县	62	154			-17. 65%	
四川省	陕川界	961	2775	4293	14424	19. 22%	4. 34%
	宁强	3332	11649			1. 32%	
宁夏	王圈梁	2443	8685	2443	8685	-8. 08%	-8. 08%
湖北省	陕西白河	593	1779	1895	5904	61. 69%	2. 19%
	漫川关主线	1302	4125			-11. 81%	
内蒙古	陕蒙界	1035	3755	1035	3755	-8. 91%	-8. 91%

表 7-21　2015 年陕西省高速公路省际入口年平均日货车交通量表

相邻省份	收费站	入口		入省		与 2014 年当量变化比值	
		自然量/（辆/日）	当量/（PCU/日）	自然量/（辆/日）	当量/（PCU/日）	入口	入省
山西省	府谷	7041	27881	13715	51816	4. 05%	-7. 16%
	陕西佳县	1168	4478			123. 68%	
	禹门口	1642	4835			-29. 24%	
	吴堡主线	3201	12344			-26. 98%	
	陕西壶口	663	2278			-30. 44%	
河南省	潼关	5401	19044	7299	25904	-8. 04%	4. 27%
	界牌	1898	6860			65. 97%	

续表

相邻省份	收费站	入口		入省		与2014年当量变化比值	
		自然量/（辆/日）	当量/（PCU/日）	自然量/（辆/日）	当量/（PCU/日）	入口	入省
甘肃省	陈仓	1517	4702	3547	11274	0.64%	-5.83%
	陇关	97	246			2.61%	
	陕西略阳	47	91			78.64%	
	陕甘界	1810	6026			-10.91%	
	陕西富县	76	209			-14.81%	
四川省	陕川界	1044	3181	4611	15633	21.41%	5.97%
	宁强	3567	12452			2.64%	
宁夏	王圈梁	2043	7094	2043	7094	-13.35%	-13.35%
湖北省	陕西白河	689	2040	1776	5510	53.02%	-4.24%
	漫川关主线	1087	3470			-21.51%	
内蒙古	陕蒙界	777	2714	777	2714	-35.65%	-35.65%

绘制2015年陕西省高速公路省际出入口年平均日客车交通量图，如图7-28所示。由图7-28可知，对于货车而言，2015年陕西省与山西省、河南省之间省际交通活动强度明显高于其他相邻省份，说明陕西省与陕西省、河南省的经济互动显著。此外，陕西省与相邻省份之间出省和入省货车交通量基本均衡。

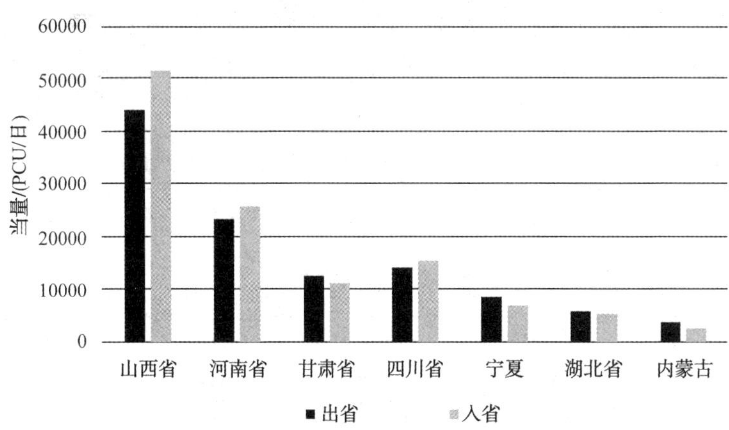

图7-28　2015年陕西省高速公路省界出入口年平均日货车交通量图

绘制2015年陕西省高速公路省界主线站出入口年平均日客车交通量图，如图7-29所示。由图7-29可知，从府谷进入陕西省的货车交通量最大，从陕西略阳驶入陕西省的货车交通量最小；通过府谷由陕西省进入山西省的货车交通量最大，从陕西略阳驶入甘肃省的货车交通量最小。

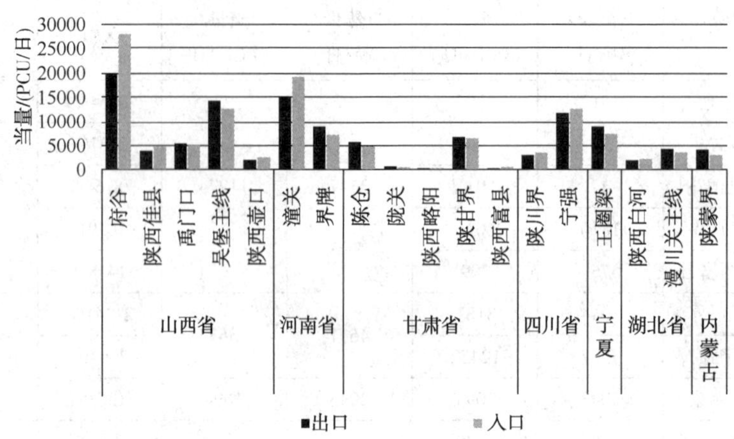

图 7-29　2015 年陕西省高速公路省界主线站出入口年平均日货车交通量图

3）主要通道省界出入口收费站交通量分析

位于主要通道上省界出入口收费站包括：包茂线上的陕蒙界和陕川界，连霍线上的陈仓和潼关，青银线上的吴堡主线和王圈梁，京昆线上的宁强和禹门口，福银线上的漫川关主线和陕甘界，十天线上的陕西略阳和陕西白河，青兰线上的陕西壶口，榆佳线上的陕西佳县。

根据表 7-20 和表 7-21，统计这 14 个主要通道上省界收费站出入省交通流量，如表 7-22 所示。绘制 8 条主要运输通道上省界收费站出入省交通流量图，如图 7-30 所示。由表 7-22、图 7-30 可知，在陕西省高速公路网中，连霍线对省际交通活动强度最明显，青银线和京昆线次之，青兰线、十天线最弱。

表 7-22　主要通道上省界收费站出入省交通流量分析

主要通道	相邻省份	收费站	出入省当量/（PCU/日）	主要运输通道出入省当量/（PCU/日）
包茂线	四川省	陕川界	8221	16747
	内蒙古	陕蒙界	8526	
福银线	甘肃省	陕甘界	17407	26854
	湖北省	漫川关主线	9447	
京昆线	山西省	禹门口	16200	44891
	四川省	宁强	28691	

续表

主要通道	相邻省份	收费站	出入省当量/(PCU/日)	主要运输通道出入省当量/(PCU/日)
连霍线	河南省	潼关	40411	54374
	甘肃省	陈仓	13963	
青兰线	山西省	陕西壶口	5865	5865
青银线	山西省	吴堡主线	28062	48205
	宁夏	王圈梁	20143	
十天线	甘肃省	陕西略阳	432	5723
	湖北省	陕西白河	5291	
榆佳线	山西省	陕西佳县	8726	8726

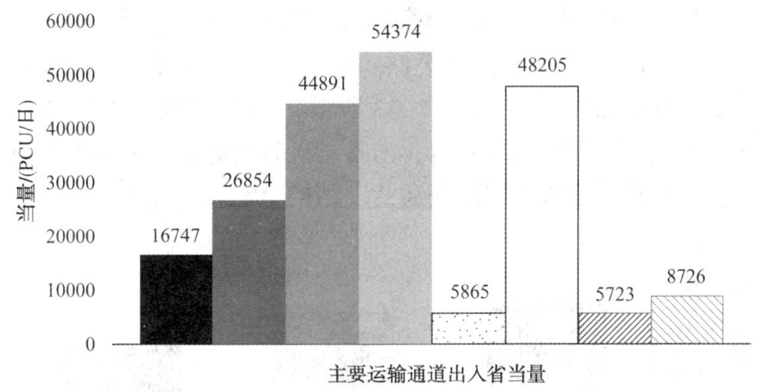

图 7-30　主要运输通道上省界收费站出入省交通流量图

7.3.6　跨省、省内、出省、入省流量分析

通过计算陕西省高速公路网中跨省、省内、出省、入省交通流量，可以进一步分析陕西省交通活动的地理区域跨度、不同区域间强度和变化规律。

根据车辆行驶记录中出入口收费站属性，计算 2015 年全省高速公路流量的跨省、省内、出省、入省情况，并与 2013 年和 2014 年逐月数据进行对比，结果如表 7-23 所示。

绘制 2015 年陕西省高速公路跨省、省内、出省、入省交通量比例，如图 7-31 所示。由图 7-31 可知，省内交通流量占比达 74%，出省和入省占比持平，约为 11%；跨省交通量占比最小，为 4%。

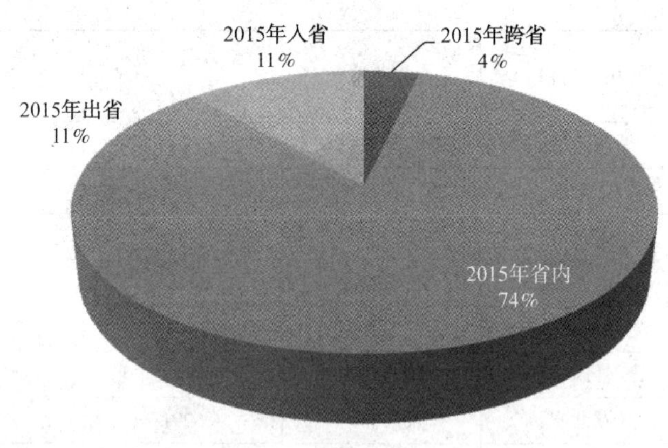

图 7-31　2015 年陕西省高速公路跨省、省内、出省、入省交通量占比

分析 2013~2015 年陕西省高速公路跨省、省内、出省、入省交通量以及占比的变化情况，分别如图 7-32 和图 7-33 所示。由图 7-32、图 7-33 可知，全省交通流量逐年呈递增，但跨省、省内、出省、入省交通量比例基本维持不变，说明陕西省高速公路省际区域之间的交通活动结构稳定。

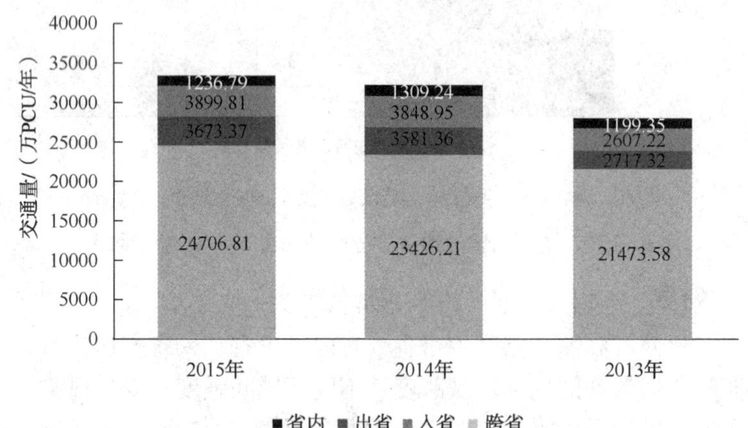

图 7-32　2013~2015 年陕西省高速公路跨省、省内、出省、入省交通量对比图

表 7-23　2015~2013 年跨省、省内、出省、入省流量对比表(单位：万 PCU/月)

月份	2015 年				2014 年				2013 年			
	跨省	省内	出省	入省	跨省	省内	出省	入省	跨省	省内	出省	入省
1 月	93. 18	1823. 38	265. 36	302. 38	94. 76	1833. 68	224. 43	203. 92	86. 42	1608. 83	240. 8	231. 88
2 月	66. 44	1350. 91	186. 14	193. 15	72. 71	1096. 48	166. 58	192. 85	43. 01	974. 73	119. 45	113. 81
3 月	114. 39	1975. 47	308. 34	349. 26	126. 15	1963. 43	294. 33	317. 43	105. 11	1655. 1	227. 17	208. 27
4 月	111. 15	2122. 73	304. 54	335. 9	116. 9	1957. 62	278. 69	294. 78	108. 27	1583. 05	214. 25	200. 64
5 月	108. 31	2281. 99	322. 23	345. 31	122. 79	2345. 03	356. 18	403. 45	114. 57	1988. 75	237. 68	231. 03
6 月	88. 09	2181. 1	319. 15	320. 64	103. 44	2141. 08	285. 92	307. 45	103. 09	2019. 22	215. 89	218. 43
7 月	99. 16	2338. 55	346. 41	348. 43	117. 84	2235. 44	308. 59	345. 83	105. 59	2059. 61	223. 38	222. 13
8 月	112. 33	2256. 81	360. 36	377. 84	124. 16	2187. 33	360. 84	396. 71	102. 12	2116. 23	258. 85	249. 16
9 月	113. 79	2173. 94	327. 65	350. 71	111. 82	1913. 75	321. 28	345. 4	124. 29	2175. 57	268. 81	259. 39
10 月	110. 41	1935. 01	330. 75	346. 47	110. 12	1827. 85	349. 38	340. 96	121. 2	1922. 44	273. 48	261. 6
11 月	106. 62	2105. 98	286. 55	297. 77	106. 03	1966. 51	331. 98	359. 12	113. 72	2036. 52	262. 54	249. 94
12 月	112. 92	2160. 94	315. 89	331. 95	102. 52	1958. 01	303. 16	341. 05	71. 96	1333. 53	175. 02	160. 94
小计	1236. 79	24706. 81	3673. 37	3899. 81	1309. 24	23426. 21	3581. 36	3848. 95	1199. 35	21473. 58	2717. 32	2607. 22

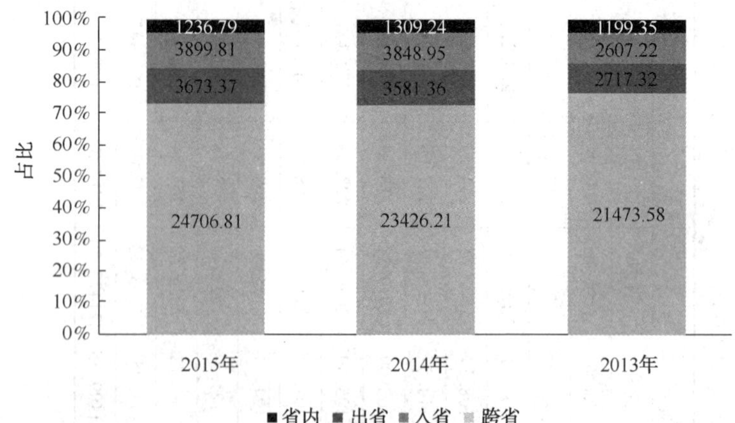

图 7-33 2013~2015 年陕西省高速公路跨省、省内、出省、入省交通量比例

比较 2015 年各月份陕西省高速公路跨省、省内、出省、入省交通量比例，如图 7-34 所示。由图 7-34 可知，2015 年各月份交通量比例基本维持稳定，说明陕西省高速公路跨省、省内、出省、入省的交通活动强度在时间上也基本维持稳定。

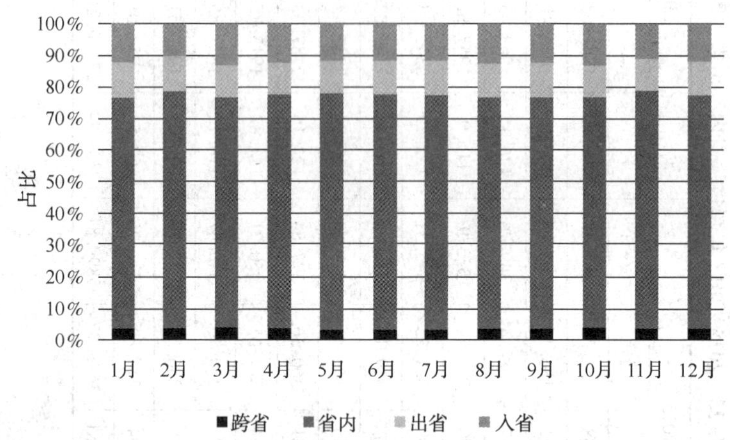

图 7-34 2015 年各月份陕西省高速公路跨省、省内、出省、入省交通量比例对比

7.3.7 陕西省重要收费站交通流量分析

选取全省高速公路网中关注收费站作为重点分析对象，分析重要收费站的单车道平均压力和时间变化规律，能够为优化路网结构、提升通行效率提供数据支持。

1）重要收费站车道平均压力分析

选取陇关、陕甘界、陈仓、禹门口、吴堡、陕蒙界、王圈梁、潼关、界牌

(陕西商南)、漫川关主线、陕川界、宁强、府谷、陕西佳县、陕西白河 15 个省界站和三桥、灞桥、六村堡 3 个主线站，计算每个车道全年平均通行流量当量数，分析单车道平均通行压力，计算结果如表 7-24 所示。其中，吴靖高速的吴堡主线收费站 2015 年 6 月、7 月入口关闭。绘制 2015 年各重要收费站出站和入站的车道平均压力，如图 7-35 所示。

由表 7-24、图 7-35 可知，西长高速陕甘界收费站的出站车道平均压力最大；宝汉高速陇关收费站的出站车道平均压力最小；西宝高速三桥收费站的入站车道平均压力最大；宝汉高速陇关收费站的入站车道平均压力最小。2015 年与 2014 年相比，各重要收费站出入站的车道平均压力变化幅度较小，在-0.5%和 2%之间，其中，陕西佳县站的出站、入站和出入站车道平均压力增长幅度最高，分别为 2.14%、1.26%和 1.59%。

表 7-24　2015 年陕西省高速公路重要收费站车道平均压力表

序号	收费站名称	2015 年车道平均压力/(万 PCU/年)			2015 年与 2014 年对比		
		出站	入站	出入站	出站	入站	出入站
1	六村堡	101.83	107.09	104.46	0.05	0.02	0.04
2	灞桥	45.77	42.8	44.78	-0.4	-0.67	-0.53
3	三桥	67.58	152.81	93.8	0.03	0.03	0.03
4	吴堡主线	42.31	118.56	60.25	-0.37	-0.27	-0.32
5	府谷	61.77	129.54	88.88	0.48	0.04	0.19
6	陕甘界	111.01	50.39	70.6	-0.03	-0.05	-0.04
7	宁强	43.23	88.08	58.18	0.03	0.03	0.03
8	陈仓	27.68	23.29	25.48	-0.07	0.04	-0.03
9	王圈梁	44.94	41.34	43.25	-0.04	-0.09	-0.06
10	潼关	26.88	53.53	36.87	-0.1	-0.05	-0.08
11	禹门口	25.91	35.04	29.56	-0.12	-0.13	-0.13
12	陕蒙界	17.78	22.23	19.45	-0.02	-0.28	-0.15
13	界牌	25.72	47.72	32.32	0.57	0.55	0.56
14	漫川关主线	14.5	22.33	17.24	-0.07	-0.17	-0.12
15	陕川界	14.79	19.02	16.67	0.24	0.24	0.24
16	陕西佳县	13.04	35.01	19.91	2.14	1.26	1.59
17	陕西白河	6.73	10.98	8.4	0.6	0.54	0.56
18	陇关	1.62	2.15	1.8	0.02	0.1	0.05

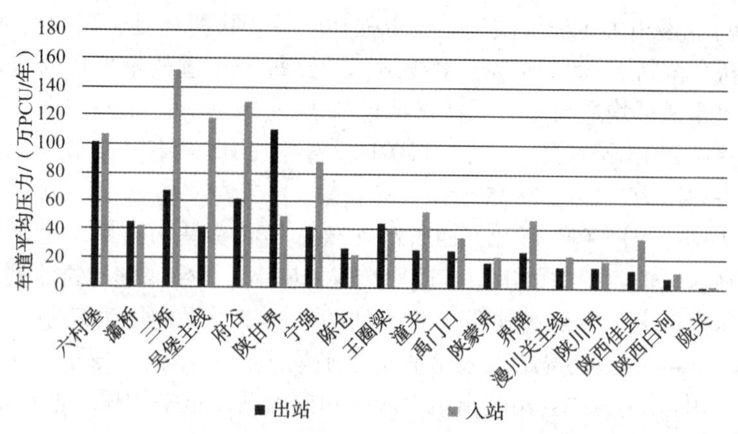

图 7-35　2015 年重要收费站车道平均压力

计算 2015 年陕西省高速公路各重要收费站出站和入站车道平均压力的比例，结果如图 7-36 所示。由图 7-36 可知，对于三桥、府谷、宁强、陕西佳县这几个收费站而言，出站和入站的车道平均压力不均衡，入站车道压力明显大于出站；对于陕甘界收费站而言，出站车道压力明显大于入站；其他收费站的出站和入站车道压力基本均衡。

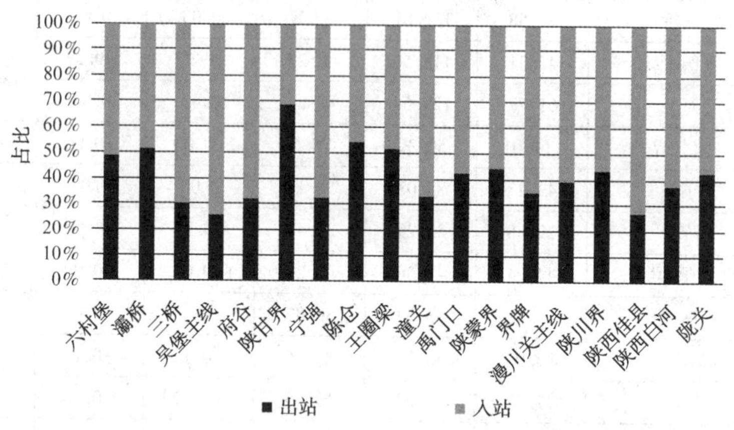

图 7-36　2015 年重要收费站车道平均压力出站和入站比例

2）陕西省交通量前 10 名收费站出入口交通量时间分布区间

2015 年高速公路出入口总流量排名前 10 的收费站分别为六村堡收费站、高新区收费站、曲江收费站、新筑收费站、长安收费站、机场西收费站、汉城收费站、三桥收费站、机场收费站、河池寨收费站。计算这是个收费站的出口自然量以及占路网比例、入口自然量以及占路网比例和总自然量以及占路网比例，结果如表 7-25 所示。

表 7-25　2015 年高速公路出入口总流量排名前 10 的收费站

收费站名称	出口自然量/(辆/日)	占路网比例	入口自然量/(辆/日)	占路网比例	总自然量/(辆/日)	占路网比例
西长高速六村堡站	941.66	3.85%	934.85	4.15%	1876.51	3.99%
绕城高速高新区站	686.87	2.81%	658.45	2.92%	1345.32	2.86%
绕城高速曲江站	659.51	2.70%	625.44	2.78%	1284.95	2.73%
绕城高速新筑站	583.66	2.39%	599.80	2.66%	1183.46	2.52%
绕城高速长安站	588.84	2.41%	585.06	2.60%	1173.90	2.50%
西长高速机场西站	558.52	2.28%	561.48	2.49%	1120.00	2.38%
机场高速汉城站	566.46	2.32%	553.21	2.45%	1119.67	2.38%
西宝高速三桥站	554.55	2.27%	552.15	2.45%	1106.70	2.35%
机场专线机场站	482.00	1.97%	444.13	1.97%	926.14	1.97%
绕城高速河池寨站	455.12	1.86%	424.96	1.89%	880.08	1.87%
小计	6077.19	24.85%	5939.53	26.35%	12016.72	25.57%

10 个收费站出口和入口自然量占路网比例情况如图 7-37 所示。由图 7-37 可知，六村堡收费站整体出入口自然量占路网比例最高，约为 8%。这 10 个收费站出入口自然量基本均衡。

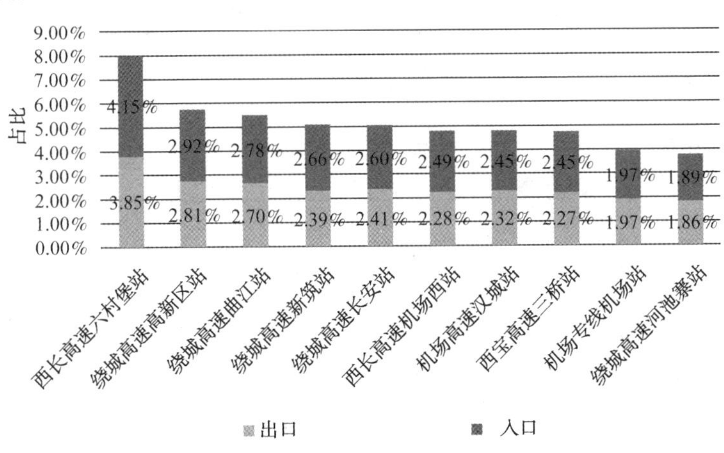

图 7-37　2015 年 10 个收费站出口和入口自然量占路网比例情况

以六村堡站为例，绘制六村堡收费站 24 小时出入站自然量分布，分别如图 7-38 和图 7-39 所示。由图 7-38、图 7-39 可知，客车自然量总体大于货车自然量，客车自然量分布呈现较明显的早高峰和晚高峰，早高峰时段为 9 点至 10 点，晚高峰时段为 16 点至 17 点；货车自然量 9 点至 18 点流量较高且分布比较均匀；

出站自然量中，客车出站自然量晚高峰较早高峰明显，出站总自然量最高达1825辆/时；入站自然量中，客车入站自然量早高峰较晚高峰明显，入站总自然量最高达2009辆/时。

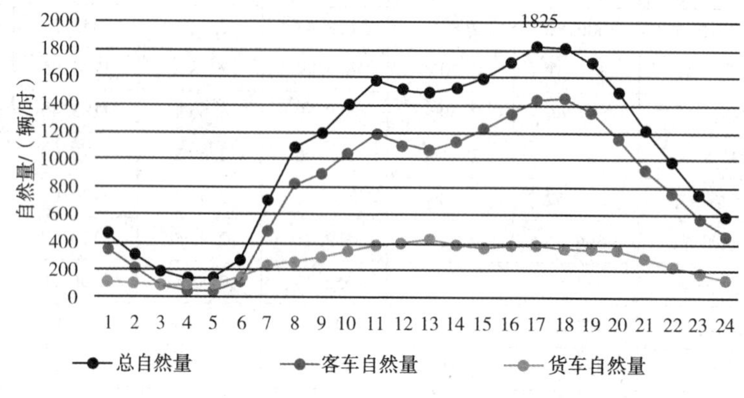

图 7-38　六村堡站 24 小时出站自然量分布

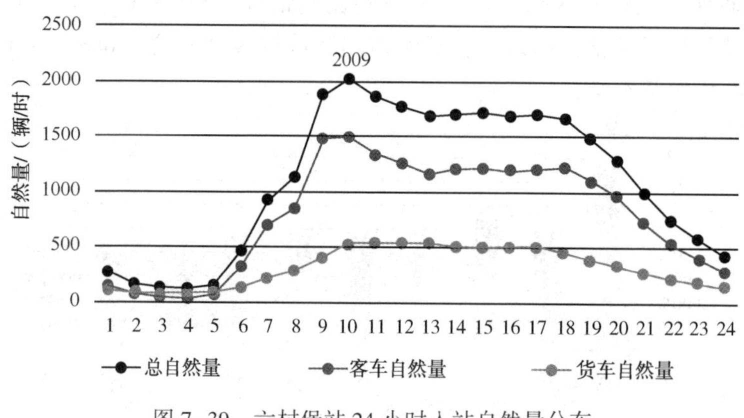

图 7-39　六村堡站 24 小时入站自然量分布

7.3.8　陕西省高速公路新开通路段交通流量分析

2015 年陕西省新增路段共 7 条，分别是汉川高速、延延高速、安平高速、神佳米高速、西咸北环线高速、黄延高速和渭玉高速。分析路网新开通路段交通流量情况，可以掌握新开通路段对相邻路段、并行路段的交通流吸引规律，为交通规划部门提供决策依据。

2015 年陕西省高速公路 7 条新开通路段月平均交通量如图 7-40 所示。由图 7-40 可知，西咸北环线高速交通量最高为 22.50 万 PCU/月，渭玉高速、延延高速、神佳米高速交通量次之。

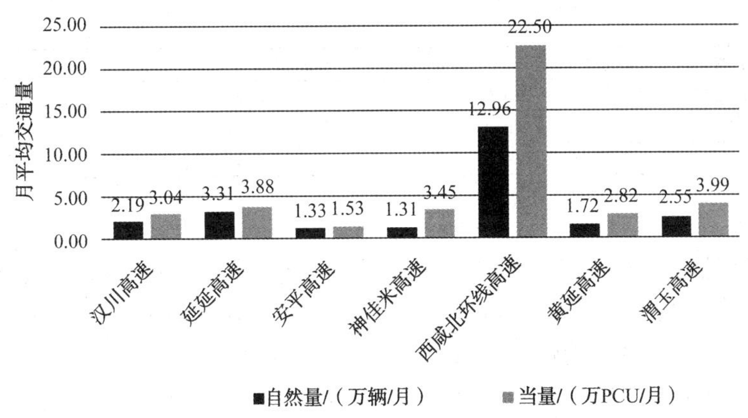

图 7-40　2015 年新增路段月平均交通量

1)汉川高速

汉川高速(石门至喜神坝段)作为陕西省又一条出省入川大通道，于 2015 年 9 月 2 日上午建成通车，与之相连或并行的路段有汉宁高速和西略高速。

汉川高速开通影响表如表 7-26 所示。由表 7-26 可知，汉川高速开通以后，汉宁高速的车流量降低 23.96%，而西略高速的车流量降低 22.30%。可以看出，汉川高速的开通对西略高速的通行费收入影响较大。

表 7-26　汉川高速开通影响表

连接或并行路段	新路段开通前/(万辆/月)	新路段开通后/(万辆/月)	变化率
汉宁高速	42.01	31.95	-23.96%
西略高速	7.48	5.81	-22.30%

2)延延高速

延延高速公路是陕西省“2637”高速公路网 7 条横线之一“延吴线”的重要一段，也是国家高速公路网联络线长延高速公路(编号：G2211)的组成部分。延延高速于 2015 年 10 月 14 日建成通车，与之相连或并行的路段有西延高速、延志吴高速、延靖高速、宜富高速和吴靖高速。

延延高速开通影响表如表 7-27 所示。由表 7-27 可知，延延高速开通以后，宜富高速的车流量降低了 42.06%，西延高速的车流量降低了 31.79%。宜富高速通行费收入金额较上月降低 20.24%，吴靖高速通行费收入金额较上月增长 6.75%。可以看出，延延高速的开通对宜富高速、延靖高速的通行费收入影响较大。

表 7-27　延延高速开通影响表

接或并行路段	新路段开通前/(万辆/月)	新路段开通后/(万辆/月)	变化率
西延高速	40.34	27.52	-31.79%
延志吴高速	7.49	7.34	-2.03%

续表

接或并行路段	新路段开通前/(万辆/月)	新路段开通后/(万辆/月)	变化率
延靖高速	36.03	27.81	-22.81%
宜富高速	6.39	3.70	-42.06%
吴靖高速	19.71	18.58	-5.73%

3)安平高速

安平高速是国家高速公路网 G6911 线(安康至来凤)和 G4213 线(麻城至安康)的共线段，是陕西省又一条出省大通道。安平高速于 2015 年 11 月 25 日正式通车，与之相连或并行的路段有白泉高速和安川高速。

安平高速开通影响表如表 7-28 所示。由表 7-28 可知，安平高速开通以后，安川高速的车流量上升 4.06%，白泉高速的车流量上升 2.12%。可以看出，安平高速的开通对相连或并行的路段通行费收入影响较小。

表 7-28　安平高速开通影响表

连接或并行路段	新路段开通前/(万辆/月)	新路段开通后/(万辆/月)	变化率
白泉高速	10.18	10.40	2.12%
安川高速	15.95	16.59	4.06%

4)神佳米高速

神佳米高速于 2015 年 11 月 24 日建成开通，与之相连或并行的路段有榆佳高速、榆神高速、榆绥高速、神府高速。

神佳米高速开通影响表如表 7-29 所示。由表 7-29 可知，神佳米高速开通以后，榆绥高速的车流量上升了 16.65%，神府高速的车流量下降了 50.57%。可以看出，神佳米高速的开通对相连或并行的路段通行费收入影响较小。

表 7-29　神佳米高速开通影响表

连接或并行路段	新路段开通前/(万辆/月)	新路段开通后/(万辆/月)	变化率
榆佳高速	6.80	7.81	14.85%
榆神高速	16.80	14.36	-14.51%
榆绥高速	8.70	10.14	16.65%
神府高速	29.78	14.72	-50.57%

5)西咸北环线高速

西咸北环线高速于 2015 年 12 月 8 日建成通车，将与连霍西潼线、连霍新西宝线、京昆、西延、福银等 5 条高速公路实现直接换转，大量过境车辆尤其是大货车可以不再经过主城区。

西咸北环线高速开通影响表如表 7-30 所示。由表 7-30 可知，西咸北环高速开通以后，西汉高速的车流量上升 4.94%，西宝高速的车流量降低 11.37%。

表 7-30 西咸北环线高速开通影响表

连接或并行路段	新路段开通前/(万辆/月)	新路段开通后/(万辆/月)	变化率
西潼高速	62.08	64.08	3.23%
西禹高速	47.21	46.94	-0.56%
西耀高速	27.24	27.85	2.21%
咸旬高速	14.07	14.56	3.46%
西长高速	57.48	57.44	-0.07%
西宝高速	52.96	46.93	-11.37%
西汉高速	41.66	43.72	4.94%
绕城高速	135.75	135.54	-0.16%

6)黄延二通道

2015 年 12 月 7 日，国家高速公路包(头)茂(名)线黄延高速公路扩能工程(崖头庄至任家台段)正式通车，标志着西延二通道西安至富县段已经全部建成，从西安开车去延安将更方便，与黄延高速相连或并行的路段主要有西耀高速、西延高速和宜富高速。

黄延高速开通影响表如表 7-31 所示。由表 7-31 可知，黄延高速开通以后，西耀高速的车流量上升 2.21%，西延高速的车流量下降 22.79%。

表 7-31 黄延高速开通影响表

连接或并行路段	新路段开通前/(万辆/月)	新路段开通后/(万辆/月)	变化率
西耀高速	27.24	27.85	2.21%
西延高速	27.52	21.25	-22.79%
宜富高速	3.70	3.03	-18.15%

7)渭玉高速

12 月 2 日下午 3 时，修建了两年多时间的渭(渭南)—玉(蓝田玉山)高速公路正式通车放行，渭南市民到蓝田、商洛等地将更加便捷，与渭玉高速相连或并行的路段有西商高速、西潼高速和渭蒲段。

渭玉高速开通影响表如表 7-32 所示。由表 7-32 可知，渭玉高速开通以后，西潼高速的车流量上升 3.23%，西商高速的车流量下降 8.05%。

表 7-32 渭玉高速开通影响表

连接或并行路段	新路段开通前/(万辆/月)	新路段开通后/(万辆/月)	变化率
西商高速	15.41	14.17	-8.05%
西潼高速	62.08	64.08	3.23%
渭蒲段	9.14	9.33	2.14%

8 高速公路信息化发展趋势

高速公路的建设状况是一个国家现代化水平的重要表现，而高速公路的信息化建设则是实现高速公路现代化管理最重要的基础支撑。随着图像、传感技术等新技术在交通领域应用的不断深入，高速公路信息应用技术不断走向纵深。未来的高速公路将是一个由“大数据”引领的智慧科技型交通枢纽。更多的传感设备、信息终端接入到网络，由此产生的数据及增长速度将比历史上的任何时期都要多，都要快。因此，以下方面仍然值得重点关注：如何在充分信息的情况下，对高速公路车辆进行合理的监控与疏导、控制和事件管理；路政部门如何确保随时掌握车辆的运行情况，从而进行合理的调度；运营部门如何从这些海量的运行数据信息中发现高速公路网运行中所存在的问题，进而强化管理水平、提高经济效益和公众服务水平。

高速公路信息化的进程日新月异，汇集了海量的交通信息和行为特性。交通大数据是交通信息化和交通管理发展到一定阶段的产物，是将传统经验型管理决策向科学型决策技术转型的重要手段。大数据驱动下的高速公路交通运行分析，能够为行业决策者从数据角度为高速公路网的规划、建设和管理提供科学依据，为交通信息发布、诱导分流、应急资源优化配置等行业发展决策提供数据支撑，从而有效地促进高速公路的运营管理及服务管理水平。

交通大数据的应用已经为行业带来了巨大的变革，主要体现在以下五个方面。第一，为用户提供服务内容越来越精准。有赖于基于大数据的交通路网动态分析，通过交通服务热线、手机 App 等手段及时发布交通状态信息，能够为用户提供了出行的实时方案选择。第二，交通通行效率越来越高。有赖于各种各样的互联网感知器，对复杂天气、事故、各种突发事件的实时分析，使得交通管理部门掌握了更多的交通状况，及时做出反应。第三，现场人工执法越来越少。有赖于基于大数据的交通行为分析，交通执法已经逐渐突破以往事后非现场执法模式。尤其针对节假日、早晚高峰，利用无人机技术在重点瓶颈区域巡检，能够有效规范交通行为，避免偶发性交通事故或者交通延误。第四，交通服务自动化程度越来越高。移动支付和各种自动化检测设备在交通行业得到普遍应用，不仅提升了服务效率，而且能够得到对交通参与者轨迹信息更细致的记录。第五，交通主管部门的决策越来越科学。政府对重大政策的制定和推出越来越依赖于对交通行为的分析，通过数据分析发现道路拥堵的症结。

我国交通运输行业发展和交通参与者需求的转变，对高速公路交通资源利用效率、路网服务质量提出了更高的要求，为交通大数据在行业的应用指明发展方向，也为大数据分析技术带了挑战。

8.1 面向行动者偏好的个性化交通信息服务

出行者是交通需求和交通活动的主导者，是整个交通行为过程的决策者。随着信息技术的发展，出行者能够享受优质的信息服务成果，其行为偏好更会影响交通运行的效率和特性。出行用户作为独立个体，其行为表现不仅会受到道路环境、气象条件、突发事件等外界因素的影响，而且也受到用户自身的行为偏好、驾驶习惯的影响，此外，用户自身的行为也会影响交通流的变化。直观来讲，高频次在某一路段行驶的驾驶员，可能在熟悉路段会通过频繁变道来获取更少的行驶时间；满载的货车驾驶员可能受车辆自身载重限制、货物安全考虑，较空载时驾驶会更加谨慎；当道路中有危险品车辆行驶时，它对其他车辆的行驶表现也可能产生影响。诸如此类，在大数据交通信息多元化的背景下，交通流不再是数量的统计表征，而是具有个体特性的行动者，即“一辆车”已经成为具有信息感知和交互反馈的行动者，行动者能够对先验知识进行学习存储，对实时路况进行反馈，多个行动者之间还能相互作用影响。以往的探究用户出行差异研究主要采用仿真分析和问卷调查。仿真分析需要设定全面的、确定性的假设条件，然而在实际路网中受到采集设备的限制，信息采集的深度、广度与假设条件还存在一定差距，现有的数据资源为“不完备信息”，仿真分析结果与实际路网的适应性存在一定局限。问卷调查通常采用情景假设获取用户的偏好和反馈，但是在实际行驶中受到用户反应时间和随机性因素的影响，用户被调查的偏好不一定被实际执行。交通大数据为面向出行者偏好的个性化信息服务创造了条件，能够突破传统研究方法潜在的“表里不一”风险。

综合性交通信息服务已经成为行业共识，同时交通参与者行为特性的个性化信息服务需求日益突出。在满足路径可达性的前提下，不同的出行者可能具有不同的需求、偏好和忍耐度，不同倾向的出行者可能会采纳不同的出行路径建议。例如，需要加油、用餐、休息的出行者可以容忍行程时间或者行程距离的增加；驾驶技术不娴熟的出行者倾向于路况简单的出行路径；目的地附件没有停车场所的推荐路径可能不被出行者采纳；等等。出行者不仅需要及时掌握交通状态进行出行规划，更希望获得符合自身偏好和个性化需求的信息服务。运用交通大数据能够在严格保护用户隐私的前提下“学习”出行者的行动者特性和偏好，主动适时向用户推动可执行的、符合用户习惯的交通信息服务。真正做到数据从出行用户中来，又回到出行用户中去。符合用户需求、适合用户出行习惯的交通信息服务才能被高频次地采用，才能够充分发挥交通大数据的效能，最终使出行者的交通结果达到最优。

8.2 基于非结构化数据分析的交通信息服务

非结构化数据处理是大数据分析技术的难点和重点，是提升大数据价值挖掘深度的关键。非结构化数据包含了文本、图像、声音、影视、新媒体等典型信息，在互联网上的信息内容形式中占据了很大比例。随着“互联网+”战略的实施，将会有越来越多的非结构化数据产生。据预测，非结构化数据将占据所有各种数据的70%～80%以上。结构化数据分析挖掘技术经过多年的发展，已经形成了相对成熟的技术体系。也正是由于没有限定结构形式，非结构化数据中表示灵活，蕴含了丰富的信息。非结构化数据处理技术的挑战性问题在于语言表达的灵活性和多样性。综合看来，在大数据分析挖掘中，掌握非结构化数据处理技术是至关重要的。

交通领域内常见的非结构化数据，例如视频监控和来自公众互动提供的图片、语音、微博、微信等，这类数据内涵丰富、数据价值高、实时性强，涉及Web页面信息内容提取、语义处理、文本建模等技术。在交通大数据的教学、研究、学习和应用开发中，非结构化数据分析方法应当成为核心和重点。一方面，利用移动互联网、视频识别与分析、卫星定位等技术，能够自动捕获道路运行异常，及时进行交通控制和疏导；另一方面，文本和语音挖掘、情感分类、文书分析等技术，可以为用户提供交通政策、交通控制策略、处置方案等反馈信息，评价交通控制策略的合理性和有效性，促进交通运营管理中用户满意度提升。

需要注意的是，数据挖掘有3个主要阶段，分别为数据的准备、模型的发现、结果的表达和解释。交通大数据研究的目标是解决行业内的业务问题和指导公众出行规划，不论是离线模式还是在线模式的分析方法，都需要把分析结果的可读性摆在首要位置。数据分析结果作为与交通参与者交互的信息输出，其结果应该直观、明了，只输出一些数字结果而不进行内涵诠释，行业应用不直观。这就要求在交通大数据研究中，不仅需要关注非结构化数据的处理技术，还需要改善结果的可读性，注重用户的反馈。

8.3 跨学科领域交叉的交通大数据分析应用

交通系统的随机性、模糊性、不确定性和复杂性等特点决定了人工智能的应用，交通运输与信息技术的深度融合，尤其是人工智能在交通运输系统中的应用将越来越重要。跨学科领域交叉的数据融合分析与应用将成为今后交通大数据分析应用发展的重大趋势。交通运输系统的构成要素主要包括人和物、运载工具、交通设施、交通环境、交通规则及信息等，具备系统性、综合性、交叉性、社会性和动态性。因此，基于对交通学科的重新认知，结合工业 4.0、互联网+对交通行业的影响，跨学科和跨领域的大数据技术和应用研究迫切需要提上日程，从而促进和推动大数据在交通行业中的应用和落地，尤其是与物联网、移动互联、云计算、社会计算等热点技术领域相互交叉融合，整合环境、社会、经济、文化等数据资源，强化跨学科联系，实现“跨界交叉、深度融合”的一体化信息服务。

例如，交通大数据与环境监测融合具有积极意义，能够发挥信息集成优势和信息组合效率。在缓解道路交通堵塞、减少机动车运输对环境的影响等方面，大数据起到重要的作用。通过建立各区域的交通排放监测及预测模型，关联交通营运与环境数据，搭建交通运行与环境数据聚合分析系统，大数据技术可以准确且快速地分析交通对于环境的影响。同时，通过分析历史交通数据，大数据技术能捕捉数据中存在的关联性和规律，为降低交通拥堵和合理规划的交通信号控制提供决策依据。

在大数据时代，数据带来的影响不仅限于经济价值，还能产生极大的社会价值。随着通信技术的发展，交通中的数据从贫乏的困境转向丰富的环境。面对种类繁多、数据量庞大的交通数据，如何提取出真正有用的、利于决策的数据才是关键。同时，交通大数据技术也面临着巨大的挑战，用户隐私、数据安全等各种问题还有待进一步完善和解决。

参 考 文 献

[1]Qi S, Mohamed A. Big data applications in real-time traffic operation and safety monitoring and improvement on urban expressways[J]. Transportation Research Part C. 2015, 58: 380-394.

[2]陆化普, 孙智源, 屈闻聪. 大数据及其在城市智能交通系统中的应用综述[J]. 交通运输系统工程与信息, 2015, 05: 45-52.

[3]段宗涛, 郑西彬, 李莹, 等. 道路交通大数据及其关键技术研究[J]. 微电子学与计算机, 2015, 06: 85-89.

[4]Mark W, Glenn L. The digital revolution and worthwhile use of travel time: implications for appraisal and forecasting[J]. Transportation. 2016, 43: 507-530.

[5]Carrion C, Levinson D. Value of travel time reliability: a review of current evidence[J]. Transportation Research Part A: Policy and Practice, 2012, 46: 720-741.

[6]Gerard C, Michiel C. J. On including travel time reliability of road traffic in appraisal[J]. Transportation Research Part A. 2015, 73: 80-95.

[7]隋丽娜, 王晓曼, 曹沫, 等. 基于物联网的高速公路运行状态监测指标体系研究[J]. 公路, 2015, 11: 142-145.

[8]Baozhen Y, Ping H, Xiaohong L, et al. Transit network design based on travel time reliability [J]. Transportation Research Part C. 2014, 43: 233-248.

[9]陈艳艳, 高爱霞, 刘小明, 等. 道路交通运行状态可靠性评价方法综述及展望[J]. 公路, 2003, 10: 127-131.

[10]Asakura Y, Kashiwadani M. Road network reliability caused by daily f1uctuation of traffic flow [C]. Proceedings of the 19th PTRC Summer Annual Meeting. Brighton, 1991: 73-84.

[11]侯立文, 谭家美. 信息条件下路段出行时间可靠性的计算[J]. 上海交通大学学报, 2006, 06: 968-972.

[12]Naoki A, Eiichi T. Travel time reliability in vehicle routing and scheduling with time windows [J]. Netw Spat Econ, 2006 (6): 293-311.

[13]李先, 温慧敏, 高永, 等. 北京市路网单位距离行程时间可靠性评价[J]. 交通运输系统工程与信息, 2007, 02: 72-76.

[14]姜乙甲. 基于行程时间可靠性的北京中心城路网运行状态评价[D]. 北京交通大学, 2007.

[15]贺方会. 基于浮动车数据的路段行程时间可靠性研究[D]. 西南交通大学, 2010.

[16]Hesham R, Ihab E, Mazen A. Trip travel-time reliability: issues and proposed solutions[J]. Journal of Intelligent Transportation Systems, 2010, 14(4): 232-250.

[17]李晓莉. 不同交通流运行状态下的行程时间可靠性分析[J]. 交通运输工程与信息学报, 2013, 01: 79-85.

[18]Agachai S, Tianlu P, Renxin Z, et al. Dynamic stochastic journey time estimation and reliability analysis using stochastic cell transmission model: algorithm and case studies[J]. Transportation Research Part C. 2013, 35: 263-285.

[19]Kenetsu U. Estimating the value of travel time and of travel time reliability in road networks[J]. Transportation Research Part B. 2014 , 66: 129-147.
[20]林徐勋，倪安宁，张春勤．基于随机松弛时间的行程时间可靠性计算模型[J]．科学技术与工程，2015，08：127-133+139.
[21]杨聚芬．基于实时数据的路网交通状态可靠性分析方法研究[D]．吉林大学，2015.
[22]Xiaojing L, Haibo M, Juhua Y. Dynamic travel time reliability of urban road network based on road users[J]. Journal of Highway and Transponation Research and Development. 2015, 9(1): 71-78.
[23]Van Lint J. W. C. , Zuylen H. J. Monitoring and predicting freeway travel time reliability: using width and skew of day-to-day travel time distribution[J]. Transportation Research Record: Journal of the Transportation Research Board, 2005, 1917: 54-62.
[24]Pu W. Analytic relationships between travel time reliability measures[C]. Transportation Research Record, Transportation Research Board, Washington, DC, 2010.
[25]柏喜红，陈旭梅，王莹，等．高速公路行程时间可靠性研究综述[J]．交通运输工程与信息学报，2014，12(2)：70-76.
[26]Mahmassani H. S, Kim J, Stogios Y, et al. , Incorporating reliability performance measures in operations and planning modeling tools[R]. SHRP2 Project L04 Final Report. 2013b.
[27]Mazloumi E, Currie G, Rose G, Using GPS data to gain insight into public transport travel time variability[J]. Journal of Transportation Engineering. 2010, 136: 623-631.
[28]Peer S, Koopmans C. C, Verhoef E. T, Prediction of travel time variability for cost-benefit analysis[J]. Transportation Research Part A: Policy and Practice, 2012, 46: 79-90.
[29]Cambridge S, et al. Analytical procedures for determining the impacts of reliability mitigation strategies[R], 2010. NCHRP SHRP 2 Project L03.
[30]Mahmassani H. S, Hou T, Dong J. Characterizing travel time variability in vehicular traffic networks: deriving a robust relation for reliability analysis[J]. Transportation Research Record: Journal of the Transportation Research Board. 2012a, 2315: 141-152.
[31]Kwon J, Barkley T, Hranac R, et al. Decomposition of travel time reliability into various sources [J]. Transportation Research Record: Journal of the Transportation Research Board, 2011, 2229: 28-33.
[32]Samer H. , Alireza T, Jing D. Travel time reliability versus safety: a stochastic hazard-based modeling approach[J]. IEEE Transactions on Intelligent Transportation Systems. 2015, 16(1): 264-273.
[33]冷军强．冰雪条件下城市路网行程时间可靠性研究[D]．哈尔滨工业大学，2010.
[34]吴炼，李旭宏，王婧，等．雾天高速公路网行程时间可靠性评价方法[J]．解放军理工大学学报(自然科学版)，2010，11(2)：233-238.
[35]王婧，何杰，吴炼．雨天高速公路网行程时间可靠性评价方法[J]．交通运输系统工程与信息，2011，11(6)：117-123.
[36]叶佳缘，杨赛霓，刘浩．降雨对高速公路小型车行程时间的影响[J]．公路交通科技，

2012, 29(11): 135-139+158.
[37]Takahiro T, Harumi K, Kazuhito U, et al. Benefit of accident reduction considering the improvement of travel time reliability[J]. Int. J. ITS Res. 2011, 9: 64-70.
[38]陈玲娟, 刘海旭, 蒲云. 交通事故持续期内行程时间的可靠性研究[J]. 西南交通大学学报, 2013, 48 (2): 376-382.
[39]孙小菲, 陈旭梅, 刘文峰, 等. 高速公路行程时间可靠性评价体系及指标阈值标定[J]. 交通信息与安全, 2014, 01: 58-63.
[40]王莹. 基于 SP 调查的城市通勤者行程时间可靠性价值研究[D]. 北京交通大学, 2014.
[41]李小静, 刘立舰, NAUMOV Stanislav. 基于乐观值和悲观值的不同风险态度行程时间预算[J]. 中南大学学报(自然科学版), 2015, 04: 1553-1561.
[42] Bell M. G. H, lida Y. Transportation network analysis [M]. JohnWiley & Sons, New York, 1997.
[43]Yasunori L. Basic concepts and future directions of road network reliability analysis [J]. Journal of Advanced Transportation, 1999, 33(2): 125 -134.
[44]熊志华. 随机路网模型及路网稳定性分析[J]. 交通运输系统工程与信息, 2 012, 05: 135-139.
[45]熊志华, 邵春福, 线凯. 基于行程质量的动态交通分配[J]. 交通运输系统工程与信息, 2005, 05: 50-53+73.
[46]熊志华, 邵春福, 马社强. 基于模糊感知的道路网行程时间可靠性研究[J]. 中国人民公安大学学报(自然科学版), 2006, 04: 90-93.
[47]熊志华, 姚智胜, 邵春福. 基于路段相关的路网行程时间可靠性[J]. 中国安全科学学报, 2004, 10: 84-87+1.
[48]熊志华, 姚智胜. 路网可靠性及其层次分析[J]. 交通科技与经济, 2004, 04: 1-3.
[49]熊志华. 道路网行程时间可靠性基础理论与方法研究[D]. 北京交通大学, 2006.
[50]陈小鸿, 冯均佳, 杨超. 基于浮动车数据的行程时间可靠度特征研究[J]. 城市交通, 2007, 05: 42-45+37.
[51]张勇, 王世明, 杨晓光. 信号控制道路行程时间可靠度计算与实证[J]. 同济大学学报(自然科学版), 2009, 06: 772-776.
[52]陈琨, 于雷. 基于对数正态和分布的路径行程时间可靠性模型[J]. 北京交通大学学报, 2009, 33(3): 35-39.
[53]侯立文, 谭家美. 城市交通中利用 Gram-Charlier 分布估计行程时间可靠性[J]. 中国管理科学, 2009, 06: 139-146.
[54]Michael A P, Susilawati. Modelling travel time reliability with the burr distribution[C]. 15th meeting of the EURO Working Group on Transportation. EWGT 2012.
[55] Guo F, Rakha H, Park S. Multistate model for travel time reliability [J]. Transportation Research Record: Journal of the Transportation Research Board, 2010, 2188: 46-54.
[56]Arezoumandi M. 基于均值和标准差的高速公路行程时间可靠性预测(英文)[J]. 交通运输系统工程与信息, 2011, 11(6): 74-84.

[57]Ruimin L, Huajun C, Jin T. Empirical study of travel time estimation and reliability[J]. Mathematical Problems in Engineering. 2013(1804): 1-9.

[58]夏创文. 高速公路网运行监测若干关键技术研究[D]. 华南理工大学, 2013.

[59]李玮峰, 段征宇, 郭高华. 基于 ARCH 模型簇的路径行程时间可靠性分析[J]. 交通运输系统工程与信息, 2014, 04: 186-193+216.

[60]李玮峰, 段征宇, 杨东援. 快速路行程时间波动性分析[J]. 计算机工程与应用, 2015, 04: 260-265.

[61]李长城, 文涛, 刘小明, 等. 基于高速公路收费数据的行程时间可靠性模型研究[J]. 公路交通科技, 2014, 12: 110-115.

[62]李小静, 牟海波, 杨菊花. 基于道路使用者的城市路网动态行程时间可靠度[J]. 公路交通科技, 2014, 04: 106-113.

[63]崔毓伟, 袁鹏程, 倪安宁, 等. 基于 Copula 函数的交通网络行程时间可靠度计算方法[J]. 计算机应用研究, 2014, 05: 1385-1389.

[64]尹志鹏, 刘伟铭, 庄岩浩. 基于高速公路收费数据的旅行时间可靠性分析[J]. 公路与汽运, 2014, 164: 52-57.

[65]Karthik K, Prakash A. A, Ravi S. Finding most reliable paths on networks with correlated and shifted log-normal travel times[J]. Transportation Research Part B. 2014 , 66: 110-128.

[66]Younes G, Maurice A, Neila B, et al. Estimating travel time distribution under different traffic conditions[C]. 17th Meeting of the EURO Working Group on Transportation, Sevilla, Spain, 2014.

[67]Fangshu L, Yunpeng W, Guangquan L, et al. A travel time reliability model of urban expressways with varying levels of service[J]. Transportation Research Part C. 2014 , 48: 453-467.

[68]Fu F , Ma D , Wang D , et al. An optimization method of time window based on travel time and reliability[J]. Mathematical Problems in Engineering, 2015, (2015-10-12), 2015 (20): 1-9.

[69]Kim J, Mahmassani H. S. A finite mixture model of vehicle-to-vehicle and day-to-day variability of traffic network travel times[J]. Transportation Research Part C: Emerging Technologies, 2014, 46: 83-97.

[70]Kim J, Mahmassani H, Alfelor R, et al. Implementation and evaluation of weather-responsive traffic management strategies: insight from different networks[J]. Transportation Research Record: Journal of the Transportation Research Board, 2013a, 2396: 93-106.

[71]Kim J, Travel time reliability of traffic networks: characterization, modeling, and scenario-based simulation[D]. Northwestern University, Evanston, IL. 2014.

[72]Kim J, Mahmassani H, Vovsha P, et al. Scenario-based approach to analysis of travel time reliability with traffic simulation models[J]. Transportation Research Record: Journal of the Transportation Research Board, 2013b, 2391: 56-68.

[73]Kim J, Mahmassani H. S. Compound gamma representation for modeling travel time variability in a traffic network[J]. Transportation Research Part B. 2015, 80: 40-63.

[74]Ng M, Waller S. T. A computationally efficient methodology to characterize travel time reliability using the fast fourier transform[J]. Transportation Research Part B: Methodological, 2010, 44: 1202-1219.

[75]Shu Y, Arif M, YaoJan W. Travel time reliability using hasofer lind-rackwitz fiessler algorithm and kernel density estimation[J]. Transportation Research Board. 2014 , 2442: 85-95.

[76]杜春燕，马洪伟，周溪召．基于 Edgeworth 级数的行程时间可靠性的计算与实证[J]．公路交通科技，2015，07：127-133.

[77]Mahmood R, Erik J, Haris N. K. Non-parametric estimation of route travel time distributions from low-frequency floating car data[J]. Transportation Research Part C. 2015 (58), 343-362.

[78]Kasai M, Uchiyama H. A study on estimation of probabilistic changing travel time based on Bayesian statistics[C]. Selected Proceedings of the 12th World Conference on Transport Research (WCTRs). 2010.

[79]Billings D, Yangt J. Application of the arima models to urban roadway travel time prediction—a case study[C]. 2006 I. E. International Conference on Systems, Man, and Cybernetics. 2006.

[80]Guin A. Travel time prediction using a seasonal autoregressive integrated moving average time series model[C]. Proceedings of the IEEE Intelligent Transportation Systems Conference 2006.

[81]王宝杰，王炜，杨敏，等．基于 Kalman 滤波行程时间预测的 BRT 车速诱导[J]．吉林大学学报(工学版)，2014，01：41-46.

[82]赵建东，王浩，刘文辉．高速公路旅行时间的自适应插值卡尔曼滤波预测[J]．华南理工大学学报(自然科学版)，2014，02：109-115.

[83]刘江用，云美萍，闫亚文，等．基于径向基函数神经网络的城市道路路段行程时间实时预测模型[J]．交通信息与安全，2011，05：31-35.

[84]杨兆升，保丽霞，朱国华．基于 Fuzzy 回归的快速路行程时间预测模型研究[J]．公路交通科技，2004(3)：78-81.

[85]张娟，孙剑．基于 SVM 的城市快速路行程时间预测研究[J]．交通运输系统工程与信息，2011，02：174-179.

[86]邱淳风，王珊，王超群．基于支持向量回归的行程时间预测算法[J]．计算机时代，2014，04：40-42.

[87]Yang Z, Wenhuan S, Yuncai L. Comparison of several traffic forecasting methods based on travel time index data on weekends[J]. Shanghai Jiaotong University. 2010, 15(2): 188-193.

[88]毕松，车磊，赵忠诚，孙德辉．城市路网路段行程时间预测研究综述[J]．计算机仿真，2014，07：157-160.

[89]姚智胜，邵春福，熊志华．支持向量机在路段行程时间预测中的应用研究[J]．公路交通科技，2007，09：96-99.

[90]Evangelos M, Josep M, Evangelia C, et al. A robust method for real time estimation of travel times for dense urban road networks using point-to-point detectors[J]. Transport, 2015, 30(3): 264-272.

[91]Rainer K, Talayeh A, Jari S. Estimation and monitoring of city-to-city travel times using call de-

tail records[J]. EPJ Data Science. 2016, 5: 6.

[92]Xuegang J, Yuwei L, Alexander S, et al. Performance evaluation of travel-time estimation methods for real-time traffic applications[J]. Journal of Intelligent Transportation Systems. 2010, 14(2): 54-67.

[93]刘克. 高速公路的路段行程时间估计与预测方法研究[D]. 北京交通大学, 2013.

[94]Willem W. E, Chris M. J, Bieke M. A parsimonious method for offline freeway travel time estimation from sectional speed detectors[J]. Journal of Intelligent Transportation Systems, 2014, 18(1): 67-80.

[95]王浩. 基于收费数据的高速公路旅行时间自适应插值卡尔曼滤波预测研究[D]. 北京交通大学, 2014.

[96]王翔, 陈小鸿, 杨祥妹. 基于K最近邻算法的高速公路短时行程时间预测[J]. 中国公路学报, 2015, 01: 102-111.

[97]朱彦, 曹彦荣, 杜道生. 城市快速路行程时间的统计分析与预测[J]. 交通运输工程与信息学报, 2009, 01: 93-97+103.

[98]唐俊. 基于浮动车数据的高速公路路段行程时间预测方法研究及系统实现[D]. 中山大学, 2011.

[99]邓毅萍, 冉旭, 丁闪闪, 等. 包含出入口匝道的高速公路路段行程时间估计方法[J]. 交通信息与安全, 2015, 02: 63-68.

[100]邓明君, 曲仕茹, 秦鸣. 基于谱分析的路段行程时间多步预测方法[J]. 交通运输系统工程与信息, 2015, 03: 134-139.

[101]陈旭梅, 龚辉波, 王景楠. 基于SVM和Kalman滤波的BRT行程时间预测模型研究[J]. 交通运输系统工程与信息, 2012, 04: 29-34.

[102]丁宏飞, 李演洪, 刘博, 等. 基于BP神经网络与SVM的快速路行程时间组合预测研究[J]. 计算机应用研究, 2016, 10: 1-6.

[103]田甜, 王秀玲, 吕芳. 基于Kalman和ARIMA组合模型的路段行程时间预测[J]. 信息技术, 2016, 03: 148-150+155.

[104]Lili D, Srinivas P, Kim Y H. An adaptive information fusion model to predict the short-term link travel time distribution in dynamic traffic networks[J]. Transportation Research Part B, 2012, 46: 235-252.

[105]李嘉, 刘春华, 胡赛阳, 等. 基于交通数据融合技术的行程时间预测模型[J]. 湖南大学学报(自然科学版), 2014, 01: 33-38.

[106]江周, 张存保, 许志达, 严凤祥, 丁国飞. 基于多源数据的城市道路网络行程时间预测模型[J]. 交通信息与安全, 2014, 03: 27-31.

[107]刘妍. 短时路段行程时间分布预测方法研究[J]. 重庆交通大学学报(自然科学版), 2015, 02: 108-111.

[108]赵建东, 徐菲菲, 张琨, 等. 融合多源数据预测高速公路站间旅行时间[J]. 交通运输系统工程与信息, 2016, 01: 52-57.

[109]Cheslow M, Hatcher S. G, Patel V. M. An initial evaluation of alternative intelligent vehicle

highway systems architecture[R]. Mitre Corporation：Federal Highway Administration，1992.

[110]张泼泼，李星野．基于小波神经网络和 ARMA 模型的 CPI 波动区间预测[J]．信息技术，2016，02：131-135.

[111]段白鸽，陆婧文．长寿风险对保险公司年金产品定价的影响——基于区块 Bootstrap 方法的实证分析[J]．山西财经大学学报，2015，08：21-30.

[112]杨锡运，关文渊，刘玉奇，等．基于粒子群优化的核极限学习机模型的风电功率区间预测方法[J]．中国电机工程学报，2015，S1：146-153.

[113]陈伟，郭建鹏，裴喜平，等．风电场短期风速变化区间与变化趋势预测算法[J]．电力系统及其自动化学报，2015，09：47-52.

[114]崔青华，夏井新．基于 ARIMA-GARCH 模型的城市主干道行程时间时变置信区间预测(英文)[J]．Journal of Southeast University(English Edition)，2014，03：358-362.

[115]Payne H J，Tignor S C. Freeway incident-detection algorithms based on decision trees with states[J]. Transportation Research Board，1978 (682)：30-37.

[116]Cook A. R，Cleveland D. E. Detection of freeway capacity reducing incidents by traffic stream measurement[J]. Transportation Research Record，1974 (495)：1-11.

[117]Dudek C. L，Messer G. M. Incident detection on urban freeways[J]. Transportation Research Board，1974 (495)：12-24.

[118]Levin M，Krause G. M. Incident detection：a bayesian approach[J]. Transportation Research Board，1978 (682)：52-58.

[119] Collins J. F，Hopkins C. M，Martin J. A. Automatic incident detection [R]. England：Transport and Road Research Laboratory，1979.

[120]Ahmed S. A，Cook A. R. Application of time-series analysis techniques to freeway incident detection[J]. Transportation Research Record，1980 (841)：19-21.

[121]Persaud B. N，Hall F. L，Hall L. M. Congestion identification aspects of the mcmaster incident detection algorithm[J]. Transportation Research Record，1990(1287)：167-175.

[122] Stephanedes Y. J，Chassiakos A. P. Application of filtering techniques for incident detection [J]. Journal of Transportation Engineering，1993，119(1)：13-26.

[123] Hsiao C. H，Lin C. T，Cassidy M. Application of fuzzy logic and neural networks to automatically detect freeway traffic incidents[J]. Journal of Transportation Engineering，1994，120(5)：753-771.

[124]Hoogendoorn S，Sascha H，Schuurman H. Perspectives of fuzzy logic in traffic engineering[C]. 78th Annual Meetings of the Transportation Research Board，Washington，D. C.，1999.

[125]Hawas Y. E. A fuzzy-based system for incident detection in urban street networks[J]. Transportation Research Part C：Emerging Technologies，2007，15(2)：69-95.

[126]NamKwan H，JinWoo C，YoungKyu Y. A study on incident detection model applying apid model，fuzzy logic and traffic pattern[C]. Proceeding of the 2007 IEEE Intelligent Transportation Systems Conference，2007，196-203.

[127]Ritchie S. G，Cheu R. L. Simulation of freeway incident detection using artificial neural networks

[J]. Transportation Research Part C, 1993, 1(3): 313-331.
[128] Ritchie S. G, Abdulhai B. Development testing and evaluation of advanced techniques for freeway incident detection[R]. UC Berkeley: Institute of Transportation Studies (UCB), 1997.
[129] Stephanedes Y. J, Liu X. Artificial neural networks for freeway incident detection [J]. Transportation Research Record, 1995, (1494): 91-97.
[130] Ivan J. N. neural network representations for arterial street incident detection data fusion[J]. Transportation Research Part C: Emerging Technologies, 1997, 5(3): 245-254.
[131] Yuan F, Cheu R. L. Incident detection using support vector machines[J]. Transportation Research Part C: Emerging Technologies, 2003, 11(3): 309-328.
[132] Chen S, Wang W, Van Zuylen H. Construct support vector machine ensemble to detect traffic incident[J]. Expert systems with applications, 2009, 36(8): 10976-10986.
[133]姜紫峰，刘小坤．基于神经网络的交通事件检测算法[J]．西安公路交通大学学报，2000，20(3)：67-69.
[134]庄斌，杨晓光，李克平．道路交通拥挤事件判别准则与检测算法[J]．中国公路学报，2006，03：82-86.
[135]史新宏，蔡伯根．高速公路自动事件检测算法[J]．交通运输系统工程与信息，2001，04：306-310.
[136]李清泉，高德荃，杨必胜．基于模糊支持向量机的城市道路交通状态分类[J]．吉林大学学报(工学版)，2009，v.39S2：131-134.
[137]邹文杰，翁剑成，周翔，等．基于浮动车数据的宏观路网运行状态评价研究[J]．公路交通科技，2009，S1：35-38+57.
[138]张菁，巨永锋，陈荔．城市路网交通状态的小波分析检测方法[J]．交通运输工程学报，2010，05：114-120.
[139]刘贺楠．高速路网交通运行状态评价与判定方法研究[D]．重庆交通大学，2010.
[140]李晨曦．基于交通延误的路网交通状态评价分析[D]．北京交通大学，2010.
[141]王谷，过秀成，姜玉佳，等．高速公路交通运行效率监控方法研究[J]．公路交通科技，2010，04：155-158.
[142]杨兆升，张茂雷．基于模糊综合评判的道路交通状态分析模型[J]．公路交通科技，2010，27(9)：121-126.
[143]牛世峰．灾害条件下路网交通运行态势快速分析与评估技术研究[D]．吉林大学，2011.
[144]北京交通发展研究中心．DB11/T785-2011 城市道路交通运行评价指标体系[S]．北京市质量技术监督局，2011.
[145]沈强．基于高速公路收费数据的路网运行状态评价[J]．公路交通科技，2012，08：118-126.
[146]于荣，王国祥，郑继媛，等．基于支持向量机的城市道路交通状态模式识别研究[J]．交通运输系统工程与信息，2013，01：130-136.
[147]吕北岳．基于浮动车的深圳市道路交通运行评价研究[D]．武汉大学，2013.
[148]付静静．基于点、线、面层次的干线公路交通运行状态评价指标分析[D]．长安大

学，2013.
[149]李琦．基于多源数据的交通状态监测与预测方法研究[D]．吉林大学，2013.
[150]杨环宇．非常态事件下高速公路路网交通运行状态评价方法研究[D]．吉林大学，2014.
[151]高朝晖，张晓春，王遥，等．高速公路路段交通运行状态的模糊综合评价方法[J]．中国矿业大学学报，2014，02：339-344.
[152]游黄阳．基于车牌跟踪的交通运行状态评价及预测[D]．华南理工大学，2014.
[153]姚磊，张开冉．基于模糊逻辑的交通拥挤状态识别算法[J]．西华大学学报(自然科学版)，2014，33(13803)：66-69.
[154]陈家炎．基于联网收费数据的高速公路交通流特征分析[D]．华南理工大学，2014.
[155]Brilon W，Estel A. Differentiated analysis of level of service within the german highway capacity manual [J]. Transportation Research Record，2010(2173)：36-44.
[156]岳园圆，于雷，朱琳，等．基于速度里程分布的快速路宏观交通状态评价模型[J]．交通运输系统工程与信息，2014，04：85-92.
[157]杨庆芳，马明辉，梁士栋，等．基于收费数据的高速公路交通状态判别方法[J]．华南理工大学学报(自然科学版)，2014，12：51-57+76.
[158]张亮亮，贾元华，牛忠海，等．交通状态划分的参数权重聚类方法研究[J]．交通运输系统工程与信息，2014，06：147-151.
[159]李树彬，党文修，傅白白．基于收费数据的高速公路实时网络状态估计研究[J]．交通运输系统工程与信息，2015，v.1504：63-69+84.
[160]黄艳国，许伦辉，邝先验．基于模糊 C 均值聚类的城市道路交通状态判别[J]．重庆交通大学学报(自然科学版)，2015，v.34；No.16802：102-107.
[161]章渺．高速公路基本路段实时交通状态识别方法[D]．长安大学，2011.
[162]徐静．基于时空分析的高速公路基本路段交通状态估计研究[D]．重庆大学，2014.
[163]陈会茹．高速公路基本路段实时交通状态判别方法的研究及应用[D]．长安大学，2015.
[164]于泉，丰柱林，徐红领，等．高速公路交通状态判别模型研究[J]．交通运输工程与信息学报，2015，02：10-15.
[165]何兆成，周亚强，余志．基于数据可视化的区域交通状态特征评价方法[J]．交通运输工程学报，2016，v.16；No.7901：133-140.
[166]贾洪飞，李永行，杨丽丽．基于交通状态估计的快速路交通联合控制[J]．吉林大学学报(工学版)，2016，05：1-7.
[167]李永行．城市快速路交通状态估计与控制研究[D]．吉林大学，2015.
[168]刘浩，杜倩云，张可，等．基于视频处理技术的路网交通运行状态模糊识别[J]．公路，2016，02：166-171.
[169]交通运输部．2012 年第 3 号公告．公路网运行监测与服务暂行技术要求[M]．北京：人民交通出版社，2012：25-26.
[170]Soriguera F，Robuste F. Requiem for freeway travel time estimation methods based on blind speed interpolations between point measurements [J]. IEEE Transactions on Intelligent Transportation Systems，2011，12 (1)：291-297.

[171]Antoniadis A . Wavelets in statistics：a review[J]. J. Ital. Statist. Soc. 1997(2)：97-30.
[172]王海清，宋执环，王慧，等．小波阈值密度估计器的设计与应用[J]．仪器仪表学报，2002，01：12-15+35.
[173]刘耀宗，张宏，孟锦，等．基于小波密度估计的数据流离群点检测[J]．计算机工程，2013，02：178-181.
[174]邓春霞，胡尧，李丽．正态分布均值变点的小波检验和估计[J]．贵州大学学报(自然科学版)，2014，05：7-11.
[175]孔凡，李杰．非平稳随机过程功率谱密度估计的小波方法[J]．振动工程学报，2013，03：418-428.
[176]Walter G. G，Shen X. P. Wavelets and other orthogonal systems[M]. Boca Raton：CRC Press，1994.
[177]Hardle W，Kerkyacharian G，Picard D. Wavelets，Approximation and statistical application[M]. Berlin-Paris：Chapman and Hall，1998.
[178]李蕊．带加法噪声密度函数的最优小波估计[D]．北京工业大学，2014.
[179]许俊莲．带乘法噪声密度函数及其导数的小波估计[D]．北京工业大学，2015.
[180]戴鸿哲，薛国峰，王伟．基于小波阈值密度的自适应重要抽样方法[J]．力学学报，2014，03：480-484.
[181]杨富锋，芮筱亭，魏伟波．密度函数小波估计方法[J]．兵工学报，2006，27(3)：394-398.
[182]郑鹏，田铮．多变量密度函数的小波估计[J]．西南民族大学学报(自然科学版)，2006，02：226-230.
[183]侯迎春，宋锦萍，张军舰．密度函数的小波估计及其影响函数[J]．郑州大学学报(理学版)，2006，01：28-32.
[184]周园．带乘法噪声的小波密度估计[D]．北京工业大学，2013.
[185]Jinru W，Meng W，Yuan Z. Nonlinear wavelet density estimation for biased data in sobolev spaces[J]. Journal of Inequalities and Applications 2013，308：[2013-7-3]. https：//doi. org/10. 1186/1029-242X-2013-308.
[186]乔舰，李再兴．基于小波的非参数密度估计[J]．统计与决策，2014，10：13-16.
[187]黄守勇，朱炳科，李旭光，等．多小波密度函数估计方法[J]．北京化工大学学报(自然科学版)，2015，03：125-128.
[188]Hongzhe D，Hao Z，Wei W. A multiwavelet neural network-based response surface method for structural reliability analysis[J]，Computer-Aided Civil and Infrastructure Engineering . 2015(30)：151-162.
[189]YuYe Z，HanYing L，JingJing Z. Nonlinear wavelet density estimation with data missing at random when covariates are present[J]. Metrika，2015(78)：967-995.
[190]Efron B，Tibshrani R. An introduction to the bootstrap[M]. New York：Chapman and Hall，1993.
[191]吴军，邓超，熊强强，等．基于 Bootstrap 与 SVM 集成的可靠性评估方法[J]．计算机集成

制造系统，2013，05：1058-1063.

[192]高攀东，沈雪瑾，陈晓阳，等．基于自助法的小样本 Weibull 分布可靠性分析[J]．机械设计与研究，2015，02：164-167.

[193]赵玉，祁春节．大宗农产品价格风险评估——基于小波神经网络-Bootstrap 方法的实证研究[J]．技术经济，2014，03：75-79.

[194]沈盟．基于 Bootstrap 方法的金属期货市场风险测度 VaR 和 ES 的区间预测[D]．西南交通大学，2015.

[195]唐小松，李典庆，周创兵，等．基于 Bootstrap 方法的岩土体参数联合分布模型识别[J]．岩土力学，2015，04：913-922.

[196]王晓明，曹正波．基于 Bootstrap 方法确定岩土参数的标准值[J]．地震工程学报，2015，(1)：7-11.

[197] Zifeng W. Measuring reliability in dynamic and stochastic transportation networks [D]. University of Nebraska. 2015.

[198]常振海，刘薇．非对称分布的非参数 bootstrap 法置信区间比较[J]．统计与决策，2014，20：81-83.

[199]丛楠，尚建忠，任焱晞．基于滑动分块 Bootstrap 方法的非结构道路谱 α-稳定分布参数区间估计与重构[J]．机械工程学报，2013，04：106-113.

[200]黎光明，张敏强．概化理论方差分量置信区间估计方法的比较[J]．统计与决策，2013，09：14-17.

[201]魏艳华，王丙参，邢永忠．基于 Bootstrap 方法的回归分析的比较[J]．统计与决策，2016，03：77-79.

[202]Zadeh L. A. fuzzy sets[J]. Information And Control，1965，8：338-353.

[203]Beilman R，Kalaba R，Zadeh L. A. Abstraction and pattern classification[J]. JMAA，1966，13：1-7.

[204]Dunn J. C. A fuzzy relative of the isodata process and its use in detecting compact well separated clusters[J]. Cybernet，1974，3：32-57.

[205]Bezdek J. C. Pattern recognition with fuzzy objective function algorithms[M]. New York：Plenum，1981.

[206]Cannon R. L，Dave J. V，Bezdek J. C. Efficient implimentation of the fuzzy c-means clustering algorithms[J]. IEEE Trans on PAMI，1986，8(2)：248-255.

[207]谢维信，刘建庄．硬聚类与模糊聚类的结合——双层 FCM 快速算法[J]．模糊系统与数学，1992，2(6)：77-85.

[208]Kamel M. S，Selim S. Z. A relaxation approach to the fuzzy clustering problem[J]. Fuzzy Sets and Systems，1994，61：177-188.

[209]Dave R. N. Physical review letters [J]. Characterization and detection of noise in clustering，1991，12(1)：657-664.

[210]Krishnapuram R，Keller J. M. A possiblistic approach to clustering[J]. IEEE Trans Fuzzy Systems，1993，1(2)：98-110.

[211]汪庆淼．基于目标函数的模糊聚类新算法及其应用研究[D]．江苏省镇江市：江苏大学，2014.
[212]范九伦．模糊聚类新算法与聚类有效性问题研究[D]．陕西省西安市：西安电子科技大学，1998.
[213]文传军，詹永照，柯佳．广义均衡模糊 C 均值聚类算法[J]．系统工程理论与实践，2012，32(12)：2751-2755.
[214]Yager R R，Filev D P. Approximate clustering via the mountain method[J]. IEEE Trans on SMC，1994，24(8)：1279-1284.
[215]裴继红，范九伦，谢维信．聚类中心的初始化方法[J]．电子科学学刊，1999，21(3)：320-325.
[216]张莉，周伟达，焦李成．核聚类算法[J]．计算机学报，2002，25(6)：587-590.
[217]Girolami M. Merver kernel based clustering in feature space[J]. IEEE Transactions on Neural Networks，2002，13(4)：669-688.
[218]严巍．以 KPCA 为核心的 FCM 算法改进[D]．成都理工大学，2015.
[219]庄岩浩．基于收费数据的高速公路旅行时间可靠性分析与应用[D]．华南理工大学，2014.
[220] Chen A，Zhou Z，Chootinan P，et al. A bi-objective reliable network design problem[C]. Wash-ington D C：Transportation Research Board Annual Meeting，2008.
[221]Pinheiro A，Vidakovic B. Estimating the square root of a density via compactly supported wavelets[J]. Computatinal Statistics & Data Analysis，1997 (25).
[222]Donoho D，Johnstone I. M. Ideal spatial adaptation via wavelet shrinkage[J]. Biometrika，1994，81：425 -455.
[223]Hardle W，Kerkyacharian G，Picard D. Wavelets，approximation and statistical application [M]. Berlin-Paris：Chapman and Hall，1998.
[224]乔舰，李再兴．基于小波的非参数密度估计[J]．统计与决策，2014，10：13-16.
[225]乔舰，李再兴．右删失数据风险函数直方图估计[J]．统计与信息论坛，2015，01：14-17.
[226]季彦婕，陈晓实，王炜，等．基于小波变换和粒子群小波神经网络组合模型的有效停车泊位短时预测[J]．吉林大学学报(工学版)，2016，02：399-405.
[227]姜桂艳，郭海锋，吴超腾．基于感应线圈数据的城市道路交通状态判别方法[J]．吉林大学学报(工学版)，2008，38：37-42.